本书的研究、出版获得国家高端智库专项经费资助

CHINA INNOVATION STRATEGY AND
POLICY RESEARCH 2021

中国创新战略与政策研究
2021

潘教峰◎主编

科学出版社
北　京

内 容 简 介

《中国创新战略与政策研究 2021》为中国科学院和国务院研究室联合共建中国创新战略和政策研究中心的研究成果。这些研究聚焦党中央、国务院关注的重大科技问题，从全局和战略的高度把握世界科技发展态势，从科学技术影响和作用的视角研究国际国内经济社会发展中的问题，形成了一批科技前沿动态、科技决策参考和科技智库报告。本书所集结的文章中，既有科技创新战略与政策方面的研究与建议，也有对经济社会发展与变革的调研与思考，还有对全球科技创新进展、主要国家科技战略部署的扫描与分析。其中有些成果获得国家领导人重要批示，有些成果直接推动了相关政策制定，为国家创新战略和政策的宏观决策提供了科学依据和智力支撑。

本书可作为政府部门、科研机构、高校、企业等进行科技创新战略研究、决策与管理的重要参考。

图书在版编目（CIP）数据

中国创新战略与政策研究. 2021 / 潘教峰主编. —北京：科学出版社，2022.2

ISBN 978-7-03-071140-3

Ⅰ. ①中⋯ Ⅱ. ①潘⋯ Ⅲ. ①技术革新-科技政策-中国-文集 Ⅳ. ①F124.3-53

中国版本图书馆 CIP 数据核字（2021）第 273479 号

责任编辑：侯俊琳　牛　玲　刘巧巧 / 责任校对：刘　芳
责任印制：师艳茹 / 封面设计：有道文化

科学出版社 出版
北京东黄城根北街 16 号
邮政编码：100717
http://www.sciencep.com

中国科学院印刷厂 印刷
科学出版社发行　各地新华书店经销

*

2022 年 2 月第 一 版　开本：720×1000　1/16
2022 年 2 月第一次印刷　印张：18 3/4
字数：300 000

定价：138.00 元

（如有印装质量问题，我社负责调换）

编委会

顾　　问：高鸿钧
主　　编：潘教峰
副 主 编：宋大伟　张　凤　朱　涛（执行）
成　　员：刘应杰　侯万军　王笃金　赵　路
　　　　　李欣欣　冷伏海
工 作 组（以姓氏笔画为序）：
　　　　　王海名　边文越　吕秋培　李　宏
　　　　　钟　华　黄龙光　潘　璇　薛俊波

序　言
心怀国之大者　践行智库使命

2020 年 2 月，中央全面深化改革委员会会议审议通过的《深入推进国家高端智库建设试点工作的意见》强调，建设中国特色新型智库是党中央立足党和国家事业全局作出的重要部署，要精益求精、注重科学、讲求质量，切实提高服务决策的能力水平。这标志着自 2015 年首批国家高端智库建设启动试点以来，高端智库工作正式进入到深化拓展、提质增效的新阶段。

党和国家对高端智库提出更高要求，是加快推进国家治理体系和治理能力现代化的必然选择。中国科学院作为首批国家高端智库建设试点单位，团结凝聚院内外优秀科学家，积极发挥学术引领和咨询评议作用，组建中国科学院科技战略咨询研究院（以下简称战略咨询院），作为建制化的智库建设载体和综合集成平台。五年多来，中国科学院坚守国家高水平科技智库的责任与使命，围绕事关科技创新发展全局和长远问题，把握世界科技发展大势、研判世界科技革命新方向，开展预测预见，提出科学建议，积极为党和国家决策提供科学依据，在国家重大科技规划、科学政策、科技决策等方面发挥了重要的战略支撑作用，得到了有关部门的充分肯定，在服务国家宏观决策中的作用日益显现。

中国科学院与国务院研究室共建的中国创新战略和政策研究中心（以下简称政研中心），依托战略咨询院组织开展联合研究。自 2017 年成立以来，围绕党中央、国务院关注的重大科技问题，以高水平学术研究支撑高质量决策咨询研究，取得了一批高质量研究成果，及时向决策部门提出政策建议，多次得到国务院领导同志的重视和批示。

《中国创新战略与政策研究 2021》一书就是政研中心 2020 年度主要研究成果和报告的汇编。报告聚焦科技创新战略与政策、经济社会发展与变革、科技研发布局与进展、全球基础研究重点领域和全球重点研发企业创新动态等重大问题，既有面向"十四五"乃至更长时间的中长期战略性研究，也有着眼于生态文明建设与改革发展的现实问题研究，既有前沿科技领域的前瞻扫描，也有科研诚信、科技伦理问题的研讨，充分体现了决策咨询研究工作的现实性、针对性、前瞻性和战略性。

当前，百年变局和世纪疫情交织叠加，世界经济陷入低迷期，全球产业链供应链面临重塑，新冠肺炎疫情影响广泛深远，逆全球化、单边主义、保护主义思潮暗流涌动，国际环境错综复杂。同时，新一轮科技革命和产业变革方兴未艾。我国把创新摆在国家现代化建设全局中的核心位置，把科技自立自强作为国家发展的战略支撑，对高水平科技智库建设提出了更新更高的要求，也为其发展提供了更广阔的空间。

建设国家高水平科技智库，既是时代赋予中国科学院的历史使命，更是习近平总书记对我们提出的殷切希望。中国科学院将坚守国家战略科技力量主力军的职责定位，当好"国家队"、扛起"国家事"、践行"国家责"，心怀"国之大者"，以建设世界一流科技智库为目标，进一步统筹中国科学院学部和院属科研机构，发挥学部作为国家科学技术最高咨询机构作用，强化战略咨询院建制化专业化综合集成平台优势，建立世界科技前沿感知体系，推进自然科学与社会科学交叉融通，创新智库研究方法与工具平台，拓展高水平国际科技合作网络，为国家治理体系和治理能力现代化提供更多智力支撑，为实现高水平科技自立自强和建设科技强国作出更大贡献。

2021 年 12 月 31 日

目 录
contents

序　言　心怀国之大者　践行智库使命（高鸿钧）

绪　论

3　以智库双螺旋法为范式，推动智库科学化发展

8　新阶段我国战略性新兴产业发展思考

第一篇｜科技创新战略与政策

21　提高科技战略能力　建设世界科技强国

25　面向2035年建设国家战略科技力量

30　关于美国杰森顾问组基础研究安全报告以及NSF回应的思考和建议

35　美国《无止境的前沿法案》国会议案及其应对策略

41　及时调整我国非人动物基因编辑研究及应用相关的立法和监管

46　我国科研诚信建设的若干问题及对策建议

51　美、英两国研发预算制度对我国建立研发预算制度的启示和建议

56	"十四五"时期战略性新兴产业构建以内循环为主、内外联动的发展新模式的建议
62	提高关键核心技术攻关工程组织效率的建议
66	中美高技术战略规划比较及启示
72	重点项目攻关"揭榜挂帅"面临的关键难题与重大举措
76	完善产业科技创新政策体系的建议

第二篇 经济社会发展与变革

83	新时代医疗行业数字化转型的问题和对策
89	企业复工生产面临困难、存在问题及对策建议
94	全球产业链面临重塑背景下我国重点行业产业受影响分析及对策建议
99	关于在新疆建设服务中欧班列枢纽港的建议
103	加快推进新基建高质量发展面临的主要制约及政策建议
108	提升我国产业链供应链现代化水平面临的主要困难及对策建议
113	关于加强对大型科技公司多元化金融业务监管的思考与建议
118	民营科技企业非健康成长的隐患及对策
122	中国参与境外煤电投资的影响及对策建议

第三篇　生态文明建设与发展

129　关于加强杨柳絮污染预报预警工作的建议

132　关于制定和实施绿色刺激方案的建议

137　关于尽快建立我国新型污染物环境风险防范体系的建议

142　构建以碳排放总量控制制度为核心的法治体系

148　关于促进西藏自治区清洁能源产业高质量发展的建议

152　当前全球气候变化加剧对我国带来的风险挑战、影响分析和应对建议

157　关于强化气候投融资体系保障实现我国应对气候变化新目标的建议

第四篇　全球基础研究重点领域动态

163　生命健康领域

179　信息科技领域

192　空间科技领域

195　农业科技领域

199　能源科技领域

209　地球科学领域

211　基础交叉前沿

219　材料制造领域

第五篇　全球重点研发企业创新动态

231	能源领域
243	材料领域
256	装备制造领域
267	电子信息领域
279	生物医药领域

绪　论

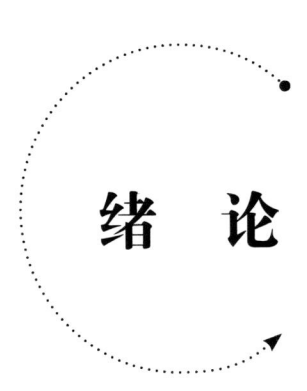

以智库双螺旋法为范式，推动智库科学化发展

自党的十八大以来，我国高度重视智库建设，智库成为国家治理体系中不可或缺的组成部分，是国家治理能力的重要体现[1]。2015年1月，中共中央办公厅、国务院办公厅印发《关于加强中国特色新型智库建设的意见》，推动智库建设进入制度化新阶段。同年12月，国家高端智库建设试点工作正式启动，首批25家机构入选试点单位。2017年10月，习近平总书记在党的十九大报告中提出"加强中国特色新型智库建设"，体现了党和国家对智库建设的最高要求。中国特色新型智库的发展迫切需要科学的理论方法体系，产出高质量的智库成果，提供前瞻咨询建议和系统解决方案。

目前，国内外的不少智库研究仍然偏于经验式，比较零散，比较随机，限于静态，偏学术性，学科单一。思想成果高度依赖于个人的经验智慧，研究议题相对零散分散，研究问题和方法路径的选取具有随机性，研究视角多是局限于静态的、特定现实时间点，研究主体往往偏学术性，研究的学术基础多是扎根于单一学科。随着政策领域面临的问题愈加复杂而交汇，政策产生的影响更加广泛而深远，这样的研究现状逐渐不能满足科学决策的需要，智库研究需要将其面对的研究对象视为复杂系统，以科学化的方法、系统性的视角、规范可靠的研究、兼具学术和实践影响力的成果、贯通式的交叉融合的跨学科特征促进智库研究的"六个转变"，即从经验式转变为科学化，从零散的转向系统性，从随机转向规范，从偏学术型转变为学术实践型，从静态转向稳态，从单一学科转向融合贯通式。

本人根据多年政策与战略研究的经验和实践，提出智库双螺旋结构（图1）[2]，即智库双螺旋法。智库双螺旋法包含"解析问题—融合研究—还原问题"的外循环过程，以及DIIS过程融合法和MIPS逻辑层次法两个相互嵌合、循环迭代的内循环螺旋。DIIS过程融合法是指在研究环节上需要

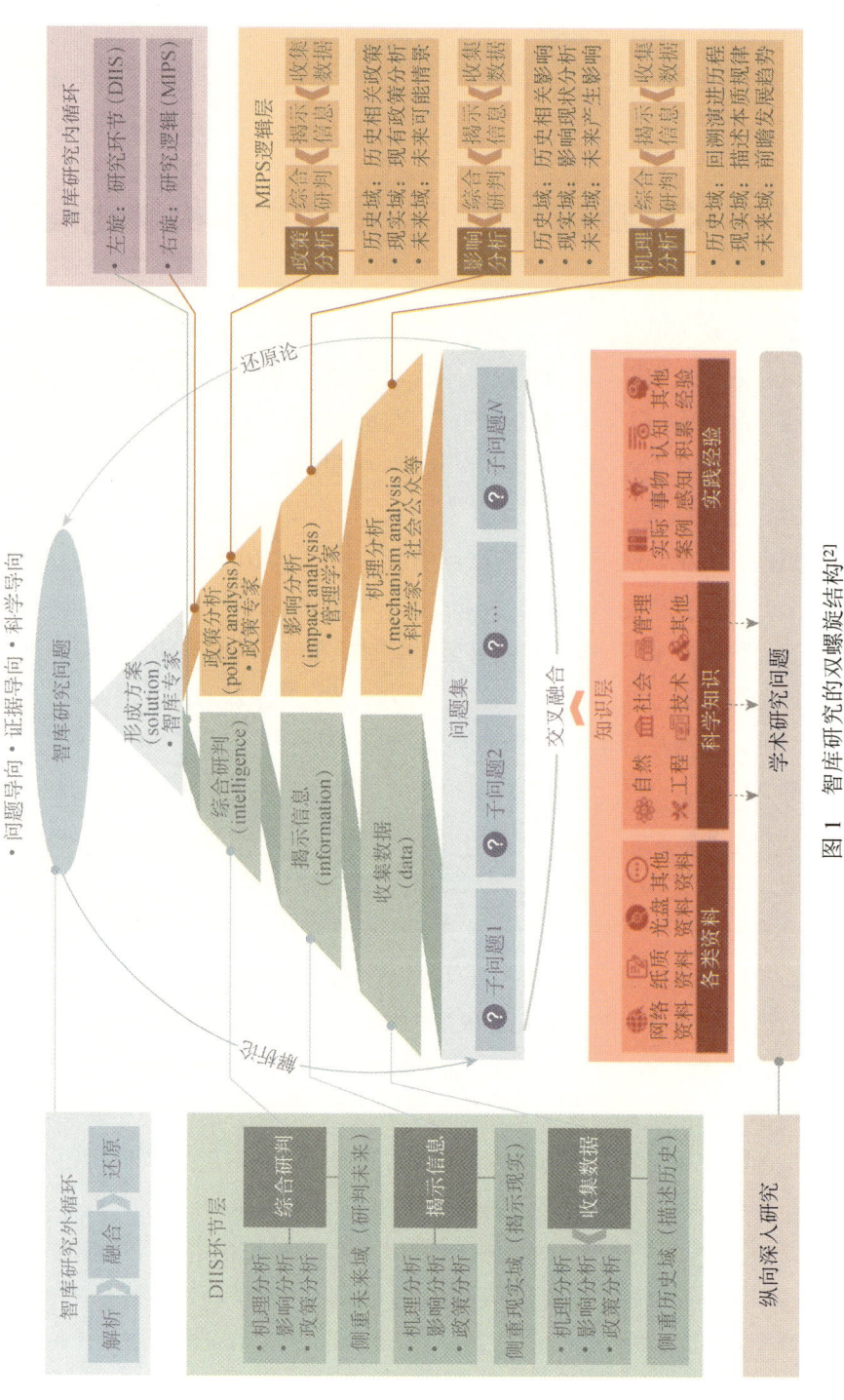

图 1 智库研究的双螺旋结构[2]

遵循"收集数据（data）—揭示信息（information）—综合研判（intelligence）—形成方案（solution）"的过程，MIPS逻辑层次法是指在研究内容中需要遵循"机理分析（mechanism analysis）—影响分析（impact analysis）—政策分析（policy analysis）—形成方案（solution）"的逻辑，由此构成"双螺旋"。

一门科学的发展需要一些必要要素来推动，如具有系统性的理论方法、取得共识的研究范式、学术共同体的形成等。在正在蓬勃兴起的智库领域，智库双螺旋法是推动智库科学化发展的奠基性工作，为实现"六个转变"提供了方法路径，推动了智库科学的形成。智库双螺旋法在问题导向、证据导向和科学导向下，坚持始于研究问题，终于解决方案，为智库研究提供了思维方法、指导方法、操作方法，从而构建了智库的研究范式。作为开展智库研究的思维方法，智库双螺旋法力图破除零散的、碎片化的、单一的思维方式，展现出整体性、系统性的思维。作为开展智库研究的指导方法，智库双螺旋法从解析问题、融合研究到还原问题，从研究过程到研究内涵形成了全流程、全角度、全过程的指导。作为开展智库研究的操作方法，智库双螺旋法有效发挥不同学术背景和经验的专家学者的作用，综合集成不同类型的方法工具，为开展有组织的、有规模的、多主体参与的智库研究提供了操作性思路。

智库双螺旋法对推动智库科学化的发展具有重要的意义和价值。第一，智库双螺旋法将智库视为一门科学，将科学性深刻贯穿于其研究导向、研究哲学、研究过程、研究逻辑中。智库双螺旋法强调智库研究从问题出发，以循证为根本依据，采用科学的研究方法和工具的特征，所提出的问题导向、证据导向、科学导向体现了其科学性。智库双螺旋法强调对复杂问题的解析，对问题的整体把握有赖于对其细分组成部分的研究，又强调需要考虑到不同层次、不同领域的机理、交互、反馈和影响开展融合性的研究，这体现了其研究哲学。从研究过程来看，DIIS过程融合法以收集数据为基础，体现了数据科学范式的要求，强调了数据信息揭示和专家智慧结合的重要性，强调了不断循证迭代的科学研究过程，这些关键点进一步加强了整个研究过程的科学性。从研究逻辑来看，MIPS逻辑层次法强调机理、影响、政策、方案四个关键要素，其中机理的揭示本身就是科学性的集中体现，基于机理分析的影响分析和政策分析为形成方案奠定了科学基础，从而提高了解决方案的科学性。

第二，智库双螺旋法是探索和确立智库研究从认识论到方法论再到实践论范式的一项系统性、开拓性的工作。从认识论出发，基于哲学角度为整体认识和把握智库问题研究提供了"解析—融合—还原"这一源头性的研究思路。从方法论出发，基于科学角度总结智库研究的规律，从研究环节和研究逻辑角度凝练归纳智库问题研究所需遵循的规则。从实践论出发，基于实践角度为开展智库问题的具体研究提供相应方法和工具，为智库问题的解决方案提供支撑。

第三，智库双螺旋法阐明了智库研究与学术研究的关系，连接学术与实践，形成学术实践型的智库研究。目前，智库研究的主要力量分布在高校、科研院所、政府部门直属的研究机构中，仍然以学术力量为主体。学术研究是在特定学科领域进行的深入探索，其目的在于认识和发现客观规律，其研究对象、理论基础、研究方法能够得到学术研究同行的认同，具有稳定性和共识性。智库研究具有高度的交叉融合特征，其研究问题涉及经济社会的各个研究部门，其研究过程是跨学科、跨领域的知识汇聚过程，其研究结果重视学术理论与实践需求的结合，为智库问题提供切实可操作性的解决方案。智库双螺旋法揭示了智库研究与学术研究之间密不可分的联系。学术研究为智库研究提供了坚实的知识根基。从智库双螺旋法来看，DIIS 过程融合法中的收集数据和揭示信息的过程是学术研究的主要方法，MIPS 逻辑层次法中的机理分析和影响分析是学术研究的主要内容。由此，智库建设需要坚持以高水平的学术研究来支撑高质量的智库决策咨询研究。同时，智库研究为学术研究提供来源于现实、根植于实践的研究问题。在智库研究的问题解析、融合研究、形成方案的过程中，在对现实的不断把握中，会源源不断地产生新问题、新思路、新方法，为学术研究提出有价值的科学问题，促进学术研究的纵向深入，进而丰富智库研究的知识根基。

第四，寻智库学术之根，筑智库科学之基，以智库双螺旋法为牵引构建智库期刊群，找到智库研究学术方向，凝聚学术共同体，推动智库科学化发展。2020 年 11 月，中国科学院科技战略咨询研究院举办了"首届智库理论方法暨 DIIS 研讨会"，会议以线上线下结合的方式举行，全国近 300 名领域专家、智库研究学者、政策学者、管理学者参加现场会议，3400 多名观众参与线上会议，形成会议论文集，收录论文近 50 篇。2021 年 10 月 15 日，将举办"第二届智库理论暨双螺旋法研讨会"。2020年11月,国家一级学会中国发展战略学研究会成立智库专业委员会,近150位专家学者加入专业委员会。这代表着智库领域的学术共同体的形成。在智库建设过程中,期刊作为主要学术载体,对推动智库科学化发展具有重要意义,应以期刊遴选为切入点,寻智库学术之根,筑智库科学之基,从而推动学术共同体的发展,智库双螺旋法为此提供了依据和牵引。自2021年以来,中国科学院科技战略咨询研究院、爱思唯尔出版集团、《中国学术期刊(光盘版)》电子杂志社有限公司联合开展了智库代表性期刊遴选工作。用智库双螺旋法产生的关键词集,匹配期刊数据库,通过相似度定量计算和专家定性研讨,遴选一批英文期刊和中文期刊入选智库期刊群。这一工作对于智库研究具有"寻根"意义,找到智库研究的学术根基,坚实智库科学化发展的土壤,为学术型学者开展智库科学研究提供了契机、方向和载体。

参 考 文 献

[1] 吕青. 从智库研究理论到科技智库建设——专访中国科学院科技战略咨询研究院潘教峰院长[J]. 智库理论与实践,2016,1(6):2-5.

[2] 潘教峰. 智库研究的双螺旋结构[J]. 中国科学院院刊,2020,35(7):907-916.

中国科学院科技战略咨询研究院　潘教峰

2021年9月28日

新阶段我国战略性新兴产业发展思考

党的十九届五中全会对"加快发展现代产业体系,推动经济体系优化升级"作出重要部署,并对战略性新兴产业发展提出明确要求。这对振兴实体经济和建设制造强国具有重大而深远的意义。"十四五"时期,我国改革开放和社会主义现代化建设进入高质量发展的新阶段,国内外环境的深刻变化带来一系列新机遇、新挑战,必须继续抓住和用好战略机遇期与时俱进、适新应变、转危为机、乘势而上,加快构建以国内大循环为主体、国内国际双循环相互促进的新发展格局。在新阶段、新征程、新起点上发展战略性新兴产业,要发挥其对经济社会转型的支撑性和保障性作用,对创新驱动发展的先导性和引领性作用,以及对扩大就业创业的关联性和带动性作用,从而全面提高我国产业竞争水平、综合经济实力和国际分工地位。深入研判战略性新兴产业发展规律和未来成长趋势,需要高度重视以下六个方面的问题。

一、关于产业创新发展问题

"十四五"时期,战略性新兴产业创新发展的重要路径在于推进智能制造、绿色制造、服务制造,完善产研合作、开源开放、自主可控、集成创新、具有国际竞争力的现代产业科技创新体系,构建多学科、多技术、多领域跨界、交叉、融合、协同为特征的创新生态系统,下大力气大幅提升科技创造力、科技支撑力、科技影响力,加快科学发现、技术发明、工程建设与经济增长、产业升级、民生保障一体化发展。

1. 创新发展智能制造

这已被主要工业化国家视为未来制造业的主导方向,对提高制造业供给结构适应性、培育经济增长新动能十分重要。

第五代移动通信技术（5G）、人工智能（AI）、物联网、云计算、区块链、数字孪生等智能技术群，可以提供高科学性、高经济性、高操作性、高可靠性的技术服务，"智能工厂""智能物流""智能网络"深刻改变着产业边界、制造方式、组织结构和管理模式，"数据+算力+算法"能够实现智能化决策、智能化生产、智能化运行，传统制造业将在智能机器人、智能化机床、智能传感器、智能仪器仪表、智能生产线、3D/4D打印等重点领域带动下不断创新发展，建立由智能机器和人类专家共同组成的人机交互的先进制造系统。

2. 创新发展绿色制造

这是资源节约、环境优化、生态良好的闭环生产系统和现代制造模式，可以更加清洁、高效、安全地助推经济社会转型和高质量发展。绿色制造伴随绿色经济、绿色文明、绿色革命已经形成席卷全球的绿色浪潮。

要牢固树立绿色经济、低碳经济、循环经济发展理念，把绿色技术广泛应用在企业发展计划、研发设计、物资采购、生产制造、销售服务和回收利用全流程，全面打造低碳产业链、静脉产业链和绿色供应链。这就需要大力推广应用绿色开发技术、清洁生产技术、节能环保技术、循环利用技术、再生制造技术、净化治污技术等，在绿色制造和绿色产业发展中实现企业经济效益和社会效益、生态效益有机统一，在绿色增长和绿色生活方式中全面提升人民群众生活质量和幸福指数。

3. 创新发展服务制造

这是先进制造业与现代服务业融合发展的新型产业形态，使传统制造企业的业务重心从生产型制造转向服务型制造。通过革新生产组织形式、资源配置方式和商业发展模式，推动技术驱动型创新与用户需求型创新相结合，不断增加服务要素在投入和产出中的比重，促进企业相互提供生产性服务和服务性生产，实现"以生产为中心"向"以服务为中心"的转变，在传统制造上、下游两端挖掘和释放"制造价值链+服务价值链"的增值潜力。这种增值潜力主要体现在基于产品设计优化的增值服务、基于产品效能提升的增值服务、基于产品交易便利的增值服务、基于产品集成整合的增值服务，持续提高全要素生产率、产品附加值和市场覆盖率。

当今世界，新一轮科技革命和产业变革方兴未艾，必须坚持把创新作为战略性新兴产业发展的第一动力，不断创立和拓展新业态、新市场、新消费、新动能。"十四五"时期，既要着力发展先进制造产业、信息网络产业、数字内容产业、绿色低碳产业、节能环保产业，还要大力发展科技服务产业、老年消费产业、医疗健康产业、旅游休闲产业、文化体育产业，加速新经济时代、信息化社会、现代化建设、可持续发展进程。

二、关于产业数字转型问题

从数据强、科技强、产业强到国家强，已经成为当前和今后一个时期世界主要国家战略竞争的焦点。数字技术在国民经济各领域广泛渗透、跨界融合、创新迭代、叠加发展，数字转型深刻改变了制造模式、生产方式、产业组织和分工格局，数字创新驱动产业技术变革、生产变革、管理变革、体制变革加速到来，必将成为"十四五"时期战略性新兴产业发展的内生增长动力。

1. 推进产品设计数字化

这样可以极大提升研制效率、缩短研制周期、降低研制成本。通过应用虚拟设计技术、并行工程技术、资源重组技术、快速成型技术等，更好地将数据、知识、技术和创意转化为产品、工艺、装备和服务，推动产品设计形态的虚拟化、网络化、界面化、平台化、服务化，从根本上发挥产品设计作为产业链、价值链和创新链的源头作用，实现个性化产品设计、差异化市场竞争、规模化定制生产，从而使企业在复杂多变的商业环境中保生存、求发展、谋转型，以数字化思维、数字化技术、数字化设计在更深层次打造核心竞争优势的技术基础。

2. 推进生产流程数字化

应采用数控编程、模拟仿真、精确建模、实时决策等数字制造技术改进生产工艺，建成自学习、自感知、自适应、自控制的智能生产线、智能车间和智能工厂，使各类制造装备具有互联互通的预测、感知、分析、诊断、控制功能，及时处置加工环境、加工对象、加工要求、加工过程、加工装备等随机变化因素，适应制造过程复杂性、多样化及工艺技术的实时性、可靠性要求。在生产流程数字化改造后，经过数字赋能的精益生产流程再造能够协同解决各类问题，从信息化系统到自动化系统构成全新的制造流程网络，全面提升企业生产质量、精度、效率、动能、安全水平。

3. 推进市场开发数字化

需坚持用户至上的战略取向和产品全生命周期管理，引入互联网、云计算、物联网技术分析消费者和用户现实的、未来的、潜在的需求，通盘研究市场开拓、品牌打造、营销方略、推广策划；动态调控产品流、物资流、信息流和资金流合理运行，进而衍生出远程监控、远程诊断、远程运维等专业性服务，实时向用户提供研发—设计—制造—建置—维修的全面解决方案；最大限度扩展制造企业、市场与用户的协同程度和互动范围，实现供应链、产业链及企业间信息联通、无缝衔接和集约生产，使生产者和消费者在数字化环境下逐渐成为相互融合的价值共创者。

4. 推进经营决策数字化

要从多层级、多模态、多领域深刻理解经营决策数字转型价值，集成优化企业战略管理、资源管理、运行管理、投资管理、财务管理。在数字经济迅速发展的今天，数据是体现价值和财富的战略资产，计算是产生、获取、分析、利用数据的重要工具，综合运用数据采集、机器学习、量化分析将会形成企业竞争新优势。"十四五"时期，会有越来越多的企业应用企业资源计划（ERP）、供应链管理系统（SCM）、制造执行系统（MES）等数字化管理方法，这就迫切需要提高企业领导者、管理者和劳动者的数据思维、数据分析、数据操纵、数据处理能力。

战略性新兴产业数字转型是一项循序渐进的系统工程，营造产业数字化和数字产业化的生态环境势在必行。要因地制宜地推进数字经济规划研究、数字基础设施建设、数字技术推广应用、数字资源开放保护、数字资产规范管理、数字产业集群发展，重塑现代市场经济微观基础和创建数字经济产业体系。

三、关于产业基础能力问题

产业基础能力是衡量一个国家工业化程度和现代化水平的重要标志。我国已成为世界第二大经济体和制造业第一大国，但是产业基础能力薄弱阻碍制造业高质量发展和迈向中高端的步伐。

例如，新一代制造业核心软件是连接数字制造、智能制造、网络制造的基石，被发达国家视为保证本国制造业"持续掌握全球产业布局主导权"的必要条件。近年来，我国已培育成长起一批国产制造业核心软件制造商，围绕创建高端价值链攻克一批关键技术并打破国外软件的市场垄断局面，但外资企业在研发设计、生产控制、信息管理、运维服务等高端软件领域仍占据市场和技术优势。

又如，我国是全球唯一拥有联合国产业分类中所有工业门类的国家，提高产业基础能力必须改变部分元器件、零部件、高端仪器和主要原材料严重依赖进口的格局。2019年，我国芯片自给率仅30%，进口金额3040亿美元；国内传感器市场规模达2188亿元人民币，中高端传感器进口占80%；仪器仪表行业进口528亿美元，90%的高端仪器来自国外公司；原油进口量超过5亿吨，对外依存度达到70.8%；铁矿石进口量突破10亿吨，对外依存度达到87.3%。仅这5种进口产品就已严重制约我国基础工业、加工工业、装备工业和战略高技术产业发展。

再如，数控机床是推动我国高端装备制造业加快发展的"工作母机"。数控机床产业链上游包括主要原材料（如钢铁铸件）、主机制造（如基础件和配套件）、数控系统制造（如控制系统和驱动系统）和外围制造（如铸造、锻造、焊接、模具加工等）四大类；数控机床产业链下游主要是汽车行业、机械行业、军工行业（如航空航天、造船、兵器、核工业等）和以电子信息技术为代表的高新技术产业四大应用行业。可见，数控机床发展对国家制造业竞争力具有基础性、全局性、战略性意义。

我国是全球高端数控机床第一消费大国，也是中低端数控机床第一生产大国；但德国、日本、美国在世界数控机床设计、制造和基础科研方面处在绝对领先地位，全球前10位数控机床制造商全部来自这三个国家。凡此种种，不一而足。

"十四五"时期要抓好五件事：一要坚持不懈地把提高产业基础能力作为战略重点，坚定不移地把锻造长板、补齐短板、解决"卡脖子"问题作为战略目标；二要围绕核心基础零部件和元器件、关键基础材料、先进基础工艺、产业技术基础，分门别类制定和落实科学研究、技术创新、产业发展的路线图和时间表；三要突破重点领域关键共性技术、前沿引领技术、现代工程技术、颠覆性技术，加大科研投入、风险投资、联合攻关、国产替代、标准制定、推广应用和国际合作力度；四要不断提升中国品牌的技术成熟度、制造成熟度、产品成熟度、市场成熟度、产业成熟度，培育一批核心技术能力突出、科技创新要素集聚、引领重要产业发展的世界一流创新型企业；五要推进"工业大国"走向"工业强国"、"中国制造"走向"中国创造"、"世界制造业中心"走向"全球产业链枢纽"。

四、关于产业服务体系问题

中小企业是战略性新兴产业的生力军，是我国国内生产总值（GDP）的主要创造者、税收的主要上缴者、技术创新的主要实践者、就业岗位的主要提供者。"十四五"期间，要进一步健全功能完备、特色突出、规范运作、快捷便利的中小企业服务体系，使中小企业在推动市场竞争、加快技术进步、促进经济发展和维护社会稳定等方面作出更大贡献。

1. 完善科技金融和技术转移服务

完善科技金融服务的市场制度安排包括风险投资、贷款支持、信用担保、科技债券、创业板市场等，非市场制度安排则包括政府补贴、税收优惠、设立园区等相应的政策和资金保障。完善技术转移服务主要有技术评估、技术交易、技术转让、技术代理、技术拍卖和技术集成等，实现由零散、线下的技术转移服务向平台化、市场化、互联网化的技术转移服务发展。德国史太白技术转移中心（STC）、英国技术集团（BTG）、以色列产业研发促进中心

（MATIMOP）的做法可资借鉴。

2. 完善信息技术和数据交易服务

云计算与大数据已成为信息技术服务业的热点领域。要推动基础设施即服务（IaaS）、平台即服务（PaaS）、软件即服务（SaaS）等云计算主要服务模式广泛应用，同时发展业务流程即服务（BPaaS）、存储即服务（STaaS）、安全即服务（SECaaS）、数据库即服务（DaaS）、网络即服务（NaaS），并向机器学习即服务（MLaaS）、人工智能即服务（AIaaS）等升级，统筹部署和开拓为中小企业服务的公有云、私有云、社区云和混合云市场。要健全由基础层、分析层、应用层构成的大数据生态圈，发展数据自营模式、数据租售模式、数据平台模式、数据仓库模式、数据众包模式，充分发挥大数据产业链在中小企业科技创新、结构调整、资源共享中的作用。

3. 完善电子商务和权益保障服务

电子商务发展已由平台时代进入整体转型期，开放、共享、包容、协同的新理念正在塑造电子商务品牌化竞争的新模式，战略方向是营造面向企业特别是中小企业服务的综合平台。"十四五"时期，要发展在线内容付费电商、会员制电商、区块链电商、跨境电商、移动电商、社交电商、分享电商、众包电商、工业电商、物流电商、农村电商等，全面创新产业组织方式、商品流通方式、生产生活方式。同时加大网络安全、数据隐私和消费者权益保护力度。

4. 完善管理咨询和综合评价服务

"十四五"时期，必须把提高中小企业管理素质作为战略性新兴产业发展的当务之急。要深刻认识做好管理咨询和综合评价是企业的"软实力"和"硬任务"，坚持宏观监测和微观监测、外部诊断和自我诊断、定量分析和定性分析、动态管理和静态管理相结合，科学、全面、综合咨询和评价企业的经营发展能力、技术创新能力、投资收益能力、风险防控能力、资本增值能力和社会责任能力，使中小企业在及时发现问题和解决问题中实现持续快速健康发展。

五、关于产业政策研究问题

近10年来,从中央到地方实施促进战略性新兴产业发展的一系列政策取得显著成效,主要包括财税金融政策、科技创新政策、资本市场政策、产业基金政策、技术转移政策、装备技术政策、产权保护政策、人力资源政策、政府采购政策等。

"十四五"时期,保持这些行之有效的经济政策和产业政策的连续性、稳定性、可持续性至关重要。应该看到,我国工业化进程已进入重化工业化、高加工度化、技术集约化并行发展阶段,不断迈向产业基础高级化、产业结构合理化、产业发展现代化。

我国具有超大规模的市场需求、超大体量的制造能力、超大预期的增长动力,需要深入研判战略性新兴产业的质态、量态、时间、空间分布和演进规律,统筹实施进一步提高企业生产力和发展社会生产力的产业政策。

1. 注重研究实施产业布局政策

战略性新兴产业布局要充分考虑产业门类、产业要素、产业分工、产业链环的地域分布与区位优势,认真了解资源密集型、劳动密集型、资金密集型、技术密集型产业的发展层次与关联效应;实事求是确定产业发展定位与目标、发展方向与重点、发展路径与举措,优化区域布局、优化空间结构、优化资源配置、优化投入产出;特别是要防止结构趋同、盲目投资、重复建设、生态破坏问题。

2. 注重研究实施结构调整政策

要把推进经济结构战略性调整作为重大而紧迫的任务,有效改变有些地方需求结构失衡、供给结构失衡、市场结构失衡、增长结构失衡现象,有序度过结构调整阵痛期,进入产业经济转型期,走向创新驱动发展期。要比较研究国内外产业结构、科研结构、企业结构、技术结构、人才结构、产品结构、就业结构调整变化和发展趋势,围绕战略目标、研发设计、制造工艺、管理技术、集成创新、增长动能、商业模式等方面进行对标和达标。

3. 注重研究实施规模经济政策

战略性新兴产业发展要坚定走好内涵扩大再生产的新路，主要依靠科技进步、转变发展方式、提高劳动者素质实现规模经济效益。要科学合理制定产业总量目标、产业增长目标、产业结构目标、产业质量目标和产业调整目标，高标准规划、高水平建设、高质量发展产业园区、产业基地、产业集群，立足发展数字经济，激活存量经济、消费经济、平台经济、共享经济、乡村经济、小微经济。

4. 注重研究实施建设时序政策

战略性新兴产业发展的时序安排要兼顾当前和长远、需要和可能、投资和负债、局部和全局。要始终坚持一切从实际出发，全面把握本地发展基础、资源禀赋、技术水平、现有结构、需求强度、财力状况，既要瞻前顾后、统筹安排，又要量力而行、尽力而为，防止过度投资、过度建设、过度负债。要始终坚持按科学规律办事，深入践行经济周期规律、产业顺序规律、技术进步规律、优先发展规律、宏观调控规律，既要抓住机遇、防范风险，又要迎头赶上、跨越发展，切实做到有所为有所不为。

六、关于产业国际竞争问题

"十四五"时期，世界百年未有大变局加速演进与全球百年未遇大疫情持续影响交织叠加，国际经济、科技、文化、安全、政治格局都在发生重大变化与深刻调整，但我国仍然是世界经济复苏的重要动力和全球外商直接投资的主要市场。中国加入《区域全面经济伙伴关系协定》（RCEP）和签署《中欧投资协定》将积极推动全球贸易投资便利化，战略性新兴产业从中发挥越来越深入、越来越广泛、越来越重要的作用。

1. 提升货物贸易档次

我国在货物贸易领域已是世界第一大国，作为30多个国家的最大出口国和60多个国家的最大进口国，在全球产业供应链中占有举足轻重的地位。

要进一步形成货物贸易国际竞争新优势，着力打造以技术、质量、标准、品牌、服务为核心的综合竞争力，着力应对贸易保护主义和发达国家制造业回流带来的挑战，着力防范境外投资、期货交易、上市融资、汇率变动、国际结算风险，着力健全保障产业链、供应链安全的预警体系和应急处置机制。

2. 优化服务贸易结构

我国服务贸易"十三五"以来平均增速高于全球，并连续5年居世界第2位。我国发展服务经济、拓宽服务消费、扩大服务出口带来了国际贸易结构的根本性变化，技术密集型、知识密集型和高附加值服务出口持续增长标志着我国服务贸易进入黄金发展期。

要继续完善服务贸易管理体制，优化服务贸易出口结构，壮大服务贸易领军企业，发展服务贸易新型平台，扩大服务贸易开放合作，做大、做强、做优运输服务贸易、旅游服务贸易、信息技术服务贸易、金融服务贸易等。

3. 推动知识产权贸易发展

知识产权贸易与货物贸易、服务贸易并列为世界贸易组织（WTO）的三大支柱，而专利使用费和技术交易费是衡量知识产权贸易的2项主要指标。美国、欧洲、日本专利使用费和技术转让费出口额占全球80%以上，我国"两费"出口额全球占比很小但呈现逐年增长态势。

要把科技自立自强作为战略性新兴产业发展的根本指导思想，围绕向全球价值链中高端攀升布局技术创新链、产业升级链、贸易供应链，大力提高知识产权创造、运用、保护、管理和服务能力，健全防止滥用知识产权的反垄断审查制度和海外知识产权维权援助机制，推动完善知识产权及相关国际贸易、国际投资等国际规则和标准，逐步缩小专利使用费和技术转让费进出口贸易逆差并迈向知识产权强国。

4. 抢抓数字贸易机遇

新一代数字技术推动全球加快进入数字贸易时代，但对全球价值链贸易的未来影响程度难以预测。我国数字贸易发展步入高速增长、总体向好轨道，战略性新兴产业又面临"双循环"发展中的新契机。

目前，主要发达国家纷纷出台数字贸易战略，数字贸易规则制定出现许多新动向。我们要在WTO框架下研究数字贸易测度问题、标准问题、产权问题、安全问题、利益问题、公共问题、技术问题和商业问题,并与国际社会一道及早谋划迎接数字贸易引领全球新经济浪潮的因应之策,在积极参与国际数字贸易全球标准制定中提升中国话语权。

中国创新战略和政策研究中心　宋大伟(中心联合主任)

第一篇
科技创新战略与政策

提高科技战略能力　建设世界科技强国

科技强国是现代化强国的核心要义和战略支撑。科技战略能力是具备安全保障的科技创新体系和科技供给、支撑、引领能力。2035年，我国要跻身创新型国家前列，必须把科技创新置于国家发展更加核心的位置，确立"科技创新立国"基本国策，加强科技"供给、支撑、引领"战略能力建设，构建更高层次开放创新体系，促进科技创新"体系、结构、路径、治理"四个转变，以"科技强"支撑"国家强"。

一、确立"科技创新立国"基本国策

基本国策是国家安全生存和发展应遵循的基本准则。纵观世界主要科技强国的发展历史，经济繁荣、思想解放、教育兴盛、政府有力支持等社会因素以及科学成果涌现时机因素共同导致了世界科学中心的形成、演进与更替。主要强国都经历了从强调产业、贸易、技术到重视基础科学和源头创新的发展过程。日本自明治维新以来，其基本国策先后经历了"产业立国"、"贸易立国"（20世纪50年代）、"技术立国"（1980年）到"科学技术创新立国"（1995年）、"知识产权立国"（2002年）以及"超智能社会战略"（2016年）等发展阶段。

我国自中华人民共和国成立以来科技发展的历程表明，每当在全球形势的重大转折期和战略机遇期，中央总是着眼国家全局和长远发展利益，顺应时代潮流和历史大势，与时俱进地提出新的科技发展方略。中华人民共和国成立初期，中央发出"向科学进军"的号召，确立了"重点发展，迎头赶上"的方针，指引和推动着中国科技事业奠定基础、打破封锁、建立体系。改革开放以来，中央提出"科学技术是第一生产力"，实施科教兴国战略，指引和推动着中国科技事业改革开放、奋起直追、全面提升。2006年，中央提出建设创新型国家的目标，确立了"自主创新、重点跨越、支撑发展、引领未来"的方针，指引和推动着我国自主创新、重点跨越、塑造引领。党的十八大以来，实施创新驱动发展战略，确立了到2050年建成世界科技强国的"三步走"战略目标。当前，我国发展的内外部环境发生重大变化，面对百年未有之大变局，我国要实现由大国到强国的历史性飞跃，最重要的是把"科技创新立国"作为基本国策，坚持把发展作为第一要务，把科技作为第一生产力，把创新作为第一动力，把人才作为第一资源，推动我国科技从量的积累向质的飞跃、点的突破向系统能力提升，打通从科技强到"产业强""经济强""国家强"的世界科技强国建设与发展新路径，为经济、质量、航天、网络、交通等强国建设和国家安全提供有力科技支撑。

二、加强科技"供给、支撑、引领"战略能力建设

科技供给能力建设的重点是健全国家创新体系，夯实科技基础能力，提升科技要素质量、资源禀赋与科技实力，保障科技供给与储备。2018年，我国研发（R&D）经费投入强度超过经济合作与发展组织（OECD）国家均值。2019年，研发人员总量450余万人年，连续7年稳居世界第一。我国科研论文数量、被引用次数以及国内发明专利申请量、专利合作条约（PCT）国际专利申请量均居世界前列。我国在外尔费米子、量子通信、铁基超导、多功能诱导干细胞等基础和应用研究领域取得一批重大原创成果。从供给结构看，我国研发投入主要集中在试验开发，基础研究和应用研究投入占研发投入比例严重偏低。2018年，我国基础研究投入占比为5.5%（主要科技强国为12%~25%），比2004年下降0.5个百分点；应用研究投入占比为11.1%（主要科技强国为20%~45%），比2004年下降9.3个百分点。面向2035年，我国科技实力要大幅跃升，持续产出对国家发展和人类文明进步有重要影响的原创科技成果。为此，要多主体、多渠道大幅提升基础研究和应用研究投入占比，切实强化科技供给与储备，融通创新与发展。

科技支撑能力建设的重点是破解创新发展重大科技瓶颈，从根本上改变关键领域核心技术受制于人的局面，保障科技对经济社会发展和国家安全的

战略支撑。我国科技进步对经济增长的贡献率从 2012 年的 52.2% 提高到 2019 年的 59.5%，有力支撑了产业转型升级。突破一系列重大技术和工程，移动通信实现从"2G 跟随""3G 突破""4G 并行"到"5G 引领"的跨越式发展，神舟飞船与天宫空间实验室在太空交会翱翔，北斗导航卫星实现全球组网，"蛟龙号"载人潜水器、"海斗号"无人潜水器分别创造最大载人和无人下潜深度纪录，第四代隐形战斗机和大型水面舰艇相继服役，火星探测任务"天问一号"开启火星之旅。但不少产业领域大而不强、大而不优，经济发展动力转换、方式转变、结构调整及产业变革的任务繁重；社会发展、环境领域也提出了更高要求。面向 2035 年，我国主要产业要进入全球价值链中高端，成为世界重要的创新高地。为此，要发挥我国创新体系健全、人力资源丰富、市场规模巨大的优势，强化关键核心技术攻关，提升科技支撑效能，畅通国内国际双循环，不断壮大综合国力。

科技引领能力建设的重点是把握科技革命、产业变革、军事变革和经济社会数字化转型发展趋势，引领科技突破方向，抢占事关长远和全局的科技战略制高点。在新一轮科技革命、产业变革和经济社会数字化转型进程中，我国在智能、绿色、可持续方向上，都具备创造新产业、开辟新方向的引领能力。我国拥有全球最大的数据体量和良好的数字人才基础，这是建设人机物三元融合智能社会、发展智慧数据科学和人工智能等数字产业的重要驱动力。我国在新物理、合成生物学、量子科学、绿色发展等领域也有人才、装置等综合优势，有望引领新的前沿方向。面向 2035 年，我国具备创新引领能力的世界级产学研机构数量应大幅增加，成为世界重要的科学中心。为此，要统筹布局战略科技力量，持续开展前瞻性基础研究和应用研究，主导重要技术和产业领域话语权，构建一体化、军民融合、适应战略环境变化的科技引领能力。

三、促进科技创新"体系、结构、路径、治理"四个转变

着眼于提升创新体系的科技供给能力，实现科技创新体系从点的突破到系统能力提升转变。建设开放共享的重大科技基础设施和研发平台，保障多学科交叉融合、多技术路线并行，突破一批关键共性技术、前沿引领技术、现代工程技术、颠覆性技术，强化技术储备。充分发挥国内超大规模市场优

势，构建产学研融合创新的关键核心技术攻关体系，提升产业链现代化水平。

着眼于提升保障经济社会发展和国家安全的科技支撑能力，实现科技创新结构从重技术应用到重基础源头转变。强化国家实验室等战略科技力量，加强面向国家重大战略任务的基础及应用研究。突出问题导向、需求导向，统筹"三个面向"，解决"选题—研究—发表"严重依赖国外的问题。支持创新型领军企业建设高水平研发机构，建设一批国家技术创新中心，加大共性基础技术研发和转化力度，打造一批原始创新策源地和战略产业集群。

着眼于提升创新主体的科技引领能力，实现科技创新路径从跟踪追赶到创新引领转变。率先发现基础科学规律、开发应用原创前沿引领技术的国家，能够源源不断地形成引领性战略产品和战略产业。新形势下，要兼顾"补短板、锻长板"，强化对优势领域的支持，在更多高科技领域取得话语权，增强非对称战略优势。打造更多一招制敌的"撒手锏"武器，必要时作为战略威慑和反制手段，避免陷入战略被动。对于技术前景明确的赶超型攻关任务，要努力实现关键核心技术自主可控，如大飞机与"北斗"导航系统等；对于技术前景不甚明确的引领型攻关任务，如量子技术等，宜采用"政府引导、市场竞争"组织模式，引导集成优势科研力量，多路线并举，适时调整，择优突破，努力实现或巩固国家在特定领域的战略优势。

着眼于构建现代化创新治理体系，实现创新治理从重挑选赢家到营造普惠环境转变。将创新治理体系融入国家治理体系和供给侧结构性改革之中，把解决体制性障碍、结构性矛盾、政策性问题统一起来。深化全面创新改革试验，协同推进科技与经济、教育、人才、社会保障等体制机制改革。完善激发科技创新动力、活力和人才积极性的激励和约束机制，营造公平普惠、创新友好的制度环境、法治环境、市场环境和文化环境。着眼于构建有安全保障的开放创新体系，深化双边多边国际科技合作，更好支撑以国内大循环为主体、国内国际双循环相互促进的新发展格局。

中国科学院科技战略咨询研究院　　潘教峰　张　凤　万劲波
李颖明

2020 年 10 月 22 日

面向 2035 年建设国家战略科技力量

2035年我国要进入创新型国家前列，需要建成一支代表国家意志、攻坚克难、引领发展的国家战略科技力量。国家战略科技力量要具有明确的战略使命、承担明确的战略任务。国家战略科技力量包括两大类四种形态：法人形态的国家实验室和战略科研机构、非法人形态的战略创新单元和战略创新集群。面向2035年建设国家战略科技力量在建"新"与改"旧"并举思路指导下，按照"探索新建、改革调整、重塑体系、引领辐射"的路径推进，重点完成五大任务并给予三大支持政策。

一、国家战略科技力量的内涵、分类与定位

1. 内涵上

国家战略科技力量是在重大战略性创新领域和关键创新环节，致力于解决直接影响国家安全和经济社会发展全局及长远的重大科技创新难题，由国家布局，具有明确"战略使命"、承担明确"战略任务"。

2. 分类上

按照组织方式和发展状况，国家战略科技力量可分为两大类四种形态：第一类是法人形态，包括国家实验室和战略科研机构；第二类是非法人形态，包括战略创新单元和战略创新集群。国家实验室开展综合性、前瞻性、基础性的重大科学、技术研究，是国家战略科技力量的核心。战略科研机构聚焦重点领域或方向持续开展研究，构建全国性科技创新网络，是战略科技力量的骨干。战略创新单元是面向战略需求灵活部署的规模化研发团队，是将战略科技力量建成开放系统的关键机制。战略创新集群是联合特定区域内各类

科研活动主体，开展集中攻关的柔性组织，是新兴的动态科研组织形态。

3. 定位上

四种类型的国家战略科技力量战略任务各有侧重，功能相互衔接。国家实验室承担重大研究任务，建设、运行和维护着一系列科研基础设施，提供重大科研平台。战略科研机构聚焦领域开展研究，引领创新网络发展。战略创新单元既是开展前沿探索的有生力量，也是弥补系统缺陷的灵活组织。战略创新集群则是汇集、协调多种科研力量、贯通创新价值链的柔性组织。

二、面向2035年国家战略科技力量建设思路与路径

1. 思路上

要建"新"与改"旧"并举。一方面，坚持"高起点、宽领域、全链条、强支持"，探索新型举国体制，构建精锐战略科技力量；另一方面，通过"调整布局、强化联合、创新机制"，优化整合优势科技力量，完善科技体制机制，推动现有战略科技力量增质提效，以此推动科技创新资源的优化配置、科技创新力量的全面重组、全新高效科技创新生态的形成。

2. 路径上

坚持"探索新建、改革调整、重塑体系、引领辐射、优化整合、标准引领"6个原则，按照"目标导向、突出优势、完善体制"路径推进。一是国家实验室的探索新建，要主动谋划、整合组建一批国家实验室，带动国家战略科技力量布局结构调整和发展方式转变；二是战略科研机构的改革调整，按照履行战略科研机构使命和完成战略科技任务的支撑引领要求，完善科技创新体制机制，改革调整力量布局，确保承担好、完成好国家战略科技任务；三是战略创新单元的体系重塑，按照"关键核心技术攻关体制"进行优化整合，引导战略平台基地或创新单元围绕"使命、任务"，完善科技创新体制机制，改革调整力量布局，确保支撑好、完成好国家战略任务；四是战略创新集群的引领辐射，建立推动集群发展的机制，加强集群内不同单元之间的互动，为集群发展提供优惠条件，对集群发展所需的关键技术和共性技术的

创新进行研发投入，加快创新集群的形成和发展。

三、面向2035年建设国家战略科技力量的重点任务

1. 加快推进国家实验室建设

一是推进国家实验室建设。严格制定遴选标准，控制新建规模。在国家战略性领域选择优势科技力量，遵循引领性、唯一性和不可替代性原则，加快建设若干体现国家意志、实现国家使命、代表国家水平的国家实验室。

二是探索新型国家实验室治理结构和运行机制。采取"管办分离、稳定支持、使命评价"的管理模式，加强国家实验室顶层设计，做好规划、政策、监督、考评等。

2. 优化整合国家科技创新基地

一是把握时代需求，尊重科研规律，以构建国家重要的战略科技力量为目标，稳步推进重组国家重点实验室体系工作，优化资源配置，做实做强国家重点实验室。

二是规范国家工程研究中心、国家技术创新中心、国家产业创新中心、国家临床医学研究中心等的建设目标和战略定位，明确各类中心建设标准、建设主体、资金管理办法和考核及评价机制，引导各类中心建设有序发展。

3. 推动国家战略科研机构改革

一是对国有科研院所进行优化整合与管理体制改革。系统梳理已建国家重大科研基础设施和大型科学装置、国家重点实验室、国家工程实验室和国家技术创新中心、国家工程研究中心、国家临床医学研究中心，聚焦国家目标，创新运行机制，强化绩效考评，实行动态调整。今后新建独立科研机构，需明确其国家战略使命，且仅设立在中央和省级政府层面。

二是继续深化中国科学院、中国人民解放军军事科学院、中国医学科学院、中国农业科学院、军工类科研机构等法人型战略科技力量的机构改革，按照国家需求目标和战略任务导向，加强不同类型和部门之间战略科技力量的协同与整合，聚焦建设战略目标明确、科研团队稳定、产出卓越的成建制

国家战略科研机构。

4. 营造有利于发挥战略创新集群引领辐射作用的环境

一是明确科研院所、研究型大学和企业在国家战略创新集群中的不同定位，依据国家战略科技任务的技术、经济和社会属性，分类设计组织管理体制机制。

二是推动国家战略创新集群中新型研发机构和各类共性创新平台的建设。提升新型研发机构和创新平台引导企业同高校和科研院所加强合作的能力，为推动基础前沿研究、技术产品开发、工程化和产业化协同创新提供组织和平台保障。

三是加强创新集群载体建设。支持建立产学研联合创新中心、跨学科研究中心、概念验证基地等载体，衔接产业与研究的成果转化断层，实现重大成果研究、成果转化、技术转化、创业孵化等功能。

5. 完善国家战略科技力量分类管理的体制机制

完善国家战略科技力量的分类支持方式和稳定支持机制。国家实验室要建立宏观管理、资源配置、人事管理和评价考核机制；战略科研机构要按照国家战略科技力量的定位深化体制机制改革，制定中长期发展规划，做好机构、人员、制度和机制的调整融合；战略创新单元要按照国家科技创新基地优化整合方案要求，增强科技储备和原始创新能力，做好"平战"结合，充分发挥地方科技力量在支撑国家战略科技力量建设中的作用，打造领域特色国家战略创新集群。

四、面向2035年建设国家战略科技力量的政策建议

1. 建立国家战略科技力量承担国家重大科技任务的机制

建立主要由国家战略科技力量牵头承担国家重大科技任务的委托机制。新设国家科技重大项目，应统筹考虑国家战略科技力量布局与发展，优先明确国家战略科技力量承担的任务或参与方式，为强化国家战略科技力量牵头组织提供体制机制保障。对现有国家科技重大项目，应通过专项实施，识别

发现、培育发展、锻炼培养国家战略科技力量，探索国家战略科技力量组织承担重大任务方式的新形态。健全国家战略科技力量参与国家科技创新重大选题工作机制。

2. 健全与国家战略科技力量职责相适应的经费保障机制

在财政经费保障机制方面，采取持续稳定支持的方式，按照机构加任务支持的方式安排财政预算。对法人型国家战略科技力量的科技人员、机构运行和能力建设等事项的经费保障，通过财政预算直接支持。对于国家战略科技力量承担研发任务的经费保障，通过国家科技计划和科学基金以委托方式予以支持，并根据任务性质和领域特征，建立稳定的、周期滚动的任务经费财政拨款制度。国家战略科技力量一般不得再承担或参与其他利用财政资金设立的竞争性科研项目。对国家战略科技力量实行全面的绩效预算管理制度。

3. 实施以支撑国家科技需求贡献为核心的考核评价政策

引入第三方评估模式，通过对国家战略科技力量的战略目标、细化年度计划的事前评估，确定绩效预算模式拨款的范围和数量。利用过程评估和事后评估等多元化评估模式，对稳定支持的国家战略科技力量的科研质量、国家战略相关性、对社会和经济的效用、支撑条件的合理性进行评估，以支撑国家科技需求贡献作为主要评价依据，根据评估结果确定当期稳定支持的奖励清单和下一期稳定支持的力度和规模。

中国科学院科技战略咨询研究院　潘教峰　赵　路　张秋菊　万劲波
　　　　　　　　　　　　　　　　温　珂　肖尤丹　王建芳　沈　华
　　　　　　　　　　　　　　　　陈光华　李书舒　李振国

2020 年 4 月 29 日

关于美国杰森顾问组基础研究安全报告以及 NSF 回应的思考和建议

2019 年 12 月，受美国国家科学基金会（NSF）委托，由知名科学家组成的独立科学咨询委员会——杰森顾问组（Jason Advisory Group）发布《基础研究的安全》报告（*Fundamental Research Security*，下文简称为 Jason 报告）。2020 年 3 月 2 日，NSF 对上述报告正式回应，并提出一系列新举措。

一、Jason 报告的背景和要点

1. Jason 报告的背景

近两年来，伴随中美贸易摩擦，关于华裔科学家以及中国留学生和学者对美国国家安全存在威胁的恶意抹黑的言论，一时在美国甚嚣尘上，甚至有人提出限制中国留学生来美。经过争论，美国各界达成共识：包括中国留学生和科学家在内的外国人才，对美国的发展做出了不可磨灭的贡献，利远远大于弊。但是，对于接受国外科研资助、参与国外人才计划以及其他合作形式而没有申报的现象，不仅美国科学界认为是违背了科研诚信，而且美国政府认为危害国家安全，放到了国家安全的高度。美国政界有些人声称，中国不公正地利用了美国的早期研究和知识产权，危害美国国家利益。美国参议院 2019 年 11 月发布报告《对美国研究事业的威胁：中国人才招募计划》（*Threats to the U.S. Research Enterprise: China's Talent Recruitment Plans*），称一些国家利用美国科学的公开性推进自己国家的利益，其中最富有侵略性的就是中国。对于美国科技相关的联邦机构来说，新形势下的科技安全成为一个主要的政策议题。

NSF对美国大学和学院基础研究的资助占联邦资助的27%，每年有超过1.2万个项目获得批准，4万人受资助。与美国国立卫生研究院（NIH）相比，NSF主要资助基础研究，从研究内容上看与国家安全的关系比较松散。但是，在涉及资助程序和受资助研究人员以及参与人才招募计划等方面，与国家安全有着一定的联系。《对美国研究事业的威胁：中国人才招募计划》指出，虽然针对中国人才招募计划成员可能会有挪用NSF资助的风险，NSF已采取一些行动，如2019年7月NSF发布政策禁止NSF联邦雇员参与外国人才招聘，但并没有用于NSF受资助的研究人员。报告认为，NSF没有对项目申请者审查风险很大，而项目申请者可能会成为外国人才招聘的成员；NSF没有在受资助者获资助之前审查，而是依靠受资助研究人员所在的机构来审查和实施正当行为；NSF并没有专门的人员来确保合规的资助条款。

2. NSF对杰森顾问组提出的问题

为了使科技安全的相关措施建立在理性分析和科学证据的基础上，2019年初，NSF委托在美国有很高声誉又与安全部门有长久密切关系的杰森顾问组开展独立研究。

NSF对杰森顾问组提出六个问题：①通常与基础研究联系在一起的开放性价值是什么？风险是什么？②科学开放性原则应如何确认或修改？③基础研究有些领域应该更多地受到控制，而不是公开地获取吗？这些领域是哪些？④如果有的话，对于特定类型的信息可以进行哪些控制？怎样管理这种情况而又能最大限度地保持公开研究环境对基础研究的益处？⑤为了平衡开放的基础研究环境与国家（和经济）安全的需要，学术研究人员可以采取哪些好的做法？⑥为了平衡开放的基础研究环境和国家（和经济）安全的需要，像NSF这样的资助机构可以采取哪些好的做法？

这六个问题可以归为三类问题：①基础研究的公开性原则问题是什么；②基础研究是否存在需要控制的领域；③平衡公开性与安全性的好的做法是什么。可见，NSF是希望杰森顾问组从理论依据和政策实践两个方面论证基础研究的安全性，并给出政策建议。

3. Jason报告的主要结论和建议

（1）重申和肯定的方面：外国出生的科学家和工程师在美国发展中的贡

献；美国在科学领域坚持的伦理价值观，包括客观性、诚实、问责制、公平和管理，保护了科研诚信；确立于1985年的第189号国家安全决策指示令（NSDD-189）明确区分基础研究和保密研究，这种区分仍然是基础研究事业的基石。应当在最大程度上保证基础研究成果不受限制。不建议使用受控非加密信息，即认为基础研究没有需要控制的领域；美国的国际研究人员是研究事业的合作伙伴，要努力加强国家和全球的科研诚信。

（2）存在问题：研究缺乏透明度，合作中缺乏互惠，以及相关的行动中缺乏对承诺和潜在利益冲突的报告。这些问题的规模和范围仍然界定不清，涉及众多利益相关者，缺乏共识。

（3）建议部分：核心是在科研诚信框架内解决问题，扩展科研诚信的范围，把充分的承诺披露和实际或潜在的利益冲突纳入其中，并对NSF应采取的措施提出了建议：重申基础研究的公开性，公布项目评估工具，加强与情报机构和执法机构的合作，加强与其他联邦部门的合作。

二、NSF对Jason报告的回应和采取的措施

2020年3月，NSF对Jason报告做出了回应，赞同Jason报告的观点和建议，对Jason报告的建议逐条给予回应，并说明已采取和将要采取的措施，主要内容如下。

（1）项目申请人必须在任何当前和计划开展的研究中披露所有的职业任命和资助来源，包括参与外国政府人才招聘计划。NSF在修订后的《NSF项目建议和授予政策与程序指导》中阐明了披露要求，并要求通过使用NSF批准的格式提交个人简历以及当前和待定的研究支持信息，尤其要披露参与外国政府人才招聘计划的具体信息。

（2）如果发现在研究申请书中未能披露当前研究支持信息的，NSF将开展调查，并视情况而采取必要的适当的行动，解决违规行为问题。NSF正在制定新条款指导项目申请者提供这些必要信息。

（3）NSF与其他联邦机构、协会和大学等相关角色合作，广为宣传其信息披露政策，正在与其他机构合作，简化和协调流程，以减轻管理负担。

（4）NSF接受把利益冲突作为科研诚信教育的一部分，审查其内部科学

和安全培训模块，以使其适应潜在的外部使用。制定科学、安全和研究完整性方面的外部培训和交流计划。

（5）NSF 支持基础研究的公开性和透明度。NSF 将与其他美国政府机构合作，明确应继续向科学界开放的研究与出于安全考虑应受到保护的研究之间的区别。

（6）NSF 认同国际合作的重要性，正与美国国务院和其他科学机构就参与国际合作进行统筹协调，讨论科学和安全问题。与日本、加拿大、英国、德国、法国、瑞典、澳大利亚和其他国家科学基金会合作，计划在全球研究理事会年会上进一步讨论这些问题。

NSF 宣布设立首席研究安全战略与政策官（chief of research security strategy and policy）职位，向 NSF 领导层提供科学和安全战略与政策建议。国际问题研究专家 Rebecca Spyke Keiser 被任命为第一位首席研究安全战略与政策官。她将领导一个战略小组，针对 Jason 报告的建议，负责制定详细的实施计划，并解决科学和安全方面的持续需求。

三、对我国影响的分析与应对建议

Jason 报告及 NSF 的回应，是继 2018 年 NIH 审查全美科研机构之后，美国又一个资助科学研究的机构采取的与科技安全相关的措施，科技安全议题扩展到通常被认为与安全关系不大的基础研究领域，表明新形势下的科技安全已成为美国国家的整体战略，并在制度上开始落实。这一变化虽然是主要针对美国科学界采取的措施，但背后的因素是对中国的防范心理加重，对中国科学技术会有很大的影响。不利的影响在于，美方对中美科技合作的审查更为严格，干扰更多，可能会以科技安全为说辞，阻碍中美在基础研究领域的正常合作。不过，Jason 报告和 NSF 的回应对我国也有有利的一面：重申基础研究的开放性价值，包括外国学生和学者的贡献，并把政策措施落实在科研诚信建设上。这为中美基础研究合作发展提供了思想基础，为加强我国科研诚信制度建设提供了一个外部动力和机遇。我们需要应对不利的挑战，抓住机遇，调整做法，推进合作。为此建议：

（1）制定总体的应对策略。建议中共中央组织部、科学技术部和国家自然科学基金委员会结合 Jason 报告和 NSF 的回应，迅速对我国基础研究的国际合作和海外人才引进计划进行系统研究，提出有针对性的总体应对策略。

（2）研究制定中国基础研究安全的策略和政策。既要注重基础研究的开放性与国际合作，又要关注有可能危害我国国家利益的基础研究的安全性，建议由科学技术部负责此项工作，并制定相关政策措施。

（3）推进科研诚信建设。针对我国科研诚信建设制度层级低、多头管理、互不协调，甚至相互矛盾等突出问题，借鉴国际通行做法，特别是把披露承诺和利益冲突作为科研诚信的一部分，对现行制度进行系统梳理，制定"国家科研诚信准则"，并落实在相应的制度建设上。

（4）推进合作项目。加强和改进国家自然科学基金委员会基础研究国际合作项目，如已开展的中美两国科学家在"传染病的生态学与演进"研究领域的合作研究等，以及大学、科研机构其他有关基础研究国际合作项目。

（5）改进人才计划。认真总结我国海外人才引进计划的经验，结合当前国际形势变化，做出必要的调整和规范，既能达到引进优秀海外人才的实效，又能避免不必要的摩擦。建议采取的初步考虑方案是：中央统一领导，中央和地方有机协同、淡化政府角色，规范引进政策，避免无序竞争。

中国科学院科技战略咨询研究院　樊春良

2020 年 4 月 29 日

美国《无止境的前沿法案》国会议案及其应对策略

2020 年 5 月 27 日，由美国参议院民主党领袖 Chuck Schumer、共和党参议员 Todd Young、民主党众议员 Ro Khanna、共和党众议员 Mike Gallagher 在参众两院提出《无止境的前沿法案》（Endless Frontier Act，S.3832 & H.R.6978）议案，提出改组 NSF，大幅增加对关键技术的发现、创造和商业化的投资，以保持美国直到 21 世纪中叶的全球领导地位。在目前美国民主与共和两党在许多重大议题持对立立场的政治环境下，这份两党共同推动的《无止境的前沿法案》格外引人注目。议案得到特朗普侧近人士以及参议院多数党领袖 Mitch McConnell 的支持，也得到学术界的广泛支持。2020 年 6 月 5 日出版的《科学》期刊发专文评述该议案的影响。

一、背景

《无止境的前沿法案》是近年来美国政府和社会对美国科学技术领导地位丧失忧虑感的集中体现，反映了美国政界把中国当作竞争对手的共识，也反映了相当一部分人所谓的"中国偷窃了美国知识产权"的偏见。《无止境的前沿法案》用了万尼瓦尔·布什（Vannevar Bush）著名的《科学——无止境的前沿》（Science: The Endless Frontier）的同样题名："无止境的前沿"。1945 年，应罗斯福总统要求，布什完成了《科学——无止境的前沿》报告，展现了科学的前景——作为"无止境的前沿"的科学将会取代物理意义上美国西部的边疆，成为国家经济发展、人民生活标准提高和社会进步的新动力。报告提出，联邦政府应承担起保持科学知识进步和培养新生科学力量的职责，建议成立国家科学基金会。1950 年，美国国家科学基金会成立，成为美国支持基础研究的重要机构。第二次世界大战后，美国政府以"无止境的前沿"的思想持续支持科学技术的发展，使美国成为世界上科学技术领先的国家，形成 NSF 与重要联邦科技部门共同资助科学技术发展的格局。

今天，《无止境的前沿法案》的目的同样是继续保持美国科学技术在全球的领导地位。该议案认为，当今美国科学技术的领导地位正在受到侵蚀。一方面，美国虽然做出了许多具有潜在性的创新，但缺乏关键的公共投资来发展美国的新技术；另一方面，外国竞争者正在雄心勃勃地投资基础研究及其商业化，以主导未来的关键技术领域。如果美国在基础研究、教育和培训、技术转让和创业等方面不大幅增加投资，没有遍布全国的更广泛的创新生态系统，美国被竞争对手赶超只是时间问题。无论哪个国家在关键技术方面胜出，如人工智能、量子计算、先进通信和先进制造领域，都将成为未来的超级大国。美国政府需要通过推动经济增长来促进创新，加大对新技术的发现、创造和商业化的投资，确保美国在未来工业中的领导地位。

二、议案的基本内容

《无止境的前沿法案》提议，在 NSF 设立技术学部，赋予它特定的使命和职权，提供 1000 亿美元用于战略性推进科技研发，以及 100 亿美元用于在全美各地建立区域性技术中心，以启动新公司，重振美国制造业，创造新的就业机会，推动当地社区的发展。该议案的基本内容包括以下几个方面。

（1）将"国家科学基金会"重新命名为"国家科学和技术基金会"（NSTF），任命一名新的副主任负责执行资助新的与全球技术挑战相关的基础研究，这些技术对美国地缘战略具有重要意义。

（2）NSTF 设两名副主任，一名负责监督现有的 NSF 运作，另一名负责监督新成立的技术学部。该议案为新的学部提供具有灵活的人员、项目管理和奖励权限。

（3）新的理事会被赋予类似国防高级研究计划局（DARPA）的权力，可选择项目经理，让其选择项目受资助者。

（4）NSTF 为技术学部新设立一个顾问委员会，就如何在 10 个重点领域战略性地推进技术向副主任提供建议。新的顾问委员会没有决策权。国家科学委员会仍保留现有权力。

（5）授权给新学部的资金将在5年内增加1000亿美元，以复兴美国在关键技术发现和应用方面的领导地位，这些技术在全球竞争力方面起着决定性作用。

（6）授权商务部在5年内为至少10个区域技术中心追加100亿美元，作为全面综合投资举措的奖励资金，使美国成为关键技术研究、开发和制造的全球中心。

（7）该学部被授权与商务部以及其他联邦部门和机构协调，倡议建立区域技术中心，将弱势群体和地区与新的就业及商业机会联系起来，发展关键技术。

（8）该学部除了自己的活动外，当需要推进其目标实现时，可与NSF其他部门、其他联邦研究机构合作，并提供资助。该学部不能从NSF的其他部门拿钱。

（9）新的学部将资助下列重点技术领域研究：①人工智能和机器学习；②高性能计算、半导体和先进的计算机硬件；③量子计算和信息系统；④机器人技术、自动化和先进制造业；⑤自然或人为灾害预防；⑥先进通信技术；⑦生物技术、基因组学和合成生物学；⑧先进能源技术；⑨网络安全、数据存储和数据管理技术；⑩材料科学、工程学和勘探等其他关键技术领域。

资助内容包括：①增加大学研究经费，推进在美国关键技术领域的进步，包括创建重点研究中心；②在重点研究领域增加新的本科生奖学金、工业培训项目，增加研究生奖学金、培训津贴和博士后的支持，发展重点领域美国的劳动力；③发展试验基地和制造实施；④促进和加速新技术从实验室转移到市场，包括拓宽获得投资的渠道；⑤与州和地方经济发展规划及协调利益相关者和私营部门建立区域创新生态系统；⑥增加研究开支，与美国的盟友、伙伴及国际组织合作。

三、可能的影响

（1）增强科研工作的跨部门沟通合作。NSTF将与国会各相关委员会保持充分沟通，有利于争取到国会的持续支持，包括更多的拨款，促进 NSTF 和其他政府机构的协调配合。NSTF 技术副主任与白宫科技政策办公室、白宫国家安全委员会、商务部等部门保持沟通，负责为提升美国在科技创新领域的竞争力制定国家战略，包括如何与美国的盟友和伙伴合作、如何利用国际和多边组织落实战略、如何强化美国产业基础等。技术副主任每年与联邦调查局局长、国家反情报和安全中心主任就如何保护美国的先进技术进行交流。NSTF 更强调产学研合作、科研联盟等概念，意在促进政学产协同创新。

（2）提升 NSF 的执行力和效能。新设立的技术学部在工作方式、文化上与 NSF 有根本性不同，它的作用、职能和运转方式与 DARPA 高度类似。技术学部雇用项目经理，负责项目遴选和监督，实际运作开始后可能会要求项目承担者定期提交进展报告，要求相关项目在设定期限内完成。在项目选择和实施方面，NSTF 也会较 NSF 更具灵活性。

（3）增强目标导向的科研资助模式。美国对 NSF 资助的研究一直存在两种主张：一种是尊重科研的独立性，支持科学家基于个人兴趣的自由探索；另一种是主张增加美国基础研究对经济社会发展的影响力。该议案是对后一种主张的阐释，意在增加 NSF 资助项目的目标导向、结果导向、任务导向，强调科技成果的商业化转化。

《无止境的前沿法案》在美国引起很大反响，科学界、高技术公司许多人欢欣鼓舞，认为该议案适当其时，可大大弥补美国在科研和教育上的投入不足，但也有一部分人对 NSF 支持技术开发的角色改变表示不同的看法，担心会影响到 NSF 已履行得很好的支持基础研究的角色。正如 2020 年 6 月 5 日《科学》发表的文章《议案会扩大 NSF 的预算和角色》(*Bill Would Supersize NSF's Budget-and Role*)的题目和内容所示：人们欢迎增加研发经费，但对 NSF 从支持基础研究的角色扩展为包括支持技术开发表示疑虑。

该议案最终是否能通过，仍是不确定的。美国立法过程涉及的因素很多，新型冠状病毒肺炎（简称新冠肺炎）疫情后，美国会面临诸多难题，资金分配困难。如果该议案通过，NSF 改为 NSTF，科学和技术文化的不同，不仅 NSF 的功能会发生变化，而且会影响联邦政府其他资助科技部门和机构的职能变化。如果该议案没有通过，并不意味着失败，也许会修改后再次提出，或以其他方式影响联邦政府对科技的资助。因此，该议案的进程值得特别关注。

《科学》的文章称该议案可以说是"领先于中国法案",该议案在某种程度上是针对中国科技的强势发展提出的。

四、我国的应对策略

1. 充分认识美国对华科技竞争正在进入"精细化"新阶段,提前摸排风险,及早应对

美国相关部门改组进程随之加快,美国推动的"全政府""全社会"对华竞争模式正日益细化,跨机构协调也将更加完善,限制中国获取先进技术的"小院高墙"策略更趋成熟。我国需要加快摸排技术研发、技术人员交流、先进产业等相关领域的风险,对美方下阶段对我国展开新的攻势早做准备。

2. 加强科学、技术、产业之间的协调联动,支持中国在新一轮产业技术升级中再进一步

该议案表明,新冠肺炎疫情使经济技术问题和国家安全因素的相互联动、相互融合更趋深入,美方将技术"脱钩"与推动中国和全球供应链的剥离并行推进。我国在政府引导技术进步方面已有很多经验,甚至也有被美方借鉴,相关机构应保持优势,继续加强产学研融合,发挥大学、科研院所的力量来支持我国在新一轮产业技术升级中再进一步。应加强科技研发主管部门与国家发展和改革委员会、工业和信息化部、商务部等的协调联动。

3. 研究美国政府如何通过NSTF在全球范围内构建遏制中国技术进展和影响力的国际阵营,做到未雨绸缪

该议案提出新设置的"技术副主任"要重视研究先进技术的社会和伦理方面的影响,表明美方下阶段会围绕科技治理规范等问题加大对华博弈。同时,一些受到美方研究资助的高校、研究机构和企业将有可能与美国政府签署相应条款,不得与中国的合作伙伴开展合作,进一步加剧"技术的国家化"。我国应未雨绸缪,采取技术"扭抱"等措施,降低美方技术脱钩的意愿或者增强其脱钩成本。

4. 更清醒认识、更准确评估中美在科技领域的竞争态势，妥善处理基础科学和重大技术应用投入关系

继续持续增加财政科技投入的同时，财政科技投入要优化结构，坚持研发导向，特别是重点加大对基础研究和应用研究的投入；进一步明晰中央财政科技计划（专项、基金等）的功能定位，优化布局，突出重点。构建激励相融的中央与地方科技攻关及财政科技投入的协同联动机制，充分发挥我国集中力量办大事的制度优势，加速形成关键核心技术攻关新型举国体制，提高我国财政科技投入的效益。

中国科学院科技战略咨询研究院　樊春良　陈凯华　蔺洁
王　婷　马　双　杨　捷
穆荣平

2020年7月2日

及时调整我国非人动物基因编辑研究及应用相关的立法和监管

近年来,新一代基因编辑技术快速发展,该技术在改变个体或物种的基因组序列方面,相较于传统技术更为迅速、精确、有效,且简单易行,被认为将彻底改变生物学、农学和医学研究及应用。当前基因编辑技术已越来越多地被应用于非人动物体,如家畜的改良、实验动物模型的构建、入侵物种/疾病的控制、异种移植(以解决人类器官移植供体极度短缺的问题),以及濒危、灭绝物种的恢复等。非人动物基因编辑研究及应用潜在涉及社会、伦理争议,包括创造实验动物模型的辩护理由,动物的福利和权利,生物安全、生物安保的问题,公众对科学研究的信任等问题。我国目前在此领域的立法和相关政策还相对缺乏,须完善相关立法和政策体系,加强监管,以应对国内外的各种潜在风险和争议。

一、非人动物基因编辑中的潜在风险

基因编辑动物在全世界已大量产生。目前,全球多个实验室的科学家都在创造基因编辑动物,包括耐热的牛、抗病毒的猪、多脂肪和肌肉的羊等。在欧洲,每年大约有 1200 万只动物被用于科学研究,其中有相当一部分为基因编辑构建的实验动物模型。在非人动物上以不成熟、不适当的方式使用基因编辑技术,可能导致无法预知的风险以及极具争议的伦理、社会问题。

1. 将基因编辑技术用于供人食用的动物体上,可能引起公众恐慌和引发社会争议

囿于现有技术的局限性,将基因编辑应用于供人食用的动物体上可能改

变预期目标之外的基因，造成预料之外的产品（如牛奶或肉质）改变，甚至影响动物健康。在我国转基因农作物已然引起公众广泛担忧和巨大社会争议的背景下，该应用存在引起公众恐慌、引发社会争议的风险。

2. 基因编辑应用于构建实验动物模型，可能会引发伦理争议

基因编辑技术的进步已经导致优选实验动物模型的转变。动物实验中所使用到的实验动物模型逐渐由果蝇、鱼类和啮齿类（如小鼠）等传统动物模型，转变为大型哺乳动物动物模型，甚至更多的非人灵长类动物。使用大型动物物种尤其是非人灵长类动物比使用啮齿动物模型更可能引发伦理争议并受到公众反对，此外还可能对实验动物福利造成无法预知的威胁。

3. 将基因编辑和基因驱动技术相结合以修改野生动物基因组，可能带来生物安全风险

此类应用可能对生态系统造成严重、复杂的破坏，其影响广度和所持续时间难以评估。例如，科学家利用此类技术改变黑腹果蝇的基因组，一旦这些果蝇逃逸或被无意释放至环境中，将可能产生严重的生物安全问题。更值得注意的是，被修改的野生生物体无法被限定在一国国界之内，将对监管和治理的国际磋商和合作提出重大挑战。

4. 基因编辑为"复活"绝迹动物物种，恢复或改善濒危动物物种提供可能性，但同时也引发新的担忧

一部分研究者担忧如果人们拥有复活灭绝动物物种的能力，有可能会削弱人类对自然保护工作紧迫性的认识，从而加速濒危动物的灭绝。此外，重新创造的物种也有可能对现有的生态平衡造成威胁，还有可能成为病毒的媒介或载体，对人类造成伤害。

二、国际社会的立法和监管政策借鉴

技术飞速发展使得基因编辑已经并将更为广泛地应用于非人动物体，但基因编辑动物可能带来诸多伦理、社会问题。国际社会对这些问题的关注度日益高涨。一些发达国家或地区已经通过政策调整和法律规范的修改，应对

新一代基因编辑技术在非人动物中应用所带来的挑战。

针对基因编辑应用于实验动物方面，欧盟、美国、加拿大、日本等国家或组织陆续以保护动物福利为基础，制定相关政策、法律。在欧洲规制实验动物使用的立法中，以保护动物福利为基础的伦理约束有所体现。2010/63/EU 指令要求涉及实验动物的研究应符合 3R 原则，即尽量减少使用数量原则（reduction）、尽量优化操作方案原则（refinement）、尽可能地用体外或非动物实验平台来代替动物原则（replacement）。

针对将基因编辑应用于供人食用的动物方面，2018 年 7 月，欧盟法院判决，由基因编辑技术获得的生物品种，将被视为转基因生物。该判决将基因编辑非人动物纳入欧盟严格的转基因监管框架中。迄今，欧洲尚没有任何转基因动物获得市场化的授权。美国食品药品监督管理局（FDA）于 2017 年发布指南，将动物基因组被特异改变的部分当作药物加以监管，采用新药监管流程。日本厚生劳动省于 2019 年 3 月发布监管政策指出，在基因编辑食品（包括可食性动物）相关技术符合一定标准的前提下，日本政府将允许该类食品不进行安全评估而销售给消费者。此监管政策表明，日本有条件地放开在供人食用的动植物上使用基因编辑技术，但需符合严苛的监管条件。

三、加强我国非人动物基因编辑监管的建议

我国在非人动物基因编辑研究和应用方面有着良好的基础，且发展迅速。但我国与动物相关的立法与监管体系并未对非人动物基因编辑问题作出及时回应。

对外而言，如果我国相应的监管以及实验动物福利措施还不能及时更新，并与国际接轨，可能使得我国因动物福利问题在国际科研交流中承受巨大的伦理谴责压力。另外，我国在基因编辑动物相关管理规定方面的缺失，也可能给我国在动物源性产品国际贸易出口方面带来巨大阻力。

对内而言，实验动物伦理审查监管体系"虚置"，可能导致我国部分科学家在商业利益驱使下铤而走险，践踏动物福利伦理底线，最终妨害正常基因编辑的科研及相关产业发展。如果基因编辑动物在未经监管的情况下成为

人类食品，最终可能重蹈"转基因食品"舆论争议的覆辙，同时有可能影响科学家的公众形象，将基因编辑"妖魔化"，从而使真正的科学研究失去公众信任。

为应对非人动物基因编辑研究及应用中潜在的伦理、社会、生态等多维风险，在完善立法与监管政策方面，提出如下建议。

1. 加强生物安全管理，完善我国非人动物基因编辑法制体系与监管制度

一是在正在制定的《中华人民共和国生物安全法》中对基因编辑动物可能产生的生物安全和生物安保问题予以高度重视并补充相应条文。在《中华人民共和国生物安全法》《生物技术研究开发安全管理条例（征求意见稿）》的框架下，对那些将基因编辑技术与野生生物基因驱动技术相结合的实验室研究和野外实验相关的生物安全及生物安保方案进行审查。二是在科学技术部设立一个单独的办公室或者机构，审查和监测在我国进行的涉及基因编辑技术与野生生物基因驱动技术相结合的研究。该机构还应被授权确定不需要审查的研究种类。

2. 加强基因编辑用于供人食用动物的规制与现有转基因生物监管体系有效衔接，警惕公众信任危机

我国针对转基因生物已建立一整套法律监管体系，但该体系是基于传统基因工程的，无法将基因编辑技术在生物中的应用纳入其中。需要注意的是，我国转基因作物正面临公众信任危机，如果将基因编辑与转基因技术等同规制，会在一定程度上为我国基因编辑研究及应用套上无形的"转基因"舆论枷锁，阻碍我国在该领域的发展。建议以农业农村部和科学技术部为主导，尽快就基因编辑生物（包括动物）如何规制、如何与现有的转基因生物监管框架体系相衔接等问题组织研讨，加快应对基因编辑非人动物所提出的挑战。在监管政策中，考虑提前介入基因编辑动物的监管，尤其是对基因编辑动物作为食品的监管。

3. 健全动物基因编辑相关的伦理规范，划清研究及应用的伦理边界

实验动物、农场动物、野生动物等基因编辑，因其制造、使用动物的目

的，动物所处环境等因素的不同，以及通过基因驱动对生态系统的改变存在特殊性，需要不同的伦理和政策评估。建议由国家科技伦理委员会牵头，组织国内相关研究机构、高等院校等单位，在符合我国本土伦理文化、基本国情，同时尊重国际公认伦理原则的基础上，制定我国自身的以动物福利为基础的伦理规范，从而明确什么是伦理上可以接受的动物遗传操控。

4. 建立并完善利益相关方与决策者的有效沟通机制，以及科学家与公众的沟通、互信机制

在立法、决策中加强利益相关方的参与，提高决策透明度，维护公众对科学研究及应用的信任和支持。建议以中国科学院或者中国科学技术协会为主导部门，以相关领域首席及骨干科学家为主要力量，牵头就该领域研究的影响进行探讨。围绕非人动物基因编辑所产生的潜在伦理问题，进行更广泛的社会沟通。借鉴国际治理经验，在新兴技术研究的初始阶段，科学界提前介入，充分与社会公众沟通，带动相关研讨，在促进提高新兴技术的公众接受度方面，提前进行干预。

5. 积极参与国际磋商与合作，在国际相关问题的治理中扮演更为重要的角色

基因编辑动物在环境和生态系统中的应用，如利用基因驱动控制传染病或侵入性外来物，在地理空间上所受的限制十分有限，因此基因驱动生物的传播不会停止在一国国界之内。这意味着任何一个国家的政策举措如果得不到邻国或其他国家的配合，可能将收效甚微，因而有必要加强国际磋商和合作，积极开展国际科技伦理治理合作，参与国际伦理准则的制定，彰显我国负责任大国的国际形象和地位。

中国科学院	周琪
中国科学院科技战略咨询研究院	鲁晓
中国科学院动物研究所	彭耀进

2020 年 7 月 27 日

我国科研诚信建设的若干问题及对策建议

随着中国科技创新事业的快速发展，中国科研人员的成果产出迅速跻身世界前列，但学术不端现象也日益凸现，引发国内外科学界和社会舆论的关注，给中国科学界的学术信誉与整体形象造成了严重损害。特别是在中美科技博弈背景下，科研诚信可能成为美方从道德制高点打击中国科研信誉的一个口实，也可能成为美国对我国科技战组合拳中的一手，对中国科研的污名化在国际科技界所造成的影响不容小觑。鉴于科研诚信问题的重要性，针对我国科研诚信方面存在的突出问题，提出加强我国科研诚信建设的对策建议。

一、当前我国科研诚信建设中存在的问题

1. 科研诚信范畴的界定尚不清晰

国际科学界将科研诚信和学术不端区分界定。科研诚信的范畴则更广泛，涉及研究全过程的学术规范问题。学术不端在科研诚信范畴内，涉及捏造、篡改和剽窃等造假行为。近年来，国际科学界科研诚信的范畴不断扩展，2019年美国国家科学基金会公开发布研究报告——《基础研究的安全》，提出将利益冲突问题纳入科研诚信的范畴，以解决关乎科研资助、组织、人才、安全等方面出现的一系列新问题。然而，我国对科研失信行为的界定多采取"一揽子"的方式，将违反科研行为准则和规范的行为笼统界定为科研失信行为，这一界定尚不清晰，对科研诚信问题的内涵、界限、类型及其复杂特征缺乏精准理解，从而不利于对不同程度的科研失信问题采取精准化的治理措施。

2. 学术不端行为的判定标准不清楚

由于学术不端行为本身的复杂性和多样性,我国尚缺乏对学术不端行为恰当的、科学的判定机制,常以科学实验的重复性判断学术不端行为。然而,学术不端和可重复性并不存在直接的、必然的联系,两个概念不能被混用、混淆。实验可重复增加了实验的真实性、科学发现普遍存在的可能性,但不能用于完全排除学术不端行为存在的可能性。反之,实验不可重复,说明实验结果的可信度降低,能够为提出学术质疑提供条件,但并不能简单地用于做出学术不端的判定。是否存在主观的捏造、篡改和剽窃等行为,是判定学术不端的直接依据。

3. 学术不端网络举报受理机制不健全

我国目前的学术不端事件的举报主要有三种途径:一是向主管单位或部门进行举报;二是向期刊编辑部进行举报;三是通过网络进行举报,包括在PubPeer、中国科学网等学术网站上发布的学术争议性质的举报,以及在其他网络媒体发布的举报。由于主观和客观的多种原因,我国目前的学术不端事件往往通过网络媒体发起、驱动,在这一背景下,学术不端网络举报的事实真伪难以判断。我国也尚未制定合适的、可信的规章制度以受理这类举报。网络举报出现后会不可避免地受到社会公众和网络媒体的关注,引发网络炒作,甚至会出现网络暴力。对于学术不端事件举报的调查处理过程也会受到来自网络的不合理干扰,从而影响调查处理结果的公正性。同时,我国针对这类引起社会关注的网络举报的受理和查处过程还不够透明公开,这既影响了调查本身的公信力,也不能对科研人员和科研机构起到教育和警示作用,更无法有效回应社会关切,澄清事实,还原真相。

4. 学术不端事件调查处理中责、权、利严重不清

学术不端事件的调查、分析、认定是高度专业化的问题,涉及科学判断,目前我国的科研诚信管理主要是基于行政化管理,缺乏专业化和规范化的制度设计。科技主管部门、相关科研机构、资助机构、第三方调查机构、司法机构之间各自为政,责、权、利严重不清,缺乏有效的沟通和配合,专家作用发挥不足,调查过程和结果公开透明不够,学术不端事件的查处往往不了

了之，无法起到有效的教育警示作用，也无法回应社会关切，应对国际质疑，严重影响了我国科学界的社会形象和国际声誉。

5. 科研诚信法制建设不足

目前，我国已有的科研诚信法律法规主要是由全国人大、国务院及教育部、科学技术部、中国科学技术协会、中国科学院、国家自然科学基金委员会等颁布的法律法规、部门规章、规范性和政策性文件组成。但是在实际的学术不端行为处理中，暴露出我国科研诚信法制建设的诸多问题。一是在立法层面，科研诚信立法和相关政策仍存在空白区域，法律位阶较低，约束性不足，各规范性文件覆盖不全，法律责任规定不统一、不协调，体系化欠缺，约束力不足，相关配套立法和政策还不完善。二是在规制层面，科研不端行为的行政法律规制程序不够公开透明，民事法律规制操作性不强，刑事法律制度仍然空白。重大科研不端事件的行政处分力度远大于法律责任的追究。

6. 科研诚信教育缺失

在人类探索未知的长期科研活动中，形成了以求真为本质的科学精神，也形成了学术的纪律规范和诚信的价值要求。科研诚信始终是科学价值的本质要求，是科学精神的组成部分，是科学态度的集中反映，是回归科学本质的价值理念。一方面，科学精神和科学文化的涵养是长期的过程，科学精神和科学文化在我国的形成往往跟不上科技发展的速度。另一方面，我国的科研诚信与学术规范教育起步较晚、投入不足，造成科研诚信意识薄弱，科研活动和交流中的学术规范意识不足。

二、加强我国科研诚信建设的建议

1. 明确学术不端事件调查程序和责任，建立健全自上而下的专业化监督问责体系

在学术不端事件的调查中，应形成三级治理体系，明确各级责任和权限。由各级法人科研单位建立科研诚信制度，发挥专家作用，组织专业力量，直接负责科研不端行为的举报受理和调查；由教育部、中国科学院、国家自然

科学基金委员会等上级主管部门进行监督和解决争议；由科学技术部代表国家进行最高层级的监督。

2. 规范完善网络举报的受理，建立自下而上的公共监督机制

对于学术不端举报，特别是网络举报的受理，亟须建立专业化机制，有效发挥专家作用。应优先鼓励向科研单位、科研管理部门、学术期刊编辑部等规范渠道进行实名举报，同时，也应鼓励并严肃对待通过 PubPeer、中国科学网等学术网络平台的举报投诉，发挥学术网站的科研成果公共监督功能。在网络举报的受理上，应充分发挥各级单位学术委员会和专家委员会的专业作用，健全其工作机制，对网络举报的事实真伪进行甄别、鉴定，向社会公众及时公布受理决定。经过专业化的分析、调查后，如果学术不端行为事实清楚，应进行严肃处理，并将处理结果向社会公开，同时应保留举报人继续向上级主管部门举报的权利。如果发现网络举报虚假不实，对被举报人权益和名誉造成损害，形成不良社会影响，应及时向社会公众澄清真相，也应向上级主管部门反映，对举报人进行追责。

3. 抓住典型事件不姑息、不放松，推动科研诚信制度建设

世界各国科研诚信、科研伦理治理体系的构建受到了重大、典型事件的推动和影响。始于1986年，历时10年的"巴尔的摩案"推动了美国科研诚信办公室的成立，韩国"黄禹锡事件"促使韩国政府多次修订法律法规，成立科研伦理委员会，建立科研诚信教育课程体系。我国需要紧紧抓住科研诚信典型事件，不姑息、不放松，对重大学术不端事件，不能不了了之。通过对典型事件的严肃处理，起到教育警示作用，推动科研诚信制度建设。

4. 加强科研诚信法制建设，为科研诚信监督提供法律保障

科技发展作为社会发展的组成部分，必须遵守法律框架，当学术不端行为涉及知识产权、科研经费管理、商业操作等问题，就进入到了法律规制范畴。一是在立法层面，建立健全一套有效预防和及时惩戒学术不端行为的法律体系，妥当协调相关行政、民事和刑事三方面的法律适用机制。二是在守法层面，科研活动属于社会活动的范畴，有关科研诚信的事件处理需要遵守包括知识产权、科研管理等在内的已有的法律法规。三是在执法层面，加强法律监管力度和约束性。在学术不端行为的举报和查处中应该遵守基本的法律准则，坚持"谁举报谁举证"法律准则，有效保护举报人和被举报人权益。对于重大科研不端事件需严肃追究法律责任。

5. 加强科研诚信教育，倡导科学道德，严格学术规范

一是加强科研诚信的道德教育和科学规范的规则教育，提高诚信意识，规范科研行为，倡导求真务实、诚实守信的科学精神。科研诚信教育要将科学道德、科研伦理、学术规范教育列入大学和研究生必修课程。通过开设科研诚信教育线上线下课程，将科研诚信教育嵌入学生教育和科学研究活动全过程。二是通过研究和颁布良好的科学实践行为准则，对项目申请、团队建构、数据保存、成果发表的科研活动全过程进行规范。

中国科学院科技战略咨询研究院　鲁　晓

2020 年 8 月 26 日

美、英两国研发预算制度对我国建立研发预算制度的启示和建议

研发（R&D）活动由于其公共物品属性，是政府财政支持科技事务的重点内容和关键领域。当前我国 R&D 经费数据来自自下而上的科技统计调查，通过逐级汇总得到 R&D 经费总体规模及其结构分布。同时，根据财政部《政府财政收支科目》中"科学技术支出"（206）科目的内容，通过财政部门自上而下汇总得到我国政府用于支持科技事业的财政支出数据，但该支出不完全用于支持 R&D 活动。近年来，我国 R&D 支出和财政科技支出经费在规模上都保持了稳定增长，但仍存在明显结构性问题，对提高财政绩效、实现创新驱动发展和加快建设创新型国家造成了阻碍，需要从根本上予以解决。本研究梳理了美国和英国的 R&D 预算制度，重点包括 R&D 预算的编制及其执行，以此为基础提出了对我国建立 R&D 预算制度的建议。

一、我国 R&D 经费及财政科技经费支出存在的问题

由国家统计局、科学技术部和财政部联合发布的《2019 年全国科技经费投入统计公报》显示，2019 年我国全社会 R&D 投入突破 2 万亿元人民币，财政科技支出突破 1 万亿元人民币。但同时，经费支出结构存在明显的结构性失衡，主要表现在以下两个方面。

（1）财政科技支出中用于 R&D 的经费占比过低。该比例近年来一直徘徊在 40% 左右，这表明政府用于科技事业的经费有一半以上都被用于非研发性活动或成果转移，而这一问题在地方财政支出结构中表现得更为尖锐。

（2）R&D 经费支出中，基础研究经费所占比重过低。长期以来我国基

础研究投入在 R&D 经费中的占比徘徊在 5%左右。2019 年该占比首次突破 6%，但总体来看，与世界发达经济体基础研究投入普遍占 R&D 经费 15%以上的水平相比，仍有较大差距。

这些结构性失衡表明我国在科技资源配置方向与效率上存在问题，亟待予以研究、解决。

二、美、英两国 R&D 预算制度与科技经费管理模式及经验

现代财政制度以公共财政为基本原则，即财政应重点支持具有公益性和正外部性特征的领域和活动，R&D 活动是财政科技支持的重点内容。在国家层面统筹部署 R&D 活动的方向和内容，在发达国家多通过 R&D 预算制度得以实现。

美、英两国作为世界上最早建立现代预算制度的国家，有着成熟、完备的预算制度体系和较高的科技创新水平。通过建立并运行符合本国科技体制特征以及与本国科技创新水平相适应的 R&D 预算制度，确保政府对 R&D 活动优先领域和重点方向的遴选与支持，支撑国家科技战略稳定、持续地实施执行，发挥 R&D 活动在实现社会经济目标中的支撑作用。

1. 前瞻性的科技决策顶层设计为统筹协调科技创新发展全局提供保障

美、英两国在中央政府层面，都没有专门的科技管理部门，但都建立了有效的隶属于国家最高行政长官的科技事务宏观协调管理机制。相关机构根据国家战略需求部署科学活动的重点领域和方向，以此为指导编制 R&D 经费预算，确保预算真正成为体现国家目标和一定时期内重点工作任务的"风向标"。

在美国，科技管理的统筹协调由总统科学技术政策办公室、国家科学技术委员会和总统科学顾问委员会共同负责。总统科学技术政策办公室、行政管理与预算办公室（OMB）共同部署联邦政府拟资助的关键科技领域。在英国，英国科学技术委员会是英国政府在重大前沿科学、技术和工程问题方面的最高咨询机构，向首相提供科技咨询服务。

2. 适应性的科技管理体制为 R&D 预算编制与执行提供基础

美国实行多元分散型的科技管理体制，联邦政府系统内并不存在专门的科技主管部门，也没有专门的 R&D 类预算。联邦 R&D 预算首先由联邦政府各部门报至预算管理办公室，由该办公室汇总并排列出优先次序，再交由科技政策办公室，最后由国会批准和拨款。美国的 R&D 预算一般没有总量上的要求，由于 R&D 支出属于联邦预算中的"自由裁量支出"并在其中占比较为稳定，因此 R&D 预算的实际规模受当年联邦预算总额以及"强制性支出"规模影响。

英国实行集中协调型的科技管理体制，商业、能源和产业战略部是主管科技与创新事务的部门，承担主要的科研管理职责。卫生部，国防部，环境、食品与农村事务部等部门负责与自身职能相关的科技管理事务，根据其职能需求组织开展 R&D 活动。

3. 职能导向的 R&D 经费配置体现政府提供公共服务的内容和途径

美、英两国都没有设置专门的"R&D 预算"类别。政府在履行其职能的过程中根据需要部署 R&D 活动，经汇总后形成 R&D 预算总数。

美国联邦 R&D 经费分散在联邦政府的各项职能预算中。联邦政府共有 20 个职能支出科目，其中 15 个包含有 R&D 支出（偶尔会有增减），包括国防、卫生健康、一般科学与技术、能源等。联邦政府部门根据具体需求组织 R&D 活动并相应产生 R&D 经费，汇总构成联邦 R&D 经费总和。近年来数据显示，总体上，联邦 R&D 经费主要集中在国防，卫生健康，一般科学、空间与技术这三个职能科目下。从另一个方向看，联邦政府的 20 个构成部门中，有多个组织和开展 R&D 活动的部门，它们各自在机构预算中以职能科目的形式列示所需 R&D 支出，其中国防部、卫生与公共服务部、能源部、国家航空航天局、国家科学基金会等八个部门获得了全部联邦 R&D 经费的 96% 以上，呈现出显著的稳定性。此外，联邦 R&D 经费支出的实际数据通过美国国家科学与工程统计中心（NCSES）每年组织开展的"联邦 R&D 经费调查"获得，对于当前正在执行的财年预算经费评估和下一财年的预算计划形成，提供了重要支撑。

英国 R&D 预算的编制由商业、创新与技能部，国防部，卫生部等部门独立进行。各部门分别编制自己的科研规划并向财政部提交包括了 R&D 预算在内的一揽子预算申请，财政部提出整体预算方案并提交内阁进行审定，内阁在审议通过后再将结果交送议会进行最终审核确定。

三、政策建议

调整和完善预算制度，既包括预算文件的编制走向规范化、法治化，也包括通过制度与机制设计为预算执行提供保障。为建立我国政府 R&D 预算制度，解决现有财政科技投入的结构性缺陷、提升经费使用绩效，有效支撑创新型国家建设和国家治理现代化，建议从以下方面开展工作。

1. 强化顶层设计，发挥国家科技领导小组对于 R&D 预算编制的统筹协调功能

深入落实《国务院办公厅关于成立国家科技领导小组的通知》有关规定，发挥国家科技领导小组在落实国家战略需求、统筹布局科技创新活动的重点领域和方向方面的综合协调作用。由领导小组牵头，吸纳战略科学家、科技智库、创新领先企业等，共同商议确定关键重大科技需求，根据其战略性、前瞻性特征，设定三年期、五年期的工作任务优先序，指导承担 R&D 活动的主要部门开展预算编制工作。突出体现 R&D 预算对关键科技资源配置的导向性作用，避免重复投入和投入中的平均主义，提高科技经费使用绩效。

2. 修订"科学技术支出"科目，为建立 R&D 预算制度准备基础

参照国际经验，对我国现行《政府财政收支科目》进行深入系统研究，修订"科学技术支出"科目，完善科目内部结构。第一，结合 R&D 统计制度在 R&D 经费统计中对相关数据做分类和归集的方法及经验，修订和规范"科学技术支出"科目内容范围，进一步在现行"科学技术支出"科目内完善"基础研究"、"应用研究"和"试验发展"款级科目；第二，基于"科学技术支出"科目，明确并规范在全部财政科技经费中，对 R&D 经费做归集的标准、范围及方法，为正式建立政府 R&D 预算制度奠定基础。

3. 建立基础研究经费数据归集方法，突出强调财政经费支持基础研究活动导向

第一，基于"科学技术支出"科目，针对未包括进"基础研究"（20602）款级科目但属于基础研究活动经费的科目或内容，特别是"科技重大项目"（20609）中属于定向基础研究的部分，建立统一的基础研究经费数据分类和归集方法；第二，通过预算安排，鼓励和引导地方政府加大对定向基础研究投入力度，提升地方财政科技投入中用于支持 R&D 活动的经费规模；第三，建立实施优先资助基础研究活动的科研经费布局原则及经费绩效评价体系，引导高等院校加大对基础研究活动的经费部署力度，引导教育经费向基础研究活动倾斜。为从根本上提高基础研究经费占比和体现公共财政支持科技活动的导向性要求，提供前提和保障。

4. 组织开展 R&D 预算制度试点，加强对 R&D 预算理论与实践的动态追踪研究

第一，由财政部、科学技术部牵头，选取有条件、有基础并且科技创新水平有差异的 2~3 个地区（省、直辖市、计划单列市或副省级城市），开展 R&D 预算制度试点工作，在分析地区 R&D 统计数据结构的基础上，研究根据"科学技术支出"科目归集 R&D 经费（其中包括基础研究经费）数据的标准和操作方法，分析提高地方财政投入 R&D 活动的需求与短板；第二，组织科学技术部、财政部、国家统计局及其他相关机构的专家，继续深入开展关于典型国家 R&D 预算制度的专题研究，包括 R&D 经费结构、基础研究经费配置以及经费使用绩效评价等。

中国科学院科技战略咨询研究院　吕佳龄

2020 年 10 月 13 日

"十四五"时期战略性新兴产业构建以内循环为主、内外联动的发展新模式的建议

在世界政治经济格局深刻变化、新冠肺炎疫情全球暴发的背景下，战略性新兴产业发展面临国际市场需求不振、关键生产要素流动受阻等内外循环不畅问题。特别是中美科技贸易摩擦不断升级正在推动战略性新兴产业发展模式从全球合作向区域性合作收缩，全球主要经济体与跨国公司倾向于基于对经济性与安全性的重新评估重构全球产业链布局。因此，亟须加快构建以内循环为主、内外联动的战略性新兴产业发展新格局，依托我国战略性新兴产业关键"卡脖子"技术突破、区域发展的巨大腾挪空间、创新链与产业链的深度融合、生产要素的"引进来"与"走出去"建立国际产业竞争优势。

一、我国战略性新兴产业存在问题及新时期面临的挑战

1. 战略性新兴产业对全球供应链依赖度高，更易受技术和供应链变化的冲击

战略性新兴产业是建立在重大前沿科技突破基础上，代表了未来科技和产业发展的新方向，且对经济社会具有全局带动和重大引领的作用。与钢铁、石化、工程机械、汽车制造等传统产业面临产能过剩的问题不同，战略性新兴产业发展对全球供应链的依赖性更高。然而我国支撑战略性新兴产业发展的源头性技术和关键技术能力不足，产业关键环节存在技术短板。例如，我国工业软件市场长期被欧美软件巨头严重垄断，市场占有率不足5%。在一些产业和领域，产业基础（包括高端装备、核心零部件等）还很薄弱，关键核心技术受制于人，尤其是光刻机、高端芯片、轴承和运行控制系统、设计

和仿真软件等产业和领域"卡脖子"问题表现得比较突出,产业风险不容忽视。

2. 我国战略性新兴产业区域布局不合理,抵御外部技术、市场、产业链风险的能力较弱

我国区域间存在较大的资源禀赋差异,技术、人才、经济发展水平和自然资源的区域差异对战略性新兴产业的空间布局具有重要影响。其中部分产业主要是以技术、人才和地域的经济发展水平形成集聚,如新一代信息技术、新能源汽车、生物产业、高端装备制造业等;而有些产业则是靠资源环境形成集聚,如新能源产业、新材料产业等。表1系统梳理了我国战略性新兴产业的基本空间布局,可以看出,除少数资源环境依赖型的战略性新兴产业外,大部分战略性新兴产业集中在经济发达地区,且经济发达地区战略性新兴产业分布差异较小,欠发达地区战略性新兴产业分布差异较大。近年来,由于中西部地区成本、产业配套等劣势,东部地区企业倾向于将产业下游转移到东南亚等地,这对我国战略性新兴产业的产业链完整和安全造成了严重的威胁。

表1 我国战略性新兴产业区域空间布局

产业	集聚地区
节能环保	环渤海地区、东部沿海经济区和南部沿海经济区
新一代信息技术	经济发达的北部沿海综合经济区、东部沿海综合经济区和南部沿海综合经济区,内陆的黄河中游地区、长江中游地区以及地处大西南的四川、重庆
生物制药	科技人才密集、经济发达的环渤海地区,长三角地区和珠三角地区
高端装备制造	分布比较广泛,主要集聚在东北老工业基地、北部沿海地区、东部沿海地区和大西南地区
新能源	大西北地区、大西南地区、东北地区和东部沿海地区
新材料	东北地区、大西北地区、大西南地区、东部沿海地区
新能源汽车	环渤海地区、长三角地区和西南地区

3. 我国战略性新兴产业创新链与产业链结构功能布局缺乏深度耦合机制,制约"十四五"时期产业发展形成新动能

我国在以芯片等为代表的战略性新兴产业攻关体系中进行了相对完整

的创新链布局，但由于关键环节研发水平的欠缺、创新链与产业链各环节技术耦合性较低等因素难以支撑产业链整体跃升。例如，我国围绕存储芯片领域的关键环节，对创新链进行了相对完整的布局，但相关国产的核心设备与关键材料在规格型号等方面并不能很好地匹配产业链高端产品的需求，难以实现进口替代。同时，科技研发与市场应用脱节，创新链与产业链未能形成融合创新、协同攻关的合力。投资、研发、市场转化、产品应用等主体无法达成共识，限制了创新成果产生及市场转化，失去了创新迭代的机会。

4. 在高端芯片、工业软件、生物医药等战略性新兴产业重要领域产业技术基础不完善，产业链存在明显短板，受到国外制约较大

虽然我国拥有较为齐全的工业品门类，但在部分门类的细分领域，一些关键产品目前仍无法生产，或者在良率、性能、稳定性等方面与国际先进水平差距较大。例如，高档数控机床与基础制造装备、高技术船舶与海洋工程装备、高性能医疗器械、航空发动机、农业装备等领域产业基础薄弱、先进工艺应用程度不高、核心基础部件和材料严重依赖进口，产业链安全亟待加强。日、韩新冠肺炎疫情暴发期间，我国高度依赖进口的半导体硅晶圆、光刻胶、存储芯片等原材料、核心零部件短缺，制造成本上升，导致电子、汽车等相关行业受挫。

5. 我国战略性新兴产业长板领域技术与产业基础能力不强，难以满足国际产业竞争与安全保障的迫切需求

我国在无线通信、计算、光子、互联网协议框架等面向未来技术与产业安全的战略性新兴产业领域以单点专项突破为主，缺乏顶层设计与布局。在下一代计算技术基础理论方面，对面向未来竞争新计算架构的新介质、量子计算、类脑计算等领域的科技攻关项目布局力度不足。相比美国"国家战略计算计划"的前瞻性、系统性与融合性，我国计算产业在整体运筹、系统思考与全局把控方面尚有加强空间。亟须将面向长板产业优先培育具有底层自主硬核技术体系支撑的涵盖基础科学前沿问题、源头技术、关键系统、支撑平台和融合应用的完备产业链和高端产业群。特别是面向医疗和生命科学、未来交通、智能制造、智慧家庭和智慧城市等应用场景与需求，提升新

兴技术应用空间、构筑新兴产业应用体系。

二、"十四五"时期我国战略性新兴产业构建以内循环为主、内外联动的发展新模式的建议

1. 构建内外循环相互支撑和联动的战略性新兴产业体系

在全球政治经济格局深刻变化的背景下，亟须从"区域创新平台-新兴产业集群-新兴产业生态"三个层面进行战略性新兴产业的区域布局，提升产业国内大循环的主体地位，补齐产业链、供应链关键环节。战略性新兴产业区域创新平台层面，依托新型基础设施、国家实验室、科技服务中心等平台集聚全球创新资源，吸纳国外创新资金投入和全球科技创新人才集聚。融合国家重大攻关任务和区域战略性新兴产业发展，融合区域科技和产业发展，完善金融资本对产业发展的有效导向机制。战略性新兴产业集群层面，通过产业共性技术创新中心、产业数字化转型赋能中心、产业新型高技术服务中心等科技、金融、人才、设施服务平台吸引国外企业和非营利机构参与共建。构建专业化生产要素集聚地，提高区域集聚效应、规模效应和外部效应，形成战略性新兴产业在区域层面的全产业链布局，在保障产业安全的基础上进行开放合作。战略性新兴产业生态层面，围绕龙头企业建立创新创业协同平台和联合创新中心，面向应用场景建立产品验证平台和产业联盟，围绕产业技术优势高校和科研机构，建立技术创新的新型研发机构、创新孵化平台和产学研平台，形成战略性新兴产业以内循环为主、内外联动的产业生态。

2. 构建对内以"区域间联动"、对外以"区域外循环"为特征的战略性新兴产业空间布局

我国战略性新兴产业主要聚集在资源禀赋较为丰富的东部地区，随着战略性新兴产业集聚的推进、产业结构不断优化和升级要求其空间布局做相应的动态调整，形成国内以区域间联动为主，国外以东南亚和东北亚区域布局为主的国内外双循环空间结构。在国内循环中，形成战略性新兴产业东西联动为主的发展格局，引导东部地区劳动密集型产业向中西部和东北地区有序

转移，实行优势互补策略，形成中西部错层发展的格局。在国际外循环中，在轨道交通装备、输变电装备、航天装备、发电装备、新能源汽车等领域，通过"一带一路"倡议"走出去"，加强与东北亚、东南亚国家的产业循环。积极谋划在风险可控的第三方国家布局创新链和产业链，例如在缅甸、老挝等国家或地区布局产业园。加快完成《区域全面经济伙伴关系协定》、中日韩自由贸易区谈判等，积极推进中欧投资协定谈判，以区域经贸协定促进我国产业链供应链开放合作和双循环格局的构建。

3. 推动国内产业链与创新链的双链融合创新与联合攻关，强化对于全球创新资源的磁吸力

对于新一代信息技术、高端装备制造等产业链条不完整的产业，建设新型研发机构、高水平研究院等创新载体，开展核心技术攻关。对于新能源、生物等产业链高附加值环节发展滞后、市场竞争能力较弱的企业，以协会、联盟等产业组织机构为纽带，支持围绕行业龙头企业形成产业创新联盟，进行关键核心技术攻关，保障产业链、创新链的安全性与稳定性。对于节能环保、新材料、新能源汽车等创新能力不足、资源利用效率低、与发达国家有较大差距的产业，依托国家实验室，加强对前沿技术、颠覆性技术、现代工程技术的前瞻性研究，推动创新链条向前端移动，以创新优势引导产业资源集聚。在外循环中，深化与"一带一路"协议合作国家、东亚国家的产学研合作，吸引全球顶尖创新资源在我国开展核心技术攻关；构建新型产业分工体系，在掌握产业竞争核心技术与关键环节的基础上，主动参与和融入国际大循环体系，有效利用国际技术、人才、资本等战略性资源与要素。依托自贸区、高新区、经济开发区等，推进跨境产业合作，为国内循环不断升级提供有力支撑，支撑"十四五"时期战略性新兴产业发展形成新动能。

4. 推动战略性新兴产业基础高级化与产业链现代化，着力突破战略性新兴产业面临的"卡脖子"问题

依托产业创新中心、技术创新中心等载体，以创新链为原始驱动，形成科技与经济对接、创新成果与产业对接，产业链上下游对接的探索，加快形成创新引领的产业体系和发展模式。聚焦高端芯片、基础软件、生物医药、先进装备等影响产业竞争格局的重点领域，加快补齐相关领域的基础零部件、关键材料、先进工艺、产业技术等短板，培育壮大形成新兴优势产业集群。将产业链的基础端、先导端、关键薄弱环节以及面向国家安全和民生保障的领域作为重点，建立保障国家战略安全的现代产业体系。同时发挥我国经济超大规模和完善供应链体系等优势，强化整合周边国家产业链、供应链能力。

5. 在5G、光子产业等我国具有竞争优势的战略性新兴产业进行前瞻技术布局，建立我国"十四五"时期长板产业，形成与国外领先国家和跨国企业的战略互卡

在国家层面进行战略新兴产业关键前沿领域技术和产业发展的总体部署，明确量子计算、人工智能、大数据、5G家等前沿技术在未来国际产业竞争中的重要地位，利用市场规模优势支持产业基础较好、科技研发能力强的城市建立前沿技术研发和产业化中心，逐步形成前沿高技术领域的布局体系。培育由龙头企业、平台型企业、技术研发中心、产业联盟、新型研发机构等构成的前沿产业创新生态，支撑优势领域产业链各环节的整体跃升。特别对全球市场容量较小的战略性新兴产业，应着力培育在产业链关键环节的技术优势，形成与美国等国家在关键领域的战略互卡。

中国科学院科技战略咨询研究院　张　越　裴瑞敏　王晓明
2020年11月16日

提高关键核心技术攻关工程组织效率的建议

关键核心技术是从根本上保障国家经济安全、国防安全和其他安全的"国之重器",解决技术原理、技术产品从无到有、从有到优的问题。关键核心技术攻关是一项复杂的系统工程,涉及中央、地方、国家实验室、科研院所、国有企业、民营企业等各类主体。社会主义市场经济条件下新型举国体制把调动各主体积极性、集中力量办大事的政治优势和发挥市场机制在有效配置资源的基础作用结合起来,体现了按科学规律、经济规律、市场规律办事的内涵,也是提高关键核心技术攻关工程组织效率的根本途径。

一、国内外关键核心技术攻关工程组织管理经验借鉴

1. 发挥新型举国体制优势,合力新冠肺炎疫情防控科研攻关

习近平总书记强调,要把新冠肺炎防控科研攻关作为一项重大而紧迫的任务,综合多学科力量,统一领导、协同推进,在坚持科学性、确保安全性的基础上加快研发进度,尽快攻克疫情防控的重点难点问题,为打赢疫情防控的人民战争、总体战、阻击战提供强大科技支撑[①]。此次新冠肺炎科研攻关从多部门联动,成立科研攻关组,确定主攻方向,部署应急项目到产学研密切配合、多条路线并行推进,集中体现了我国新型举国体制在重大疫情防控科研攻关中的制度优势。具体表现为:一是统一领导、统一部署,多部门联动开展疫情应急科研攻关;二是成立科研攻关专家组,充分发挥咨询优势,为一线防控提供科技支撑;三是确定新冠肺炎疫情科研攻关五大主攻方向,实行多学科联合攻关;四是迅速部署应急项目,投入科研经费,实行项目全

[①] 为打赢疫情防控阻击战提供科技支撑——习近平总书记在北京考察新冠肺炎防控科研攻关工作时的重要讲话指明方向催人奋进. http://cpc.people.com.cn/n1/2020/0303/c419242-31613559.html.

程跟踪与服务；五是大力开展产学研合作，发挥市场优势，强化协同创新，合力推进科研攻关。

2. 我国航空航天事业的发展是探索新型举国体制的生动实践

发挥举国体制的优势，推动科技创新是中华人民共和国成立以来重大科技工程组织实施的重要经验。以"两弹一星"、载人航天、"北斗"导航系统、探月工程为代表的中国航空航天工程都是在举国体制下完成的。具体表现为：一是政府统一领导，科学决策部署，确定发展目标及路线。二是紧密结合市场，重视成果转化。"北斗"导航系统积极引入社会资本，带动我国众多产业和技术的发展，政治效益和经济效益双赢。三是项目管理以系统工程理论为指导的创新管理模式。"载人航天"工程创新性地采用"两总系统"（总指挥、总设计师）的柔性项目制。四是技术研发过程中实行竞争机制，激励科技创新。"北斗"导航系统技术研发采取竞标模式，科技创新成果显著。五是科研人员发扬爱国奉献、勇攀高峰的精神，"两弹一星"的爱国情怀激励和鼓舞了几代人。

3. 国立科研机构聚焦关键核心技术攻关，保障国家安全，抢占国际竞争制高点

国立科研机构作为关键核心技术攻关工程的主要参与主体，对国家的战略决策具有核心支撑作用。例如，中国科学院专门针对我国关键核心技术"卡脖子"问题建立 C 类战略性先导科技专项。专项采用"行政指挥线"和"科技指挥线"结合的组织管理模式，按照"聚焦问题、顶层设计、成熟一项、启动一项"原则实行项目遴选，以成果能够替代"卡脖子"的关键技术、能够变成商品、企业可直接应用为最终目标。又如，美国能源部国家实验室包括 16 个 GOCO（国有民营）和 1 个 GOGO（国有国营）模式，在科技创新能力方面前者较后者具有显著优势。再如，比利时微电子研究中心启动"产业联盟项目"（IAP），形成多主体合作体系。针对企业研发伙伴建立权责清晰的合作规则，充分考虑创新参与方的利益诉求。

4. 依赖政府的强力保护以及企业坚持不懈的技术创新，实现核心技术赶超

韩国的半导体产业在起步比美国、日本晚上十几年的情况下，从一片荒

芜逐渐发展为半导体产业龙头，离不开密集的技术援助、政府的强力保护以及企业坚持不懈的技术创新。具体表现为：一是韩国政府指定芯片产业及技术为影响国家竞争力的核心技术，致力于高度保障技术及产权；采用"政府+大财团"的管理模式，组织"官民一体"的动态随机存取存储器（DRAM）共同开发项目。二是推动"资金+技术+人才"的高效融合。韩国鼓励企业及大学间的结合，通过"BK21"及"BK21+"等计划对大学、研究所进行精准专项支持，为芯片产业储备人才。

二、提高关键核心技术攻关工程组织效率的建议

1. 坚持党的集中统一领导，设立总体指挥部，构建总体设计机制

关键核心技术攻关必须坚持党的集中统一领导，通过全面决策部署保证行动协调一致，最大化提高组织管理效率。一是建议设立关键核心技术攻关工程总体指挥部，启动实施关键核心技术新型举国体制的中央决策机制；针对科技管理中权责不明、过于分散等问题，明确政府与市场、中央与地方权责划分，强调全国"一盘棋"。二是建议构建关键核心技术攻关总体设计机制，形成专家咨询支撑系统，包括科学家、企业家、智库专家、系统工程专家等。深入分析各领域、各行业关键核心技术发展需求，开展国家重大战略研究、项目论证和政策研究，提出关键核心技术攻关总思路。

2. 建立关键核心技术细分任务清单，完善项目遴选机制

关键核心技术既存在卡在当下的"燃眉之急"，也有制约长远发展的"心腹之患"，量身定制的攻关策略可有效提高攻关工程组织管理效率。一是建议组织政府、产业界、学术界领域专家对关键核心技术分类制定对策，不是所有关键核心技术都要采取新型举国体制，需将基础性、先导性、战略性重大关键核心技术和其他关键核心技术区分开来。二是建议完善关键核心技术攻关项目遴选机制，项目不能遍地开花，应筛选事关国家安全的关键核心技术，尤其是长周期、高投入、垄断性强的"卡脖子"技术。

3. 构建多元主体合作模式，确保国家整体利益最大化

关键核心技术攻关组织涉及各类主体，必须构建多元主体合作模式，最

大化激发各主体的创新活力，确保国家整体战略意图的落实。一是建议统筹整合中央、地方、国家实验室、科研院所、国有企业、民营企业等多方力量，将国家的战略需求、企业家参与全球市场竞争的雄心以及科学家探索未知的钻研精神有机融合。二是建议建立利益分享和风险分担机制。鼓励企业与科研院所、高校以产权关系为纽带，组建产学研用联合体，实现利益一致协同。

4. 采用市场运作方式建立多元投入机制，吸引社会资本

涉及关键核心技术的产品通常具有"长周期、高投入、高风险"特征，仅仅依靠政府扶持难以长期支撑研发成本。因此，在财力资源的投入方面，既要集中力量办大事，也要充分发挥企业和市场的作用。一是建议综合运用经济、贸易政策和行政规章等规范市场秩序，对应用技术，政府应避免直接投入，可依据市场法则，由企业根据任务导向自行决定投入，并从中获利。二是建议政府通过反垄断和知识产权激励等措施，消除研发和生产中不必要的准入障碍，特别是避免有创新精神、研发能力强的中小企业被排挤。

5. 实施系统动态优化管理，评估技术风险与不确定性

充分研判关键核心技术发展态势，洞悉可能存在的风险，通过动态调整最大限度地提高组织管理效率。一是建议建立关键核心技术攻关工程全生命周期的动态管理机制，开展多主体参与的风险评估，把握我国关键核心技术攻关过程中的风险，形成应对未来不确定风险的方案。二是建议建立重大科技安全事件应急处理机制，深入研究国际规则，对新技术、新产业的发展及时形成动态治理结构。

中国科学院科技战略咨询研究院　刘　清　刘怡君　李倩倩
　　　　　　　　　　　　　　　　王红兵　杜晓明　马　宁
　　　　　　　　　　　　　　　　祁明亮

2020年12月24日

中美高技术战略规划比较及启示

十九届五中全会指出，新一轮科技革命和产业变革深入发展，国际力量对比深刻调整，同时国际环境日趋复杂，不稳定性不确定性明显增加，我国发展仍然处于重要战略机遇期。中美贸易摩擦以来，我国科技面临美国多方面的封锁和打压。美国新一任总统执政后，有望缓和中美当前的紧张局势，但中美之间的竞争已成美精英阶层的共识，高技术领域仍是新任总统处理中美关系时最为关注的问题之一。中国科学院科技战略咨询研究院研究团队综合考量两国科技体制、发展阶段和文化差异等，扫描近10年内中美国家层面公开的高技术相关宏观战略规划60余部、关键领域战略规划150余部，综合运用文本分析、聚类分析、复杂网络分析等方法，对比分析中美高技术发展战略，提出促进我国高技术发展的建议。

一、中美高技术相关战略规划对比

1. 中美高技术相关战略规划的发布概况

1983年，美国总统里根批准实施"战略防御计划"，时隔三年，我国国务院制定并实施"国家高技术研究发展计划"（863计划），自此中美两国均高度重视高技术发展，相关战略规划发布数量多、频率高，从宏观部署逐渐转变为宏观部署与领域聚焦并重，两国关注领域吻合度也较高。20世纪80年代至今，两国发布高技术相关战略规划数量相当，且自2010年以后发布频率均越来越高。从部署层次看，2000年之前两国的战略规划更注重宏观上对高技术发展做出总体部署和安排；2001~2010年，除宏观战略外，两国在新能源、新材料等重点领域发布一些发展计划；2010年至今，在发布宏观战略同时，两国开始聚焦一些高技术前沿领域，信息技术、新材料、新能源、装备制造、生物技术等成为共同关注的重点。由于中美政治体制差异，我国科技体制下权力更加集中，政府自上而下推动制定战略、目标与政策。我国高技术相关战略规划主要由国务院、科学技术部、工业和信息化部、国家发展和改革委员会或多部委联合发布。美国则主要由白宫总统办公室、国会、白宫科技政策办公室、国防部等发布。其中，白宫负责制定科技预算、推进相关政策、协调科技工作；国会负责审批科技预算、监管和评估相关联邦部门和机构工作，并通过立法决定各项科技政策的框架。

由此可见，中美两国均从国家战略高度重视高技术发展，聚焦领域随时间发生变化，吻合度较高。美国多部门在政策制定、发布、测算的分工不同；我国科技体制中政府主导作用更强，政府自上而下推动制定各项科技政策。

2. 中美高技术相关战略规划的发展目标

从宏观发展来看，中美两国高技术相关战略规划的核心要义都是"创新"，但我国确立建设创新型国家发展战略较晚。美国于1991年出台《美国国家关键技术》，以此为标志拉开了美国国家创新战略行动序幕。为实现持续创新引领，美国于2009年、2011年、2015年相继发布《美国国家创新战略》，作为国家创新部署的纲领性文件，不断对美国优先突破的关键技术领域做出调整，以增强其在高技术领域的自主创新能力。我国于2006年发布《国家中长期科学和技术发展规划纲要（2006—2020年）》，确立了提高自主创新能力、建设创新型国家的发展战略。2016年，国务院发布《国家创新驱动发展战略纲要》，强调"加强面向国家战略需求的基础前沿和高技术研究"。

从具体目标来看，美国高技术相关战略规划多凸显危机意识，相比美国的野心勃勃，我国战略规划目标更加低调务实。例如，2015年发布的《美国国家创新战略》彰显美国抢占新一轮竞争制高点、保持世界霸主地位的战略意图。我国同年发布的《中国制造2025》指出，立足国情，立足现实，力争通过"三步走"实现制造强国的战略目标。

由此可见，中美两国均重视"创新"在高技术发展中的引领作用。美国希望通过创新战略保持世界科技霸主地位；我国确定建设创新型国家发展战略较晚，处于跟踪模仿二次创新到自主创新过渡时期，相关战略规划仍具较强计划色彩。

3. 中美高技术相关战略规划的前瞻预测

中美两国均注重技术预测，美国通过立法保障预测工作持续性，我国通过行政方式组织庞大的专家队伍。1989年美国签署《国防授权法案》，立法要求美国联邦政府就关键技术每两年提交总统和国会一份《美国国家关键技术报告》，研究并提出对于美国未来5~10年至关重要的30项"国家关键技术"清单。自20世纪80年代以来，我国科学技术部持续开展了5次国家技术预测工作，为多个国家科技发展规划和重大任务部署提供了重要依据。2019年，科学技术部组织由各部委组成的"国家技术预测工作领导小组"召开第六次国家技术预测启动会。

但与美国相比，我国的技术预测还缺乏专门的研究机构和专业技术力量，也缺乏国家在政策法规方面的制度保障。自1996年起，美国国家情报委员会出资赞助兰德公司针对世界科技领域的重点发展方向进行预测；美国国家研究委员会在2009年成立未来颠覆性技术预测委员会，专门为开发颠覆性技术预测系统提供指导和见解；美国DARPA一直开展颠覆性技术预测工作，并提出各类技术预测方法。2016年我国国务院印发《"十三五"国家科技创新规划》提出建立技术预测长效机制，2017年中央全面深化改革领导小组第三十二次会议强调健全国家科技预测机制，但目前我国尚未发布技术预测长效机制的实施细则。

由此可见，美国通过立法保障技术预测工作持续性；我国主要通过行政组织方式开展专家预测工作，尚未形成完善的技术预测长效机制，缺乏具体实施细则和政策法规方面的制度保障。

4. 中美高技术相关战略规划的保护措施

出口管制是各国维护国家安全和利益的重要手段，美国出口管制发展历史长，已形成较完备的法律体系，我国进一步提升立法层级，2020年12月我国颁布实施首部《中华人民共和国出口管制法》。美国出口管制制度的法律基础主要有《武器出口管制法》《出口管理条例》《国际紧急经济权力法》等，上述法律均为由国会颁布并经总统签署的正式立法，构成了美国出口管制制度基础。自 20 世纪 90 年代末以来,我国先后制定了覆盖"核、生、化、导"等高技术相关物项的出口管制行政法规,但由于缺乏统一立法,出口管制的执法实践难以统筹兼顾。鉴于此,我国自 2017 年启动"中华人民共和国出口管制法"相关立法工作,2020 年 12 月 1 日实施的《中华人民共和国出口管制法》统领出口管制工作,为相关工作的开展提供更加有力的法律制度保障,填补了我国在出口管制方面的立法空白。

清单管理作为美国实施出口管制的重要执法工具,在维护其科技霸权方面发挥了重要作用,我国面对美国的技术封锁目前尚未形成强有力的反制能力。美国《商业管制清单》作为《出口管理条例》附件,长久以来针对竞争国家的出口和执照实施管控策略,近期美国商务部工业安全局又宣布将六项与光刻机密切相关的新兴技术添加到《商业管制清单》中。我国商务部、科学技术部于 2020 年 8 月和 9 月分别发布了《中国禁止出口的限制出口技术目录》和《不可靠实体清单规定》,《中华人民共和国出口管制法》实施后,将根据法律规定,进一步完善并适时发布管制清单。

由此可见,美国已形成完善的出口管制执法体系和精细化的出口管制清单;我国《中华人民共和国出口管制法》刚刚实施,亟须各部门协调配合,尽快制定出台实施细则及相关配套政策,构建我国出口管制制度体系。

5. 中美高技术相关战略规划的效果评估

高技术相关战略规划实施效果评估,有助于政策制定者不断修改完善并作出正确决策。美国通过立法形式保障科技评估工作,我国则主要由行政部门主导开展科技评估。1976 年美国国会通过《国家科技政策、组织和重点法》、1993 年颁布《政府绩效与结果法案》,以立法形式将绩效评估引入政府管理。我国科技发展规划评估的制度安排多通过国务院或各部委的通知文件或在规划纲要中直接体现,有一定约束力,但法律基础较薄弱。美国的科技评估机构包括国家层面的政府评估、科研机构的自评估和第三方评估或民间评估。例如,美国国家科学院的常设机构"国家研究理事会"为独立的第三方评估机构,受国会或联邦政府委托对多项高技术研究计划进行独立评估,在美国科技评估体系中具有重要作用。我国于 1997 年组建"国家科技评估中心",已连续多年承担国家科技创新"十一五"到"十三五"和中长期科学和技术发展规划纲要的评估工作，我国科技相关战略规划的评估组织模式仍以政府自评为主，委托第三方为辅。

由此可见，中美两国均重视高技术相关战略规划和科技政策评估，美国已形成多元化的组织结构和规范化的制度安排，我国科技评估体系尚缺乏明确的制度体系和法律保障，仍以政府自评为主，第三方评估机构所起作用有限。

二、对我国高技术发展战略规划的启示与建议

1. 加强战略前瞻及风险研判，形成高技术战略规划咨询机制

建议在"国家科技领导小组"下组建具体办事机构，由该机构统筹协调各部委力量，负责牵头高技术战略、规划、政策等制定工作，并在该办事机构中设立"高技术战略专家咨询委员会"，以进一步完善我国高技术战略规划咨询机制。高技术战略专家咨询委员会应充分吸纳各领域专家，负责高技术战略规划制定全过程的专家咨询工作。

（1）在战略规划制定过程中，注重科学咨询和利益相关者的有效参与。联系各部委负责部门，组织科研院所、科技智库、头部企业、各类协会联合会等专家等进行研讨，在咨询与协商基础上，对未来可能出现的发展趋势进行前瞻预判。

（2）在战略规划出台前，开展战略风险研判工作。与国家保密战略专家咨询委员会等联合，综合分析政策发布可能产生的国内外影响，形成公开、内部、秘密等不同等级的执行模式，避免引发国内外负面舆情，防止国外势力针对性部署。

2. 完善科技领域立法工作，重视高技术发展法律制度保障

建议从高技术相关战略规划的制定、发布、实施、评估等全过程推进立法工作，优化政策法规制度环境。

（1）在规划制定方面，进一步推动"中华人民共和国发展规划法"立法工作。自实施五年规划以来，我国每隔五年发布多部科技发展规划、高技术发展规划，但发展规划编制实施方面尚未制定国家法律，应按照依法治国要

求加快"中华人民共和国发展规划法"立法进程。

（2）在科技评估方面，补充完善我国科技评估具体实施细则。我国现行的《中华人民共和国科技进步法》于2008年修订实施，至今已有十余年，建议深入分析国际新形势和我国当前科技发展情况，补充完善关于科技评估的具体条款，增强科技评估的明确性和可操作性，解决长期以来我国科技评估法律缺位和权威性不足的问题。

3. 维护第三方评估独立性，构建客观透明的多元评估体系

建议积极培育第三方独立评估主体，形成标准的评价程序和办法，根据战略规划形成、实施、落实、完成等不同阶段，发挥多元主体不同评估作用，保证评估结果的客观性和透明性。

（1）从评估独立性上，建立规范化、制度化第三方评估制度。在现行的《科学技术评价办法》《科技评估工作规定》等规章中补充相关条款，明确规定第三方评估主体的独立资格以及第三方评估的强制实施，改变我国目前第三方评估"视情况而定"的现状。

（2）从评估多元性上，国家扶持第三方评估机构平台建设。在参与规划、政策、科技项目的评估过程中，形成包括企业、科研院所、高校、学会或协会等社会组织在内的第三方评估机构体系，完善第三方评估机构准入机制，从主体资质、评价技术、评价能力、评价程序等方面综合提升我国第三方评估机构水平。

中国科学院科技战略咨询研究院　张　凤　刘怡君　马　宁
2020年12月24日

重点项目攻关"揭榜挂帅"面临的关键难题与重大举措

我国治理体系建设和科技体制改革正处于转型期,情势复杂,难点不少,要达到改革预期,必须从系统改革着眼,从关键问题着手。重点项目攻关"揭榜挂帅"本身就是改革的一个重点内容,应把破解制约科技体制系统改革的关键难点问题作为攻关对象,从可操作的点位实施重大攻关举措入手,确保改革见实效、有进展。

一、关键难题

重点项目攻关"揭榜挂帅"有4个关键步骤。在现行科技体制下,每个步骤都存在制约重点项目攻关"揭榜挂帅"的问题。

1."发榜"阶段

关键是选取的"重点项目"是否紧扣国家重大战略需求、是否以解决制约经济社会发展的关键科技问题为选题导向。从最近十几年的实际操作效果看,尽管往往初衷是好的,但到了执行阶段却又往往走偏,实施效果反而不如20世纪重点项目对国家发展的贡献大。《国家中长期科学和技术发展规划纲要(2006—2020年)》中"城镇化与城市发展"列入重点领域是完全正确的,但58%的科技支撑计划经费投入"建筑节能与绿色建筑"上,在局部工程示范上有些已达到国际先进水平,而制约我国城镇化质量的技术标准偏低、与制定标准相关的重大科技问题研究投入不足,越来越成为城镇化主体形态的城市群资源环境约束因素,科学调控城市群健康发展的关键技术被严重忽视。我国从863计划、国家重点基础研究发展计划(973计划)等转向重大科技专项的"发榜"环节，也存在同样的问题。第一轮重大科技专项成果对解决国家发展关键问题的贡献不尽如人意。事实上，我国现今产业链、供应链中暴露出的"卡脖子"环节，与重点项目攻关"发榜"存在偏差是有着密切关系的。

2. "选帅"阶段

这个阶段的问题并非没能把"能人""帅才"选出来，客观地说，我国重点项目攻关的"帅"基本都是本领域拔尖的人，能力上是不容置疑的。问题出在这些"帅"们有没有时间和精力专心地干，以及个人有没有愿望和动力想把事情干好这两个问题上。尽管国家重点科研项目对"能人""帅才"有限项（限制承担国家科技项目的数量）一说，但如果把未纳入限项的工作量一并统计，他们的工作量一年远远大于12个月。各单位都愿意把"能人""帅才"推出来竞争项目，小活、杂活耽误了攻关大活，个人小收入、单位小收入损害了国家重点项目的大投入。时间没保障其实是杰出科学家难以有杰出科技成果的现实问题，也是实际操作中的关键问题。

3. "挂帅"阶段

现行的科技体制导致我国产出重大科技成果的土壤肥力流失，"挂帅"面临的难题是无法解决好收成所需的肥力不足的问题。目前主要面临"三座大山"的重负：一是急于出成果，短期"效益"看得过重，立项第一年就要"冒泡"，就要产出"亮点"成果；二是无效劳动付出精力过多，有大量的汇报、报表、评估、检查等工作，有些部门最近还在发文对几年前已经结题验收的科技项目开展绩效评估，需要提交的材料，包括预算执行情况等大量的表格和文字报告，都与验收时的固定动作基本一致；三是科技体制整体导向是在鼓励分散化、小型化、个体化的科技成果产出，包括职称评定、人才认定、奖励等。

4. "交印"阶段

什么样的成果算是完成了"攻关"可以"交印"了？其实这是困扰我国科技体制改革进展的一个关键环节：如何用好科技人才出好成果的"指挥棒"，调动科技人才积极性。我们很长一段时间把重点放在如何让科技人员从科技成果产出中获得应有的经济收益——"利"上，这是有偏差的。这不仅是由于中国能"挂帅"的人经济收入通常已经可观，更重要的是，对知识分子"指挥棒"的力度"名"要大于"利"，且我国基本体制是有"名"也就有相应的"利"。因此，如果在科技人员最高的名誉"院士"评审中不能给予为国家做出实质性贡献的成果应有的肯定，如果在科技人员奋斗热点"科技奖励"的评审中不能加大重点项目攻关取得的实质性成果所占比重，那么，评委们的价值导向、"挂帅者"的预期追求，就会导致在"交印"成果鉴定栏中通常被打上国际先进、国内领先的高水平成果标签，而对国家的实际贡献却没有应有的关注。

二、重大举措

1. 建立确保"挂帅者"能够有时间专心干好重点项目攻关的机制

科研攻关的核心是首席科学家——"帅"，要解决的核心问题是如何确保"帅"能够有时间干好，而且个人也愿意干好的体制机制。国家重点投入、攻关项目难度、对国家发展的价值都要求"帅"在项目执行周期内必须专心，才有可能干好，不专心是绝对干不好的。因此，应采取果断、决绝的措施，建议凡是"挂帅"重点攻关项目的科学家，在执行周期内不能承担任何其他科研项目，实施项目年薪制，可考虑每年按照净收入 100 万元发放年薪。只要解决了愿意"揭榜挂帅"的能人可以专心数年攻关的机制，让"帅"负起责任，攻关效果就一定会发生很大改观。

2. 建立重点项目攻关"揭榜挂帅"取得成果者的"一票肯定"荣誉兑现机制

激励让科技人员为了国家发展做出贡献，有了重大贡献就给予应得的荣誉，这应该成为重点项目攻关"挂帅者"的激励机制，也是鞭策机制。对"帅"而言，可凭借重点项目攻关的真正成果，"一票肯定"进入相应的国家奖、院士、人才等荣誉栏中。用"一票肯定"的法则将目前人才和奖励的逻辑关系逐步地引导、转向到"先说事，后看人"。"先说事"——看重科技成果对国家发展的真实贡献；"后看人"——然后再给完成成果的人予以应得的荣誉。

3. 建立用户前、后说了算且全流程参与的工作组织机制

重点项目攻关通常是事关国家发展的"卡脖子"、科技引领发展和提升竞争力的战略前沿科技问题，预期成果的需求和应用一定会有主管部门，有直接用户。这些用户在"发榜"立项，以及"交印"验收等前、后两个关键环节的参与程度，直接决定着成果有用没用、有多大用。我国"两弹一星"的成功在工作组织机制上的经验证明了这一点。但现在重大科技专项立项中的"两张皮"现象又开始显现，用户不能在前、后两个方向上深度参与，不能全流程实质性介入，只在或更多地在科学工作者圈内搞内循环，这是与攻关追求的目标相背离的。随着我国科技驱动发展、科技强国战略的实施，应把对中央各部委、地方政府介入攻关项目的程度，以及运用攻关成果的效果作为政绩考核的一项重要指标。

4. 建立以国家利益至上且相对超脱的科学家委员会终决机制

选择战略科学家、组织成立对国务院总理负责的科学家委员会。受国务院总理授权，专职研究中国科技发展战略，承担对重大项目立项、挂帅人聘任、攻关成果鉴定、荣誉授予的仲裁与终决机制，仲裁是对出现不同意见的决议，终决是对各项结果最后的认定与否定。

中国科学院科技战略咨询研究院　　樊　杰　郭　锐
中国科学院地理科学与资源研究所　　周　侃

2020年6月10日

完善产业科技创新政策体系的建议

基于科学的产业是建设现代化产业体系的重要组成部分，但我国在这些产业领域创新滞后，显示出产业科技创新政策体系在侧重点、定位、协调性等方面存在问题。需进一步调整政府与市场定位，理顺创新链的政策衔接，建立校企博士研究生联合培养机制，引导风险投资支持高风险创新，细化政府采购措施与标准制定，提升产业创新活力。

一、基于科学的产业创新特点与面临的挑战

基于科学的产业的发展主要依赖科学研究，技术轨道主要决定于公共研究部门的科学知识，是国家产业竞争力的重要体现。典型产业包括生物技术、制药、精细有机化工、生物材料、医疗技术、高端科学仪器。从美国专利商标局的专利授权数量和专利科学密集度看，美国在基于科学的技术领域具有绝对优势。中国在这些领域创新全面落后，近5年在美国专利授权量占比仅为1.1%～4.9%，产业核心技术与部件依赖进口，例如90%的高端科学仪器市场被国外产品占据。

（1）产业创新特点。全球基于科学的产业基本形成集团化垄断和精细化分工结合的创新格局，二者皆活跃创新。产业创新与科学研究之间的联系度日益增加，表现为专利引用科学文献平均数量增加并且滞后时间缩短。创新所需科学知识领域发展不成熟，需要企业投入较高的基础研究，持续与学术机构保持密切的合作。创新活动风险高、回报高、技术机遇高。研究人员创业是实现基于科学的产业创新突破的重要途径。

（2）基于科学的产业创新存在以下共性问题：一是科技成果商业化率低；二是高端创新型人才缺乏，产业创新人才流失现象突出；三是中小微企业占

比超 90%，所需研发投入高、创新产出周期长，从基础研究到产品上市需 10 年时间，企业融资难；四是创新依赖的显性科学知识主要来源于国外，专利引用的科学知识基础主要来自美国（41%）；五是关键零部件依赖进口，原材料和配套加工环节受限，掣肘企业发展；六是国际大企业通过并购和组建战略联盟形成国际企业集团，加重对中国市场的投资，收购创新性较好的小企业，削弱本土企业的竞争性。

二、我国产业科技创新政策体系的主要问题

1. 政策体系偏重供给侧、轻需求侧，政府采购政策实施效果不理想

政府采购政策引导方式单一，缺乏应对 WTO 采购政策约束条例的措施。与补贴、税收和风险资本等政策工具相比，政府采购惠及企业数量较少。科学仪器企业普遍反映国产产品应用推广困难，缺乏应用环境，难以形成累积性提升。采购方往往通过招标流程规避《中华人民共和国政府采购法》"国货优先"的规定，采购国外产品，造成对产业市场培育不足。缺乏创新性产品的认证与比对指标，造成国产产品竞标过程劣势。采购方采购国产产品承担产品不稳定性能的风险，现有政策缺乏对采购方风险的补偿机制。采购方负责人为避免承担责任，直接采购各项指标明确的国际成熟产品。同时，部分进口产品的税收政策优于国内产品，免征进口关税和进口环节增值税、消费税；而国内产品增值税减免政策未能落实，反而造成国内产品在竞争中的不公平地位。

标准化政策与实施滞后，国内生产企业参与国家标准制定工作艰难，实际需花费 10 年以上时间。检测标准和手段都主要依赖进口产品，缺乏国际国内性能比对互认，直接影响到政府采购环节，增加企业创新的不确定性和风险。

2. 政策体系政府与市场定位存在偏差，影响资源配置效率

引导高风险、长周期研发活动的政策偏少。政府引导基金规模有限，仍存在政府参与运营的情况，影响资源配置效率，未能充分激活资本市场投入创新活力。风险投资税收政策有待进一步完善。

产业战略发展规划顶层设计不足，部门与地方政策功能性区分协调亟待提升。不同部门资助的科学研究专项项目存在重复立项情况，导致创新资源浪费和错配。制约产业发展的关键共性技术未解决。调查企业有17%曾主持或参与"国家重大科学仪器开发专项"，部分企业实际未从事相关仪器研发工作，或者研发投入未达到自筹要求。

中小企业融资难的问题未能有效解决，信用体系不完善与担保体系不健全并存。缺乏对专利权等无形资产的评估标准，导致轻资产，科技型中小企业难以获得融资。

3. 政策体系中创新链不同阶段的衔接性亟待提高

竞争政策与创新政策的协调机制欠缺。反垄断法、知识产权保护和风险投资机制是实现基于科学创新模式的重要互补性政策机制。目前国外企业收购我国关键性高技术企业的合规性和安全性的评估审查流程尚未形成，造成创新潜力较好的企业被收购后整合或搁置，威胁产业创新的连续性和发展潜力。

贯穿创新和产业化全过程的知识产权管理和运营机制没有建立。科技成果转移转化利益分配和风险分摊机制不协调，影响知识在学术界与产业界的流动。科技成果转化引导基金和中小企业创新基金的资助主体都为企业，而基于科学创新的技术壁垒高、风险性较高，需科研人员深度参与，所以成果转化动力不足。

三、完善我国产业科技创新政策体系的建议

1. 建立企业与学术界联合培养博士研究生的机制，通过人才流动促进知识流动

给予科学密集型领先企业试点招收培养博士生的资格，但学位授予和课程教授由具有博士学位授予资格的高校或科研机构执行，采取校企双导师制，由企业提供经费和项目支持，确保其培养质量，构建"科教融合+校企联合培养博士+应用技术大学教育+职业教育"梯度层次分明的科技人才培养体系。下放高等教育专业设置权限，扩大理工科博士研究生培养规模，在

培养创新人才的同时以解决企业创新实际问题为导向攻关科技难题，避免过度强调科研人员创业带来的基础研究应用化倾向。

2. 增强科技创新政策阶段性衔接与统筹

联合国家自然科学基金委员会、科学技术部、工业和信息化部、国家发展和改革委员会在国家层面建立统一的产业发展战略规划，增强战略指导作用，统筹科学研究项目布局，持续对重要战略性领域的基础研究进行资助。分三阶段资助创新活动，在中小企业创新基金框架下，设置"小企业技术转移资助项目"，用于重大科研成果商业化，由科研机构牵头、与小企业共同申请，双方签订合作研发计划和知识产权协议；同时加大科技成果转化税收优惠，与新出台的《赋予科研人员职务科技成果所有权或长期使用权试点实施方案》形成互补性政策机制，激发科技成果转化人员创新活力。

3. 健全法规政策环境，引导社会资本资助高风险长周期创新活动

多渠道拓展风险投资来源，实行高技术风险投资税收优惠政策。建立部门联动机制，加强金融部门与产业部门的政策协同，促进形成"科学家+风险投资家"的创业模式。启动国外企业收购我国高技术企业的合规性和安全性检查机制，设立国有基金对关键技术领域企业收购实施防御性保护，避免关键高技术企业被其他外国公司收购。

4. 以扩大需求、培育创新市场为导向调整政策采购与标准政策

组合运用政府采购、标准、税收优惠、资金支持、发展基金、减免收费等政策培育产业市场。与WTO政府采购协议谈判结合，适时完善政府采购促进科技创新的法律体系和制度体系。增加国产产品采购机构的激励政策，给予长期低息贷款；建立购买国产产品资金返回机制，作为用研联合基金；政府采购环节的科技保险产品。探索建立针对采购人的风险免责机制与考核激励机制。搭建政府采购信用融资平台、实施"政采贷"项目等方式，推动中标中小企业能够以优惠利率获得信用贷款。逐步取消进口高技术产品免除进口增值税和消费税等税收优惠。

5. 推进本土企业参与制定国家标准，实现国际国内标准互认，以标准引导自主创新过程

加快推进标准化政策的国际化进程。联合龙头企业和科研院所搭建国家标准平台，全方位确立各领域产品的量化标准指标。推进采用国产产品进行标准检测的方法并构建相关指标体系。利用标准认定自主创新程度，明确科研项目承担单位的标准化指标要求，规范项目的验收与实施。以标准指引政府实验室、企业、用户的发展方向。

中国科学院科技战略咨询研究院　王　芳　闫　昊　李梦柯

2020年5月30日

第二篇
经济社会发展与变革

新时代医疗行业数字化转型的问题和对策

进入新时代，人民日益增长的高质量医疗服务需求同不平衡不充分的医疗服务供给之间的矛盾日益突出。党的十九届四中全会提出要"坚持关注生命全周期、健康全过程，完善国民健康政策，让广大人民群众享有公平可及、系统连续的健康服务"。如何有效解决医疗行业的主要矛盾，新冠肺炎疫情发展应对的实践给出了经验和教训。一方面，疫情前期快速发展的现实表明，医疗行业供给能力短板是制约新时代全面深化医疗改革事业的一个瓶颈；另一方面，应对疫情的成功实践表明，以"互联网+医疗"为代表的医疗行业数字化应用及数字化转型可大幅提高行业供给能力和服务水平，成为解决高质量医疗服务供需缺口矛盾的切实途径。加快数字化转型，已成为推动医疗行业改革的重要方向。

一、当前我国医疗行业数字化转型存在的问题

医疗行业数字化转型是以医疗机构为中心，利用新一代信息技术，构建覆盖医疗机构、患者、器械药品提供商和管理部门等利益相关方的数据采集、传输、存储、处理和反馈的闭环，打通不同主体、行业、机构和层级间的数据壁垒，提高医疗行业的整体运行效率，构建全新的医疗数字经济体系。当前我国医疗行业数字化转型主要存在四个方面的问题。

1. 数字化转型的总体基础较好，但各医疗机构间数字化转型能力差距大、数据中心建设缓慢

医疗行业数字化转型的基础是信息化和数据中心建设。医疗信息化方面，我国三级医院及大多数二级医院已初步建成较为完善的医疗信息系统，

随着电子病历分级评级标准的出台，在政策推动下，各级医疗机构正在逐步完善信息化建设。但我国目前二级及以下医院还处于基本医疗信息系统的普及建设期，不同级别医疗机构之间的信息化程度差距较大，数字技术的深度应用水平也有较大差距，特别是农村贫困地区的信息基础设施还较为落后，这将成为提高医疗行业数字化总体水平的重要制约。健康医疗数据中心建设方面，在国家卫生健康委员会牵头下，国有资本主导的三大健康医疗大数据集团正式成立，并制定了"1+7+X"的健康医疗大数据规划，后修订为"1+5+X"，即1个国家数据中心（北京）、5个区域数据中心（福建、江苏、山东、安徽和贵州）、X个应用发展中心。但从公开资料看，仅有山东省的国家健康医疗区域大数据中心以95.7%的达标率，率先通过国家卫生健康委员会专家团的考核评估。受各种因素影响，各地区域大数据中心建设较缓慢，尚无法很好支撑健康医疗大数据的应用。

2. 数据安全和隐私保护的法律法规建设滞后，技术和服务标准相对落后，制度保障缺乏，制约医疗行业数字化转型

医疗行业数字化转型的核心过程之一是对医疗数据价值的再创造，而医疗行业具有一定的特殊性，用户的数据安全和隐私保护涉及伦理道德甚至生命安全，无论是病患还是医护人员，皆因对新技术缺乏了解而对新技术产生不信任。法律法规方面，国内尚未出台针对医疗数据安全的专项法律性法规，对数据的隐私保护也相对滞后，仅有零星规定，同样缺乏统一的隐私保护法律法规，也没有侵犯隐私的惩罚机制。在技术和服务标准方面，虽建立了一系列卫生信息标准，但是随着云计算、物联网、大数据等数字技术深度应用，现有标准暴露出体系性、层次性、包容性的问题，无法满足需求。制度保障方面，缺乏对数据安全和隐私保护的制度保障，在医疗行业数字化转型过程中，医疗数据居于核心地位，所有的转型与发展都是以数据采集为前提的。医疗健康数据涉及医院、医药企业、健康管理机构、医疗信息化企业等主体，主管单位多，管理关系复杂，制约着数据的开放、共享与应用。

3. 医疗行业数字化转型的潜在市场规模巨大，但商业模式和技术创新能力不足，产业发展缺乏持续驱动力

医疗行业数字化转型正在创造健康服务业的新兴领域。一方面，互联网

医疗或移动医疗通过重构医院业务流程创造了新的医疗生态。我国医疗行业数字化的市场规模巨大，据赛迪顾问统计，2018年我国医疗信息技术（IT）应用市场规模达607.2亿元，同比增长13.5%，且预计未来三年将保持14.4%以上的增长速度。随着电子病历评级评价标准的正式实施，可以预计，价值万亿元的医疗信息化市场正待开启。但另一方面，虽然近年来互联网医疗的热度持续高涨，但无论是健康医疗大数据应用还是医疗人工智能，商业模式创新普遍不足，产业发展缺乏持续驱动力，且医疗数据的获取难度大、精确度低等原因，导致互联网医疗技术创新能力不足，互联网医疗的商业化路径仍不明朗。

4. 医疗数字化亟须的复合型人才培养难度大，医护人员数字素养亟待提高

在医疗领域数字技术深度应用过程中，既懂医疗专业知识，又懂数字技术的复合型人才严重不足。由于数字技术和医疗的学科知识跨度大，此类人才的培养难度大。由于医院未进行完善的信息系统操作培训，对于医生来说，医疗专业的IT知识有限，每天要花大量时间撰写电子病历，忽视了查房等基础工作的重要性，不能深切体会到患者的实际感受和需求，数字技术使医患关系的物化进一步加深，也为医患矛盾产生带来新隐患。对于医疗IT供应商来说，医疗行业专业性过强，对那些懂数字技术的人才开展医疗行业知识培训的难度大，而且对医疗行业理解透彻的IT技术型人才招引难度同样大。

二、推进我国医疗行业数字化转型的对策建议

1. 以"强化提高人民健康水平的制度保障"为总体目标，持续推进医疗数字化治理体系和治理能力现代化建设

十九届四中全会指出，应"强化提高人民健康水平的制度保障"。医疗数字化领域必须紧紧围绕这个目标，开展全面深入系统的改革。建设以提高人民健康水平为中心的医疗行业现代化治理体系，重点从三个方向发力：一是建立坚持关注生命全周期、健康全过程的医疗数字化治理体系，推动医

数字化的深度应用；二是建立推动完善国民健康政策的医疗数字化治理体系，为医疗数字化提供政策和制度保障；三是建立促进广大人民群众享有公平可及、系统连续的健康服务的医疗数字化治理体系，使其真正有效地服务于人民群众。"三个建立"既是医疗数字化的发展方向，又是检验医疗数字化工作成败的唯一标准。

医疗行业数字化治理能力建设应当着重四个方面。第一，各地应在因地制宜、分类研究基础上，制定政府支持、市场运行的数字医疗建设规划，政策上切实保障医疗数字化福利能覆盖最广大的人民群众。第二，要加快国家和区域医疗大数据中心建设，推动信息化资源向二级及以下基层医院倾斜，向贫困落后地区倾斜，缩小各级各地医疗机构之间的信息化差距，补齐医院信息化建设中差距过大的短板。第三，城市要着力用好现有数字化和信息网络设施解决实际问题，如开展远程医疗数据采集与处理、远程疾病诊断与治疗、远程慢性病与健康管理、远程医疗监控分析、远程医疗教育培训、远程医疗保险与结算等。第四，农村要集中力量加快解决贫困落后地区的信息基础设施问题，为接受医疗数字化服务提供条件。

2. 加强制度顶层设计，建立完善医疗数据安全和隐私保护的保障体系

数据安全和隐私保护是信息社会和大数据时代涌现出来的重大共性社会问题。因此，仅从行业领域的视角出发，难以从根本上解决医疗数据安全和隐私保护的痼疾，必须加强制度顶层设计。可从三个层次入手：一是尽快制定"数据安全和隐私保护法"，为通用的数据安全和隐私保护提供基础的法律依据。二是对照"三个建立"的标准，进一步完善《国家健康医疗大数据标准、安全和服务管理办法（试行）》等行业现有法规，加速医疗数据管理的相关立法规划和制定工作。三是积极推动制定医疗数字化领域的各项标准，构建范围全面、层次完整的医疗数字化现代标准体系。

3. 从组织、技术、科教融合、商业模式等多维度加快行业创新体系建设，实现医疗数字化转型的健康可持续发展

医疗数字化是迅速成长的新兴行业，因创新而生，随创新而壮，唯创新而强。必须千方百计鼓励推动行业创新，才能实现医疗数字化领域的可持续发展。可从四个方面推进：一是建设多方协调联动的医疗数字化组织创新体系。由卫生健康部门牵头，建立政府部门、医疗机构、数字化赋能企业等相关主体共同参与的医疗数字化转型工作委员会或行业协会，统筹规划行业创新发展的重要激励政策。二是建立以数字化赋能企业和医疗机构为主体的医疗数字化技术创新体系。激励和引导数字化赋能企业联合相关医疗机构，成为数字化研发投入的主体、技术创新活动的主体和创新成果应用的主体。三是建设医疗数字化科研与教育相结合的知识创新体系。以医疗行业数字化转型需求为导向，推动医学科研院所、高等学校和数字化企业在科技创新与人才培养方面的合作，促进资源共享，提高原始创新能力和科技成果转化能力。四是建设医疗数字化商业模式创新体系。设立医疗数字化创新引导基金和产业基金，激励医疗数字化领先企业的管理制度和商业模式创新。借鉴国外经验，互联网医疗或移动医疗商业新模式的潜在领域包括：①为医院或医生提供信息化服务；②为客户提供远程医疗服务；③开展客户关系服务；④信息化诊所运营商服务；⑤老年人日常家庭护理服务；⑥可穿戴医疗设备服务；⑦医疗健康大数据服务；⑧移动电子病历平台服务；⑨个人健康隐私和安全保护服务；⑩智能家庭健康系统服务。

4. 普通教育、职业教育同向发力，大力培养复合型人才，破解医疗行业数字化转型中的人才短缺困境

对于行业壁垒和门槛较高的医疗行业来讲，复合型人才的作用尤为突出。培养既掌握数字化技术，又有医疗行业背景的复合型人才，是破解医疗行业数字化转型人才短缺之局的关键。可从三个方面破局。一是为医疗行业数字化转型提前进行人才布局，以培育既具备数字化思维和能力，又熟悉医疗行业或者医疗设备制造业或医药制造业工艺及流程的跨界人才为导向，选择一批具有医药学科或者数字技术优势的重点高校，开展医疗数字化技术专业的教学实践试点，布局面向应用的普通教育人才培育体系。二是开展医疗行业、医疗设备和医药制造业数字化转型的专业职业培训，提高医疗行业医护、管理人员，医疗设备制造业、医药制造企业生产运作管理人员对数字化转型的认识和理解，提高医疗行业信息化应用人员对数字化流程与关键环节

的应用能力,提升其在细分垂直领域深度应用信息技术的能力。三是重点培育专业的数字化赋能企业,鼓励具有医疗行业数字化经验的企业快速发展,为医疗行业的快速高效数字化转型提供技术支持。以高校、医院、赋能企业三方深度联合培养为抓手,打造面向医疗行业数字化转型的人才聚集地。多措并举,培养适应医疗行业数字化转型的复合型人才,为提升国民健康、构建大健康医疗体系提供强有力的人才支撑。

中国科学院科技战略咨询研究院　孙　翊　薛俊波　鲁　鑫
　　　　　　　　　　　　　　　刘昌新　朱永彬　田　园
　　　　　　　　　　　　　　　吴　静　王晓明

2020 年 7 月 15 日

企业复工生产面临困难、存在问题及对策建议

2020年2月3日，习近平总书记在中共中央政治局常务委员会会议上指出，"要在做好防控工作的前提下，全力支持和组织推动各类生产企业复工复产，加大金融支持力度，加大企业复产用工保障力度"[①]。2月9日，国务院联防联控机制发布会指出，"疫情比较严重的地区要优先组织生活必需品经营企业复工，增加供应网点，方便群众生活。疫情不那么严重的地区，要适当扩大多业态经营范围，不能再搞'一刀切'、'一关了之'"。目前，除了湖北省外，其他省（自治区、直辖市）[②]均已着手安排企业复工生产。但在新冠肺炎疫情仍处于防控持续期背景下，企业复工生产还面临一定的困难和问题。

一、企业复工生产面临的困难

1. 工人不能按时返厂造成劳动力短缺

国家统计局数据显示，中国目前有2.88亿农民工，占现有劳动力总数的1/3多一点。疫情防控下各种方式的交通管制甚至是地方封锁导致农民工返工延迟，员工难以快速到位，对企业复工生产产生较大影响，企业将面临招工难、劳动力短缺的普遍问题。沿海省（直辖市）来自外地的务工人员比例较高，问题更为严重。尽管各地政府已经出台了各种政策对企业进行扶持，但这些政策给企业带来的主要是资金、税收和环境上的支持，如果员工无法到位，企业无法正常生产，这些政策扶持的作用就

[①] 应对复杂局面 推动经济发展——多地出台相关举措保障经济社会发展. http://www.gov.cn/xinwen/2020-02/09/content_5476606.htm[2020-02-09].

[②] 此处不包括港澳台地区。

难以体现出来。

2. 产业链难以协同运行导致原材料供应紧张

疫情防控背景下产业链上游企业难以与下游企业协同运行，导致原材料供应紧张。产业链上下游企业大多分布在不同省（自治区、直辖市），所在区域疫情严重程度不同，复工生产时间与节奏不一致。当上游企业处于疫情严重地区而延期复工，下游企业可能面临原材料短缺问题。例如，广东不少口罩生产厂商已经提前复工，但由于上游供应商尚未复工，部分厂商仍面临熔喷无纺布等原材料短缺的困难。

3. 前期停产成本带来现金流压力

企业主要资金来源包括经营所得、融资所得、政府扶持等，前期企业停工停产期间，仍需支付租金、工资等相关成本，在没有收入的情况下带来巨大的现金流压力。一方面，部分企业特别是中小企业现金流只够维持有限时间，如果现有业务没有及时恢复，现金流中断就无法继续经营。例如，在全国60多个城市拥有400多家连锁店的西贝餐饮集团称，若疫情无法有效控制，企业账上现金流只能坚持3个月。另一方面，企业的客户经营困难也会影响企业回款及现金流。例如，当企业的客户处于疫情严重地区，其面临同样的现金流压力，应收账款无法及时收回可能会形成大量坏账。

4. 以出口贸易为主的企业难以维系国际市场

2019年，中国货物贸易出口总值达17.23万亿元，其中，机电类产品出口占58.4%；纺织服装等七大类劳动密集型产品出口占19.2%。中国企业前期的复工延期使汽车、电子等产业的全球供应链面临中断的威胁。例如，中国零部件企业全面延期复工使得韩国现代汽车公司供应链中断，不得不对其位于韩国本土的多家工厂实施停产。在目前的复工生产部署工作中，以出口贸易为主的企业尚未被列为疫情防控重点保障企业范畴。如果涉及全球供应链的国内生产不能尽快恢复有效产能，国际客户将转而在其他国家和地区寻求新的供应商，这将不利于维护中国在全球供应链的位置。

二、企业复工生产存在的主要难题

1. 有些地方政府在政策执行中出现过度管控行为

一是在防控疫情中,特别是向下政策执行中,有些地方政府出现逐级强化的趋势,导致基层最后执行非常严格的隔离措施;二是有些地区在这种非常严格的防控下,企业开工首先要得到地方政府的允许,而在当前极其严格的情况下,得到允许开工的可能性较小;三是企业特别是制造业企业的集中生产往往导致人员集聚,与疫情防控政策冲突,开工就意味着违反当地政府政策,企业可能会受到处罚。

2. 企业缺少将疫情防控与复工生产有效结合的经验

企业陆续复工生产,容易形成人员集聚。企业特别是中小企业面临在严密防控疫情前提下安全有序复工生产的挑战。尽管疫情防控主体责任已落实至企业,但绝大多数企业缺少疫情防控与复工生产结合经验,疫情防控、应急预案、内部管理工作机制及流程需要一定时间去建立与完善。

3. 防疫物资不足限制企业复工生产

企业复工生产的关键在于落实防护和消杀用品等防疫物资。目前,口罩、消毒用品、防护服、测温仪等防疫物资供不应求。不同于互联网企业可以远程办公,对于制造业企业而言,在疫情持续期,空间密闭、人员频繁接触的工厂生产线加大防护难度,对防疫物资需求量大,防疫物资不足直接限制企业复工生产。

三、保障企业复工生产的对策建议

1. 减小地方政府行政阻力,做好疫情防控与复工复产的结合

一是促使地方政府在确保疫情有效控制的情况下,放宽企业开工和人员流动的门槛条件,避免过度管控行为,做到疫情防控与促进企业复工生产的合理平衡,而不是舍弃企业复工生产。二是企业正式复工前必须有疫情防控工作方案和复工生产实施方案、防控措施并严格报批。政府防疫部门对企业的防疫人员给予及时和专业的指导与培训，鼓励政府防疫部门为企业调度配置防疫物资，避免防疫物资紧缺而出现防疫漏洞。三是复工之后推动企业认真落实各项防疫要求，建议地方政府加大抽查、监督力度，避免企业出现防控疫情不力的现象。

2. 多措并举保障安全用工

一是拓宽招工渠道，加强省内外劳务帮扶协作，落实重点企业服务专员制度，精准摸查发布企业用工需求信息，推进线上供求匹配对接和远程招聘。二是组织各级各类公共就业人才服务机构、人力资源服务机构开展职业技能线上培训，加强新形势下的技能培训，积极稳妥做好农民工等重点群体就业工作。

3. 加快推进产业链协同运行，保障原材料供应

一是对疫情防控重点保障企业及重要出口企业的上游企业建立派驻联络员制度，及时协调解决机器、用工、资金不足等问题，确保复工生产，稳定原材料供应保障。二是加强区域间协调力度，推进疫情并非特别严重地区的上游企业及时复工生产。例如，上海通过向外地企业发放公函，协调了64家外地企业复工生产。

4. 优先确保企业生存，保障现金流安全

一是支持企业与员工协商灵活的工资待遇，先提供基本工资，在合法合理的前提下降低当期薪酬成本，优先确保企业生存和运营。例如，日本在金融危机期间，通过管理层和员工减薪的方式，维持企业生存，这种做法值得借鉴。二是加强信贷纾困。对于资金链可能断裂的企业，应该通过金融机构给予适当展期、续贷、减免逾期利息等帮扶，延长还贷时间，不能随意抽贷和断贷。针对特定群体如中小企业提供财政特定低息补贴以及信贷担保或增信，从而大幅降低这些企业的实际信贷利率。

5. 在加强防护的情况下，尽快恢复重要出口企业的生产

一是对汽车、电子等在全球供应链占有重要地位且属于自动化程度高的出口行业，在加强防护情况下尽快恢复生产。对于劳动密集型出口行业的复

工则可以适当延缓。二是支持相关商会全力做好出具不可抗力证明、法律咨询等服务，为中小企业建立快速通道，尽量减少国际贸易中的损失。三是为企业家提供健康公证，确认其是无感染者，为其出入国境进行商务谈判、维系国际市场提供便利。

中国科学院科技战略咨询研究院　郭京京　张赤东　康小明

2020年2月11日

全球产业链面临重塑背景下我国重点行业产业受影响分析及对策建议

2018 年以来，美国挑起中美贸易摩擦，加快与我国在高科技领域技术、资金、市场、人才等方面的脱钩，并加大对我国相关领域的封锁，推动制造业尤其是高端制造业回流美国。同时，欧洲、美国、日本等制造强国积极推动以自身为中心的产业链体系构建，加快亚洲、欧洲和北美洲三大生产网络形成相对独立的"区域闭环"，并通过区域贸易协定和以国家安全、低碳绿色名义树立新的非关税壁垒排挤中国企业。此次新冠肺炎疫情的全球暴发，某种程度上暴露了当前产业链应对全球性突发危机的脆弱性，将进一步加速全球产业链秩序重塑的进程。

一、全球产业链重塑下我国重点行业受影响分析

基于不同类型产业因国际分工的差异而受到全球产业链重塑的冲击也各不相同，下面按照技术密集型产业、资本密集型中端制造产业和劳动密集型产业开展具体分析。

1. 我国以新一代信息技术、新生物技术、新能源技术和新材料技术为代表的技术密集型产业科技创新能力显著提升，但将长期面临西方国家关键核心领域科技脱钩、科技人员交流限制、"卡脖子"制约等系列非经济手段的打压和干扰

2019 年底以来，美国及其盟国重新修订和强化了针对我国高技术出口限制的《瓦森纳协定》，我国相关企业面临在技术升级中被打压、关键核心领域被限制、战略安全领域被孤立的多重挑战，打破了在全球产业良性竞争

合作中稳步推进科技创新的内外部环境。

从贸易战到科技战到金融战，西方国家进一步通过科技脱钩、人员交流限制、"卡脖子"元器件禁运等手段全力封堵我国产业高端升级，长期打压我国高技术领域科学研发。例如，美国商务部在对华为公司的围堵中，除了对美国芯片出口控制外，还正在部署修改"长臂管辖"原则，将管控范围从美国技术占比的25%降低至10%，切断大量日、韩零部件供应商对华为公司的供货，其中重要芯片行业受到的打压和禁运等情况最为严重。我国大量关键核心技术、产品和装备依然存在严重的受制于人的科技创新能力短板。即使疫情防控期间，国内外需求量极大的医疗呼吸机生产也依赖于来自德国、瑞士、英国等欧洲国家的核心元器件供应。

2. 我国资本密集型中端制造产业具有较强的产业黏性，重点产业的转型升级正加剧本土企业与国际市场在位者的直接竞争。欧洲、美国、日本等发达国家和地区的在位跨国公司正加快推进亚洲、欧洲、北美洲三大制造区域相对独立的生产网络"区域闭环"形成，以此强化对我国制造体系的挤压

一方面，我国机械、家电和汽车制造等资本密集型中端制造产业近年来得到飞速发展，此次疫情暴露出现有全球供应链应对突发危机的脆弱性，进一步加深了跨国公司对严重依赖中国供应链体系带来的产业链安全风险和应对紧急突发事件能力不足的担忧。另一方面，中国众多本土企业正依托新基建、网络强国、"互联网+"等战略布局加快数字化、网络化、智能化转型升级，提升全球竞争力。以汽车产业为例，宝马、丰田等外资企业和我国比亚迪、吉利等本土汽车制造商，都在积极推动在自动驾驶、车联网、大数据等新兴技术应用和商业化落地与数字化转型，竞争在未来智能时代的主导地位。

基于以上因素的综合考量，以欧洲、美国、日本等为代表的制造强国（地区），正试图打破传统依托市场机制和竞争优势原则而构建的全球化产业链布局，加速资本密集型制造产业链中的核心环节就近化、属地化的"高成本"回流，不仅将大量代工厂从中国迁回本土，或是转移到越南和印度等国，而且同时在北美洲的墨西哥和欧洲的东部地区兴建代工基地，建立亚洲、欧洲、

北美洲三大制造区域相对独立的生产网络"区域闭环"。例如，此次疫情期间，宝马公司已在考虑面向北美洲、欧洲、中国不同市场使用差异化的技术、关键电子产品（如汽车芯片）和供应链组合，应对贸易战、技术管制和区域突发事件带来的风险。

3. 电子加工、纺织服装、鞋帽玩具等劳动密集型产业向劳动力成本更低的国家和地区转移，但在欧洲、美国等国家和地区的"分流干预"下，我国相关产业迁出呈现向越南、印度等国锁定转移和定向分流趋势。叠加疫情影响，我国加工产业原本相对动态平衡的迁出态势，进一步面临大规模失序的风险

近年来，随着我国劳动力和土地成本的上升、外商税收优惠的减少以及中美贸易摩擦的升级，大批国外投资者以及众多中国本土厂商，正推动大量劳动密集型且易于搬迁的产业批次接续、动态平衡迁出我国。2001~2019年，纺织业占我国国际直接投资（FDI）的比重从11.2%下降至1.2%，国内大型纺织服装企业也不得不在柬埔寨、越南、印度尼西亚、缅甸等东南亚国家大规模建厂。

值得注意的是，在美欧发达国家的"分流干预"下，全球劳动密集型产业产能向越南、印度等国定向转移。美国为了掌控全球劳动密集型产业分工布局，不断通过贸易战、差异化关税等措施，间接引导低端产业向印度、越南等地定向迁出。2019年，美国对中国部分纺织品服装征收25%的高额关税；而越南依托与美国早期形成的低关税配额、与欧盟的自由贸易协定，同年第三季度GDP大增7.31%，前10个月吸引外资同比增长4.3%，其中加工制造业吸引外资占总额的68.1%。新冠肺炎疫情的全球蔓延打破了劳动密集型产业链在我国分布的动态平衡局面，疫情期间国内供应链企业短时间的停工停产，必须防止扩散蔓延为普遍性的国际资产出清和撤离，否则将极大冲击我国中小制造企业。

二、对我国重点行业产业的对策建议

增强忧患意识，坚持底线思维，主动思考并妥善把握全球产业链发展中

"变"与"不变"、"远"与"近"、"内"与"外"等几对关系,做好较长时间应对全球产业链重塑环境变化的思想和工作准备。

1. 处理好全球产业链重塑过程中"变"与"不变"的关系

一方面,要处理好短期疫情影响和经济长远发展的关系。全球疫情暴发背景下,特别要加强对全球价值链融合程度高的汽车、电子和重要机械设备等行业,对外贸依赖程度较高的纺织服装、家具玩具等行业中小企业的扶持力度。另一方面,在长远发展规划上,建议进一步推进"发展新动能的占位"、"短板技术的补位"和"长板方向的领位"。以"新基建""新制造""新管理"等新动能维度推动"十四五"期间我国产业数字化转型,形成对全球产业链伙伴的强大磁吸力。

2. 坚持和深化国际开放合作,推动更高层次开放型经济新体制建设,包括"谨慎全面地走出去"和"高质可控地引进来"

一方面,要珍惜多年来中国制造积累下的口碑,在特殊时期防止个别出口企业以次充好和漫天要价,进一步推动复工复产,向世界展现中国制造业的不可替代优势。在产品和资本"走出去"过程中,积极推动将中国价值、理念和标准融入国际多边贸易规则的制定。另一方面,应更大力度地改善国际投资和营商环境,实施公平透明的竞争性政策,通过稳定的区域一体化市场环境,进一步夯实对产业链和高质量外资的吸引力。同时,设立国际产业链在我国布局和投资前置约束条件和后期监管规范,积极运用市场准入管理框架,依据我国产业发展重点加强对跨国公司进入和退出的主动干预与良性引导。

3. 围绕"卡脖子"的短板,尽快形成产业协同创新布局,分批次攻克短板并实现国产替代,在国家科技中长期规划中明确阶段性支持领域和方向

在"十四五"期间积极引导和激励攻坚体系中各个创新单元构建充满活力的创新生态与高效协同。在战略长板建设方面,加强我国在基础研究领域科研力量的整合,支持培育若干原创能力强、发展潜力大的龙头企业,带动社会资本投入,建好阵地、加强战略谋划和前瞻源头技术布局。

4. 继续巩固我国在完善产业链配套、劳动力素质和庞大消费者市场的优势，积极应对全球产业链重塑的新挑战

在服装轻工等劳动密集型方面，建议依托"一带一路"倡议、中欧投资协定等合作框架和东盟与中日韩（10+3）区域性合作平台，运用我国生产技术和工厂管理经验及知识，主动引导和影响国内劳动密集型产业被转移的速度和范围，扭转因疫情和受欧美"干预"而导致的产业过速流失和锁定外迁趋势。在应对欧美对我国资本密集型产业高端升级挤压方面，建议继续实施"制造强国"战略提出的智能制造、工业强基、高端装备创新等重大创新工程，持续实施产业升级相关政策，全面启动刚刚成立的"国家制造业转型升级基金"。在应对三大制造区域闭环方面，发挥东亚、东南亚地区地理区位相近和世界生产制造中心的优势，增强我国与亚洲区域合作伙伴间全方位、高层次、多元化的战略互信和深度合作。积极鼓励我国本土企业走出去，形成与欧美生产区域产业链和价值链中的相互融合、相互牵制，真正化被动为主动。

中国科学院科技战略咨询研究院　　余　江　王晓明　张　越
中国科学院大学　　　　　　　　　陈　凤

2020 年 4 月 27 日

关于在新疆建设服务中欧班列枢纽港的建议

开行中欧班列,是"一带一路"建设最具影响的成就之一。中欧班列已开行 9 年,是各级地方政府积极响应习近平总书记建设"一带一路"总体部署,主动融入"一带一路"愿景的主要抓手,具有自发性强、地方性突出的特点,整体上还处于快速增长的初级发展阶段。随着中欧班列规模的快速增长,一些问题逐渐显现,中央政府组织统筹班列的力度亟须加强,解决回程空载率居高不下问题的需求也越来越迫切。

一、中欧班列发展的现状特点和存在的主要问题

中欧班列的发展呈现出下列特点:一是开行班列数量不断增长。自 2011 年开行以来,中欧班列开行数量呈现爆发式增长,从当年开行 17 列,至 2019 年达到 8225 列。二是覆盖范围不断扩大。截至 2018 年底,全国有 59 个城市开行中欧班列,运行线路达 65 条,通达欧洲 15 个国家 49 个城市。三是货物种类日益丰富。随着中欧班列数量的增长,中欧班列所运输货物品类极大丰富,去程主要包括电子产品、机械制品、化工产品等,回程主要包括欧洲机电产品、食品、医疗器械等。四是沿线国家反响积极。中欧班列受到了欧亚各国政府与民众的共同关注。对接"一带一路"倡议,聚焦中国市场,分享中国经济发展成果,正在成为沿线国家的共同期待。

当前,中欧班列存在的主要问题是:其一,缺乏统筹和调度。由于缺乏线路规划,地方城市开行中欧班列的运营线路重叠现象日趋严重;由于缺乏货物统筹,各地争相补贴抢夺货源,致使出现货物倒流现象,造成资源浪费和效率低下;由于缺乏列车统一调度,中欧班列从国内发车城市到欧洲终点城市,实行点对点直达开行,无法充分利用运能,难以提高运转效率,周期

偏长，线路有限。其二，回程空载率居高不下。中欧班列自开行以来，回程空载率居高不下，至2018年回程率仅为37.15%，返程货源普遍不足，造成多数班列运营成本高，盈利难，有的甚至赔本赚吆喝，持续性受到影响。

二、建设枢纽港的必要性和可行性

全国各地城市高度重视中欧班列的开行，把中欧班列当作政治线路、形象线路来进行重点培育。根据现阶段中欧班列客观存在的问题，面向中欧班列发展前景和在"一带一路"建设中的作用，有必要加强中央政府统筹，提高综合服务和支撑中欧班列发展的配套能力，在新疆建设枢纽港，以中欧班列编组站和物流数据中心为核心内容，重点解决客户两端信息服务、货物集结和整合、物流网络结构优化等问题，有效提高物流组织效率和经济效益。

建设枢纽港是很有必要的。一方面，建设枢纽港能有效化解现有班列"单打独斗"产生的问题。中欧班列的编组数量应尽可能大，以确保班列的经济效益，但目前难以保证班列开行的常态化和时效性。国际中转枢纽港的建设，可以对全国各地的中欧班列及其返程班列进行集结编组，让全国多条班列在国际中转枢纽港结束"单打独斗"，并逐步形成统筹各班列运营主体的协调机制。另一方面，建设枢纽港能有效开发回程货源并实现货运管理服务。大数据处理信息技术可以为国内外各类客户提供最为便捷、及时、动态的货物供给与需求信息，为物流组织和班列安排提供最佳运输方案。此外，还可以充分挖掘与分析中欧班列历史数据、中欧经济发展和企业生产的大数据，以及中欧贸易和消费数据，为客户提供预测预判服务，便于科学的货运规划。

在乌鲁木齐建设枢纽港也是可行的，主要有四方面原因。一是乌鲁木齐具有较强的编组站设施支撑。较强的集结编组能力确保乌鲁木齐火车站具有承担中欧班列集零成整、中转集散的功能和"一站式"通关的协调优势。二是乌鲁木齐地理位置靠近出境口岸。乌鲁木齐为我国西部靠近铁路出境口岸的最大城市，枢纽港作业更加便利，流程流线更加合理。三是乌鲁木齐拥有强大的国际商贸经济腹地。乌鲁木齐对中亚地区有着较强的辐射力和影响力，是中欧班列西通道承接货源区和出口贸易区的必经之地，货源区面积广、发货量大。四是乌鲁木齐实行自由港区政策。乌鲁木齐国际陆港区具有保税加工、保税港区等"境内关外"管理制度，能够协同境内集货、中转业务、跨境海关、换装等作业业务。

三、几点建议

1. 中央政府牵头，新疆维吾尔自治区组织实施，把枢纽港作为西部高质量发展重大工程，列入国家"十四五"规划

一方面，由中央政府"一带一路"主管部门牵头编制枢纽港规划，并力争纳入国家"十四五"重大工程。组织成立由中国国家铁路集团有限公司、地方中欧班列运行公司、海外物流公司等组成的中欧班列联盟，规范中欧班列运行中的问题，加强线路之间的战略合作。同时，充分发挥全国各地地方政府、企事业单位等作用，借助援疆机制，为中欧班列再上一个新台阶营造良好的运营环境和发展条件。另一方面，在新疆维吾尔自治区推进丝绸之路经济带核心区建设工作领导小组框架下，设立枢纽港建设专项推进机构，建立由自治区发展和改革委员会牵头，规划、国土、交通、海关、兵团等部门参与的综合协调机制，重点协调"十四五"期间跨区域、跨部门、跨兵地的对枢纽港有重要支撑的政府主导性建设项目。

2. 启动乌鲁木齐中欧班列编组站建设，加快基础设施配套，探索边建设边运营的机制和方式，尽快发挥枢纽港的作用

首先，加快装卸、解编和信息等技术创新步伐，在运营过程中逐步提升枢纽港快速装卸、快速甩挂解编组技术，提高集货中转效率。其次，有序推动境内外通道建设，积极推动与中欧班列沿线国家共同制定亚欧铁路规划，稳步推进境外铁路建设，逐步形成以铁路货运为主的跨境物流大通道。最后，打造一批具有多式联运功能的大型综合物流基地，支持在物流基地建设具有海关、检验检疫等功能的铁路口岸，加强与港口、机场、公路货运站以及产业园区的统筹布局和联动发展，形成水铁、空铁、公铁国际多式联运体系。

3. 着手筹建乌鲁木齐中欧班列大数据中心，硬件设施和软件功能同步建设，努力打造"数字化"中欧班列，实现统一的货运服务和管理

首先，加强铁路与公路、水运、空运等信息平台的互联互通和公开共享，

整合搭建物流大数据共享信息平台，推动建立船、车、班列、港口、场站、货物等信息资源开放与共享机制，通过提高物流信息对称降低空载率和提高物流效率。其次，建设中欧班列信息服务平台，逐步实现与中欧班列沿线国家铁路部门、海关、检验检疫机构等信息系统电子数据库的交换与共享，形成物流信息链，推行铁路、海关、港口、检验检疫单据电子化，最终打造"数字化"中欧班列。最后，强化智能监控，增加集装箱安全智能防盗设施，通过卫星定位技术实施全程定位，提高对班列全程运行监控能力，建立中欧班列安全合作机制，保障货物运输的安全性。

4. 在"一带一路"愿景框架下，完善多边协调机制，协同加快境外货源开发，争取把"数字中欧班列"列入"一带一路"重点项目名录

首先，在国家层面搭建管理服务平台，通过顶层设计，协调各国关系，加强沿线国家双边及多边政府间的沟通，强化铁路、海关、国检及物流服务商的协作，在沿线城市互设领事与办事机构，建立定期沟通机制，推动全程运行网络设计，并将"数字中欧班列"纳入"一带一路"重点工程项目名录。其次，建议推进国内各省（自治区、直辖市）、沿线各国海关检验检疫信息互换、监管互认、执法互助，根据市场需求放开二次转关，减少货物查验次数。最后，鼓励我国物流企业与沿线国家的主要城市共建物流中心，鼓励在沿线国家布设分公司，成立合资物流企业，挖掘组织返程货物。

中国科学院科技战略咨询研究院　　樊　杰　刘宝印
中国科学院地理科学与资源研究所　　陈　东　郭　锐　赵艳楠

2020年5月13日

加快推进新基建高质量发展面临的主要制约及政策建议

基础设施既是过去发展的成果,又是未来发展的条件。对基础设施持续进行适量先行投入,是保证未来经济社会持续健康发展的必要条件。我国是基础设施建设大国,基础设施存量位居世界前列,但存在发展不平衡、不充分的问题,人均基础设施存量仅相当于发达国家的20%~30%。随着中国经济从高速增长转向高质量发展,基础设施体系的不适应性问题更加凸显,迫切需要以新基建带动传统基础设施转型升级,加快形成现代化基础设施体系。

一、新基建发展水平决定基础设施体系未来所能承载的发展愿景与空间

从当前发展态势看,以数字技术为代表的新科技及其应用创新催生新一代基础设施,开辟了基础设施建设的新空间。从中长期发展趋势看,科技革命、产业变革、城镇化、创新、协调、绿色、开放、共享发展和数字化转型是新基建持续发展的内在动力。新型基础设施是支撑未来经济社会发展,有系统性、质的"代际"飞跃特征的软硬件设施网络,为实现"新发展理念"提供系统支撑。新基建投资是面向全局和长远发展的基础性、战略性、先导性、引领性投资,旨在发展壮大新动能,带动形成更多新的增长点、增长极。在民生、新科技、新产业、区域发展、新能源、新材料、国家安全与治理等方面,有大量新基建投资需求。

现代化强国需要以现代化产业体系、现代化创新体系和现代化基础设施

体系为系统支撑。基于新时代高质量发展的新要求，传统基础设施体系要根据新的支撑需求进行战略性调整。未来社会的研发、设计、生产、流通、分配、消费、弃置等活动，以及土地、劳动力、知识、技术、人才、资金、信息、管理等要素供给、流动与组合，体现为物质流、能量流和信息流的网络化、数字化、智能化，需要新基建的支撑。新基建有系统性、质的"代际"飞跃，才能为传统基础设施转型升级提供强大的"以新带旧"的驱动力。加快推进新基建高质量发展，必须确保其科技支撑体系更新颖，工程支撑体系更健全，创新成果融合应用更便捷。

二、推进新基建高质量发展面临的主要制约

当前，新一轮科技革命、产业变革和经济社会数字化转型正在加速催生基础设施体系、创新体系和产业体系变革，引发生产、生活、组织方式变革。新基建是近期"六保""六稳"工作的重要抓手，是未来15年厚实产业基础、孕育科技创新、畅通经济循环、带动新消费、促进数字化转型的基石，更是要为未来30年长远发展打下坚实基础，创造发展新机遇、塑造发展新优势。要牢牢把握现代化强国建设这一战略基点，充分发挥我国超大规模市场优势和内需潜力，构建现代化基础设施体系，支撑形成国内国际双循环相互促进的新发展格局。

1. 需要进一步统一认识和协调行动

自党中央国务院作出部署以来，多个部门、省（自治区、直辖市）发布了新基建行动计划。交通运输部印发《推动交通运输领域新型基础设施建设的指导意见》，山东省印发《关于山东省数字基础设施建设的指导意见》，安徽省印发《支持5G发展若干政策》。《上海市推进新型基础设施建设行动方案（2020—2022年）》首批48个重大项目和工程包，预计总投资约2700亿元。《北京市加快新型基础设施建设行动方案（2020—2022年）》聚焦"新网络、新要素、新生态、新平台、新应用、新安全"六大方向30类新基建。《深圳市关于加快推进新型基础设施建设的实施意见（2020—2025年）》首批95个项目，总投资4119亿元，其中政府投资占比40%。《重庆市新型基

础设施重大项目建设行动方案（2020—2022 年）》，预计累计投入近 4000 亿元布局新基建。广州 2020 年将推动投资近 5000 亿元的数字新基建项目落地建设。《云南省推进新型基础设施建设实施方案（2020—2022 年）》中，第一批新基建项目总投资 3776 亿元。国家电网公司发布"数字新基建"十大重点建设任务，2020 年总体投资约 247 亿元，预计拉动社会投资约 1000 亿元。数十万亿元的新基建投资计划启动，亟须保护各主体的投资积极性，同时要统一认识和协调行动，构建全国互联互通的现代化基础设施体系，才能避免低水平重复建设，支撑塑造现代化创新体系和现代化产业体系新优势。

2. 需要进一步明确重点任务和长远目标

新型和传统基础设施一起构成现代化基础设施体系，共同支撑现代化强国建设。其中，智能化数字基础设施是新基建的主导方向，数字化科技创新基础设施是新基建的底层支撑，现代资源能源与交通物流基础设施是国民经济的"大动脉"，先进材料与智能绿色制造基础设施是制造强国和质量强国之基，现代农业和生物产业基础设施是生物经济之基，现代教育、文旅、体育与卫生健康等新型基础设施是现代化强国社会基础设施的主体，生态环境新型基础设施是"美丽中国"建设的基石，空天海洋新型基础设施是拓展未来发展空间的保障，国家总体安全基础设施是现代化强国的安全基石，国家治理现代化基础设施是实现善治的基础保障。补基础设施短板、缩小区域及城乡发展差距的传统基建项目是有效投资项目，需要基于新科技进行技术升级和数字化改造，提升其数字化、智能化、绿色化发展水平。挖掘供给和消费潜力、增加创新优势的新基建项目，是现代化强国愿景的基础支撑，是面向未来的战略布局，应基于经济社会创新发展的大逻辑、大格局、大趋势，深化细化路线图设计，优化区域、行业布局，做好时、空、量、构、序统筹安排。

3. 需要进一步转换新基建的发展动力

当前新基建的主要发展动力仍然是投资驱动和要素驱动，必然倾向自主建设、独占运行，未来要加快转向创新推动、数字赋能和需求拉动，必然要求互联互通、开放共享。创新推动就是要发展融合科学、会聚技术、融通创新新模式，努力实现科学新发现、技术新发明、产业新方向、发展新理念从 0 到 1、从无到有的跨越，从源头创新突破，才能源源不断塑造更多依靠创新驱动、发挥先发优势的引领性发展，才能面向未来，培植发展新动能、拓展发展新空间、形成发展新格局。数字赋能就是要基于"数字基建"和"传统基建数字化"，以数据流引领物资流、人才流、技术流、资金流，形成上下游融通、跨行业融合的数字产业化和产业数字化生态，加快推进数字经济、智能制造、生命健康、新材料等战略性新兴产业，形成更多新的增长点、增长极。需求拉动就是要重视建用结合，通过创新政策和产业政策引导，支持有平台搭建基础、有长远生态需求、有创新带动能力的企业和社会资本提前介入新基建，促进产业基础高级化和产业链现代化。

三、推进新基建高质量发展的政策建议

新一轮中长期规划及"十四五"规划正在编制中，要科学谋划新基建高质量发展，统筹协调好各种资源，从规划、政策、资金等多方面予以引导和规范。

1. 要在现代化强国建设总体战略框架下，处理好战略部署与战术推进的关系

社会上普遍关注到新基建的重点和热点领域，但对总体和长远任务重视不够。2019 年和 2020 年国务院政府工作报告明确要求"加强新型基础设施建设""激发新消费需求、助力产业升级"，同时部署了相关基础性、战略性任务，都是近期要落实的工作任务，既促消费惠民生，又调结构增后劲。面向长远，除了加快 5G、人工智能、产业互联网等领域，也要加快教育、养老、医疗、文旅等服务业发展，加大制造业技术改造和设备更新，加快补齐农村基础设施和公共服务设施建设短板，加强自然灾害防治能力建设，要统筹推进、协同发展。

2. 要在现代化基础设施体系战略布局中，处理好优化存量和优选增量的关系

目前，新基建受到新一轮投资追捧，有近期稳增长、调结构、惠民生的

内在需求，更应着眼长远布局，以整体优化、协同融合为导向，统筹存量和增量、传统和新型基础设施发展，打造集约高效、经济适用、智能绿色、安全可靠的现代化基础设施体系。不宜仅仅局限于当前热点领域，而忽视其他基础性、战略性领域，更不能脱离国情、盲目建设。要坚持实事求是、量力而行、以新带旧的原则，将基础设施投资逐步从传统领域转向新兴领域，有序推进各类新型基础设施建设，促进基础设施互联互通、开放共享，加速基础设施体系整体转型升级。

3. 要坚持投资与消费、供给与需求相结合，协同推进新基建高质量发展

新冠肺炎疫情对国内和全球经济的影响"前所未有"，总需求与总供给两端须同时发力，才能帮助中国经济更好更快地回到正常轨道，加快形成以国内大循环为主体、国内国际双循环相互促进的新发展格局。目前，很多部门和地方把5G、数据中心等新基建作为2020年投资重点项目并加大投资力度，这种密集布局新基建的行动，亟须科学规划、统筹协调、有序推进，切忌走大水漫灌、盲目刺激、一哄而上的老路。要以高质量发展为要求，以为现代化强国建设和未来发展奠基为目标，将资金投入符合新发展理念的重要领域，培育创新发展新优势。

中国科学院科技战略咨询研究院　万劲波

2020年8月17日

提升我国产业链供应链现代化水平面临的主要困难及对策建议

当前国际经济、科技、文化、安全、政治等格局都在深刻调整，经济全球化遭遇逆流，以重大疫情的暴发和蔓延为代表的突发自然灾害增多，我国发展的外部环境日趋错综复杂，使得我国产业链供应链的不稳定性不确定性剧烈增加。党的十九届五中全会提出"提升产业链供应链现代化水平"，需要进一步深入认识我国发展不平衡不充分的社会主要矛盾，特别关注产业链关键环节创新能力不适应高质量发展要求等问题。新时期我国加快构建国内国际双循环"新发展格局"的重大战略举措对我国产业链供应链现代化发展提出了新要求。必须从国家安全面临重大挑战和有效维护国家安全的战略高度，防范和化解影响我国现代化进程的各种风险。

一、提升我国产业链供应链现代化水平面临的主要困难

1. 我国工业化进程发展迅速，但产业基础能力建设具有长期性、艰巨性、风险性与挑战性

我国依靠庞大的市场规模、后发模仿创新模式、要素低成本供给等比较优势，用几十年时间走完了发达国家几百年的工业化进程，但产业基础能力与结构等发展欠缺，亟须进行产业基础再造。一方面，工业基础中，我国核心零部件、材料、工艺的产业基础能力不能适应产业发展和需求侧变化的问题已成为供给侧的突出矛盾。数字化基础技术体系薄弱，自动控制与感知、核心软硬件、工业云与智能服务平台、工业互联网等基础科学存在短板、底层基础能力不足。另一方面，工科教育不精不深，工业"四基"人才长期匮乏，培育

高端工程科技领军人才团队的长信体制和稳定支持的机制有待进一步完善。

2. 我国对产业链关键环节的控制力较弱，从"科技"到"产业"的创新内循环机制不畅

我国对于集成电路、生物医药等产业链关键环节控制力与主导权较弱，产业链"断点""堵点"问题突出，缺少具有国际竞争制约力的"撒手锏"技术。产业链与创新链的融合仍然存在体制障碍，增加了产业链向高级化迈进的难度。基础研究、技术研发、工程应用及产业化协同创新链有待进一步畅通。例如，在光电子产业中我国目前缺少开放共享的光电子芯片研发生产平台，成为研发成果产业化的主要障碍。国内市场对创新内循环的牵引作用有限，国内企业仍然存在引进国外技术和部件、配套组装或整机采购的路径惯性。例如，我国在金融、制造、能源等领域采用领先国际企业的计算软硬件产品，对国产产品的容错机制欠缺，导致国内计算产品由于缺乏在产业应用中试错提升的机会竞争力薄弱。例如，我国在光通信、光传感等领域仍存在高端器件依赖进口、低端器件同质化竞争的问题。我国的光子核心器件企业数量占全球企业总数的38%，而收入则占全球总收入的18%。

3. 国内需求对产业链供应链的拉动作用不足，产业链供应链难以满足国内消费结构升级的需求

我国消费需求对产业链供应链的拉动作用有限。2019年我国最终消费占GDP比重尚不足58%，远低于78%的世界平均水平。一方面，在产业链要素分配中，劳动要素收入分配占比较低，资本要素收入分配占比相对较高。同时，收入分配基尼系数较高，结构不均衡，消费增长动力不足。另一方面，我国本土零部件供应商尚未培养出足够的技术支撑能力，以快速响应并提供适配的高端产品和服务。特别是随着消费结构向中高端、服务化、定制化转型，由于市场机制不健全、产业规制监管不到位等原因，产业链各环节的供给能力与消费结构升级的矛盾突出。

4. 全球产业链体系加剧分裂，以美国为首的西方国家对我国的技术封锁、打压加剧

全球产业格局呈现纵向产业链条向单一企业收缩，横向分工区域化聚集

的趋势。一些跨国公司为应对美国政府对投资的限制，不得不实施"中国+国外产能备份"的策略，我国产业链面临着发达国家"高端回流"和发展中国家"中低端分流"的双重挤压。根据美国候任总统拜登及其团队11月8日发布的未来执政计划，将继续考虑将制造业关键供应链迁回美国。拜登在竞选期间多次抨击中国，未来有可能进一步巩固与欧盟、澳大利亚、印度尼西亚、日本和韩国的盟友关系，并进一步加强对中国在技术创新、国际标准制定等方面的打压和对抗。

二、对策建议

1. 实施产业强基工程，强化科技自立自强在高端产业发展中的核心地位

实施基础再造工程，高度重视我国产业发展中的基础研究和关键共性技术、前瞻技术、战略性技术研究。例如，在智能制造领域，加强高端工业机器人国产化、高档数控机床开发与示范应用、工业基础软件自主能力提升。打造一批新型高技术服务平台，以北京、上海、深圳等全国科创中心，以及雄安等新区作为试点，与龙头企业、高校及国有科研机构合作，联合设立着眼于未来15年前沿技术创新的高水平新型研发机构。在生物制药、医疗器械、基础软件、智能装备、新材料等领域，培育一批国家级研发创新服务示范平台。加强基础学科建设，从源头夯实产业基础能力，要有长期在某一领域持续耕耘的毅力与决心，特别是加强长期稳定的经费支持。加强建设高质量教育体系，进一步依托"新工科"教育加强基础研究人才培养，推动全社会加大人力资本投入，加强创新型、应用型、技能型人才培养，培育国际一流的科技领军人才和创新团队。

2. 实施产业链强链补链工程，系统梳理我国供应链的高风险区间进行重点布局

依据高技术门槛高低与国产化情况，对我国重点产业链风险情况进行系统梳理。特别对技术门槛高、我国短期内难以实现国产替代的"卡脖子"关键领域进行持久攻坚，并与国际领先供应商建立利益融合的长期合作，多路

径保障技术突破持续推进。例如，在航空领域，大力攻克飞机、发动机、机载系统设备等设计、制造、试验、验证等关键技术，着重补齐发动机、航电系统、芯片、软件、元器件、材料等领域关键短板。同时，以锻造颠覆性、非对称的"撒手锏"技术作为我国提升产业链现代化水平高的重要突破口，前瞻布局人工智能、光电子集成与量子信息、脑科学与脑机接口等领域未来核心关键技术，在"长板"上夯实拉紧全球产业链对我国的依存关系，形成对外方人为断供的强有力反制和威慑能力。

3. 培育全面布局、自主可控、合理分工的高端核心产业集群与具有全球影响力的产业基地

围绕高端核心器件、新型光子材料、制备工艺和基础软件，推动产业发展从追求单点突破、单项技术指标国际领先模式，向大规模产业应用驱动和牵引的、多项单点技术集成的系统化发展模式转变。在京津冀地区、长三角地区、粤港澳大湾区等国家战略区域布局建设具有全球影响力的国家战略性产业基地。强化在重点领域基础研究和源头创新能力，加强技术、人才、资本等创新要素集聚，推动产业链、创新链、资金链、人才链耦合聚合，形成体现国家战略、区域优势、全球影响力的战略性新兴产业高地。同时根据各重大战略区域的自然资源条件、产业发展基础、创新资源优势，在全国范围内统筹区域关键产业分工与基地布局，引领区域产业集群和产业生态培育与发展。

4. 坚持供给侧结构改革与扩大内需相结合，推动供给创造和需求引领的良性互动

必须坚持深化供给侧结构性改革，提升本土供应链的层级，使其满足本土不断提升的产业需求，以创新驱动、高质量供给引领和创造新需求。要进一步增强消费对经济发展的基础性作用，全面促进消费，提升传统消费，培育新型消费，发展服务消费，激发"新消费"与产业结构升级的相互促进作用。推动以行业应用需求牵引科技突破，在金融、政务、电力、航空等紧系国家安全需求的政策主导场景，建立创新容错和风险共担机制，加大对我国自主研发的、安全可靠的产品的采购力度。鼓励保险机构创新发展科技保险，

在战略性领域率先推进首台（套）重大技术装备保险和新材料首批次应用保险补偿机制试点。推进形成激励兼容的产业链分配机制，坚持按劳分配为主体、多种分配方式并存，提高劳动报酬在初次分配中的比重，着力提高低收入群体收入。特别要强调尊重劳动、尊重知识、尊重人才、尊重创造，健全各类生产要素由市场评价贡献、按贡献决定报酬机制。通过保障低收入群体、扩大中等收入群体，为扩大国内需求提供持续动力。

5. 坚持更高水平的对外开放，进一步借助"周边循环""亚洲循环"带动更大范围的"国际产业链循环"

充分发挥《区域全面经济伙伴关系协定》等区域贸易协定的关键作用，形成面向全球"以我为主"的贸易、投融资、生产、服务的价值链。依托国际产业合作园区等模式，加强与"一带一路"协议合作国家在高铁、核电、数字经济等优势领域，高端装备、5G等新基建领域的合作。鼓励国内领军企业组团开拓国际市场，支持中国企业在海外建立产业园区，支持有条件的企业积极、稳妥地开展跨国投资、并购和重组。加强与欧盟、日本等发达经济体的开放合作，注重与国外供应商在组织上构建战略协同，在市场上加强利益捆绑，在技术上强化国内国际合作研发，提高供应链伙伴关系的稳定性。鼓励国外有先进经验的园区来华建立合作产业园区，探索"两国双园"合作机制，打造新型国际合作产业园区。加快打造开放型经济新高地，构建强有力的国内国际双循环相互促进的战略支点。利用上海临港自贸区、海南自贸港等试验区推进数字贸易、知识产权贸易等新型服务贸易的国际交流与合作，形成具有更强创新力、更高附加值、更安全可靠的产业链供应链。

中国科学院科技战略咨询研究院　张　越　余　江　王晓明

2020年11月27日

关于加强对大型科技公司多元化金融业务监管的思考与建议

随着大数据、云计算、区块链等数字技术在金融行业的广泛应用，大型科技公司（BigTech）不断涉足金融行业。大型科技公司凭借其在技术、客户、应用场景等领域的积累优势，迅速进入金融行业并不断拓宽金融业务范围，开展了支付、贷款、理财、保险等传统金融机构相关业务。截至 2019 年底，以百度、阿里巴巴、腾讯、京东为代表的大型科技公司在金融领域获得的牌照已达 40 张。大型科技公司多元化开展金融业务，一方面提高了业务的精准性，扩大了服务的覆盖面，进而提升了金融系统运行效率；另一方面，强大的市场竞争力也倒逼传统金融机构加快转型升级。

一、大型科技公司开展多元化金融业务给金融体系带来了风险

1. 金融监管的一致性有待完善

目前我国大型科技公司也都是持牌经营，同样的业务接受同样的监管，但站在金融宏观审慎监管视角，依然存在短板。例如，传统商业银行和大型科技公司都可以提供期限转换、信用转换等服务，但是前者需要满足资本充足率等监管要求。在普惠金融成本方面，特别是线上贷款和对公领域的成本监管政策也不是同一性的。从支付端来说，现在大多数第三方支付机构可以做到实时到账，而银行可能需要 24 小时。受现有的成本结构和监管规定的限制，传统金融机构难以进行大规模的扩张，而大型科技公司则不受此限制。

2. 隐私泄露和数据安全风险突出

传统银行的客户规模和产品种类有限，汇集利用信息的能力较弱，而且监管当局都会要求银行披露有关业务信息，而大型科技公司并不受此限制。大型科技公司有能力以接近零成本的方式，采集大量银行业无法获取的数据，形成事实上的数据垄断；进而，利用大数据的技术分析客户偏好、习惯和需求进行差别化定价，甚至是价格歧视、"大数据杀熟"，甚至还可能以侵犯客户隐私的方式将数据用在其他与业务无关的地方。从技术层面看，大型科技公司的数据安全存在较大风险。例如，一个为多家金融机构提供数据存储、传输等服务的大型科技公司，若出现运营故障或网络攻击，都可能构成系统性风险因素。

3. 日趋显著的系统重要性可导致不正当竞争

大型科技公司通过与银行合作为其庞大的客户网络提供基础金融服务，并充当第三方提供商的分销渠道，正在迅速成为具有系统重要性的金融机构。大型科技公司一旦建立了专属生态系统，主导平台可以通过提高进入壁垒来巩固其地位。伴随着大型科技公司对县域范围的渗透，不可避免地会出现其对传统依靠关系型融资的中小银行的客户抢占，对这些中小金融机构的资金和贷款业务造成很大冲击。大型科技公司平台对客户的黏性有助于控制客户的信用风险，但是其强势地位有可能扭曲它们与客户之间的合作关系。利用交叉补贴，将移动支付原本应是付款方缴纳给银行的服务费用转嫁给收款方，这本质上是在付款端使用"掠夺性定价"，而在收款端收取垄断高价，是一种干扰市场竞争秩序、损害消费者利益的"乱象"。

4. 金融科技的业务模式放大了传统金融风险

大型科技公司开展金融业务中经营模式、算法的趋同，使得一旦市场运营失败或发生网络安全事件，极易诱发"羊群效应"。尽管云计算服务尚未被用于银行的核心业务模块，但越来越多的金融机构使用云服务处理关键业务，云计算服务一旦发生中断，将对使用这些服务的金融机构产生重要的影响，也可能形成系统性的金融风险。货币政策传导方面，金融科技发展将加剧金融业的竞争，使市场对利率的反应更加灵敏，从而提高货币政策的有效性。在风险管理方面，传统金融机构可能更加专业，而且传统银行业受到金融安全网的保护，在满足一定前提条件最低准入要求时，可纳入保险机制，必要时还可以获得中国人民银行流动性支持。目前为止，大型科技公司未被安全网完全覆盖，出现市场动荡时，难以获得支持。

二、相关建议

如何将大型科技公司更好地纳入宏观审慎管理的覆盖面，是补齐防风险监管制度短板的重要举措。针对大型科技公司多元化开展金融业务带来的风险点，提出以下建议。

1. 纳入金融科技发展顶层设计和统筹规划，完善战略部署

根据大型科技公司的多元化经营特点，建议中国人民银行从战略全局高度谋划，将对大型科技公司的发展和监管纳入金融科技行业整体的发展规划当中。在我国现行监管体制下，多个监管部门要协作配合，形成现有监管体制和多部门协调相结合的监管框架。制定相关法律法规，严控行业准入和退出、明确金融业务性质，出台大型科技公司风险监控细则，并加大违法违规行为惩治力度。各地方、各部门要积极配合、因地制宜，根据金融科技行业的整体发展规划做好细化落实工作。

2. 强化一致性监管，注重包容创新

为进一步缩小大型科技公司与传统金融机构之间的监管差距，建议监管部门针对大型科技公司参与金融业务带来的关键风险点，秉承"技术中性"的原则进行等效监管，以更好地限制大型科技公司通过影子银行活动进行监管套利。同时，为避免行业垄断等问题，监管应侧重在促进公平竞争，维护消费者权益和开放市场。面向特定的细分市场，加快金融领域重点立法修法工作，完善金融基础设施监管制度。同时，对大型科技公司的监管要注重包容创新，建议采用监管沙箱等方式对新产品、新业态进行适度监管，鼓励大型科技公司积极创新。同时，鼓励传统金融机构反向跨界，积极运用新技术赋能去开发新金融产品。

3. 建立健全集中式监管基础设施，发展监管科技

建立健全应急管理机制，努力提高金融监管的适用性。加强各金融监管机构之间的协调配合，开展对大型金融科技公司技术风险的评估和监管。金融业务都涉及资金的流动、支付，建立健全集中式监管基础设施，能够在很大程度上解决资金流动黑箱的问题，即使不做实时的风险监测，也可以辅助做到风险识别和预警。大力发展监管科技，做到"以技术对技术"，充分运用大数据、云计算、人工智能、区块链等数字技术，对大型科技公司实施动态监管和穿透式监管，防范大型科技公司在金融创新过程中产生的新型技术风险。同时，建议大型科技公司对声誉风险和技术风险做出充分准备，防止在长尾客户端引起风险传染。

4. 加强数据安全和隐私保护，完善共享机制

全球层面开放银行模式快速发展，其本质是实现银行间、银行与非银机构甚至与跨界企业间的数据共享与场景融合。金融监管体系相对发达的欧盟出台了《欧盟支付服务修订法案（第二版）》（PSD2），要求银行开放客户数据。在亚太地区，新加坡、澳大利亚、日本，以及中国香港是少数几个监管层面已经给出开放银行指导或政策框架的国家或地区；印度、韩国的监管机构则表达了对开放银行的支持态度。在丰富的金融科技生态、广泛的应用程序接口（API）应用和银行业自身的积极探索下，国内的开放银行准备环境日臻成熟。借此契机，建议尽快建立数据共享机制，进一步规范大型科技公司的信息采集、数据使用和数据流通行为，把数据的治理、规范做到行业的同一性和标准化、规范性。加强对金融消费者和投资者的保护，出台相关规则，从数据保护隐私的角度明确数据归属权和私有权的管理。防止大型科技公司恶意收集、存储、交易、滥用用户数据，从投资者保护的角度进一步落实投资者管理，做好风险揭示，妥善处理投资者的投诉。研究制定大型科技公司开放数据的原则，让中小科技公司也能分享这些数据，鼓励竞争，维护公平的市场环境。

5. 加强对大型科技公司的公司治理

在大型科技公司中进一步强化党的领导和党的建设，处理好党组织和其

他治理主体的关系。针对大型科技公司的子公司数量众多、经营业务范围广、交叉持股、管理结构复杂、发展迅速等特点,实行"穿透式"监管尤为重要,建议从加强大型科技公司治理入手,督促大型科技公司建立关联交易管理制度,完善信息披露机制,提高透明度,逐步建立完善内部风控体系。建议监管部门定期开展对大型科技公司高级管理人员的培训,做好监管政策的宣讲解读,全面提升公司管理人员防范金融风险的能力水平。行业协会要充分发挥自身作用,对相关风险案例进行警示宣传,引导大型科技企业实现行业自律,开展公平竞争。

中国科学院科技战略咨询研究院　孙晓蕾　姬　强　刘明熹
索玮岚　朱晓谦

2020年3月25日

民营科技企业非健康成长的隐患及对策

在建设社会主义现代化强国的新发展阶段,民营科技企业特别是大型民营科技公司承载着较改革开放 40 多年来更重的担子、更大的责任,也具有更为广阔的生长空间。习近平总书记在中央全面深化改革委员会第十四次会议上讲话强调,"对待新事物新做法,要加强鼓励和引导,让新生事物健康成长,让发展新动能加速壮大"①。在美国大打压、世界经济大消退、新冠肺炎疫情大流行、我国大转型的背景下,投资拉动外延式生长的企业发展方式和新时期新技术发展带来的新业态、新模式有可能井喷式涌现,为民营科技企业大发展带来又一次机遇,部分大型民营科技公司将扮演更加活跃的分子。从新近发展看,已出现一些企业不健康甚至野蛮生长的现象,应充分认识其风险隐患,做到高度重视、正确应对,防患于未然。

一、民营科技企业不健康成长现象的主要表现

1. 缺乏外部监管和引导的"无规无矩"发展现象

随着 5G、人工智能、大数据等新一代信息技术发展应运而生的新产业、新业态等新生事物仍处于市场监管的真空地带,在探索新模式、开发新产品或提供新服务的过程中暴露出因法律法规缺失、行业监管不到位而造成的市场争端与冲突。例如,ofo 共享单车市场泡沫引发资金链断裂,乐视多领域进入催生债务危机,有声产业等新业态的侵权纠纷,少数金融控股集团野蛮生长引发金融风险等。

---

① 习近平主持召开中央全面深化改革委员会第十四次会议强调:依靠改革应对变局开拓新局 扭住关键鼓励探索突出实效. http://www.gov.cn/xinwen/2020-06/30/content_5522993.htm.

2. 企业自身发展的"无头无序"现象

体现为企业发展缺乏长远的战略规划与发展定力，过分追求快速规模扩张而无序进入多个非相关领域的投机发展行为，甚至是采取不正当资本运作、技术侵权等生长方式，如瑞幸咖啡、康美药业等。除此之外，中国仍有超过2000多万个中小企业，在发展过程中，存在捉襟见肘、跌跌撞撞、野蛮生长的现象。

二、民营科技企业不健康成长带来的风险隐患

1. 公司重规模、轻科技的不健康成长方式，影响了以企业为科技创新主体的国家战略实施

随着近年来生物医药、芯片、人工智能等新兴技术的迭代，科技含量高的企业不断进入投资者的视线范围。从千亿元市值企业的所属行业来看，生物医药、计算机等高新技术产业占比已达1/3。在此过程中，部分企业在金融资本夹持下，过度追求规模的迅速扩张，缺乏长期稳定的战略导向，轻视企业科技创新能力的超前或同步提升，放弃创新驱动发展的内生动力，包装公司、大量融资，甚至发布虚假财务报告。这严重阻碍了公司的技术创新，直接影响到以企业为科技创新主体的总体部署和实施。

2. 企业野蛮生长容易造成行业垄断，降低企业创新的市场竞争活力

部分大型民营科技公司以野蛮生长方式形成行业垄断。采用高工资、好待遇吸纳科技创新人才，特别是从国家科技创新的战略团队挖人才、抢成果，削弱国家创新整体效益；利用价格战、资源战、广告战等方式，阻碍其他企业进入市场，造成市场的不公平竞争。这不利于市场机制推动经济健康发展，不利于市场机制在优化资源配置中发挥作用。

3. 国家金融安全和企业财务风险加大，资金链断裂造成科技创新宏观生态和微观生境同步受损

网络银行、移动支付、网络借贷等新业态、新模式的迅猛发展一定程度上会吸纳大量国家银行的存款资金，在便捷人民生活的同时，也给国家银行、金融等部门带来严峻的管理挑战，若管理不善则会使国家金融安全受到威

胁。企业自身的快速扩张也会引发管理问题，融资困难，导致企业经营陷入危机，甚至破产，而带来企业财务风险。

4. 治理体系跟不上企业野蛮生长，所产生的不良后果越来越成为社会不稳定的主要症结

一些新生的民营科技企业由于发展迅速，政府管理和社会治理落后于企业发展速度，特别是政府有关部门监管滞后或者监管不足，其新开发的产品或者业务容易给社会安全带来隐患，如滴滴出行。与此同时，因企业自身治理体系跟不上野蛮生长的步伐而带来的破产或清算，也会导致大量的员工失业，增添社会不稳定因素。

5. 企业的国家意识和社会责任一旦跟不上或者失控，其负面影响将有损国家最高利益和社会安全保障

互联网企业快速发展产生大量涉及用户的数据与信息，会带来隐私保护与数据安全问题。尤其在生命健康、人工智能等领域，涉及大量用户数据的企业在海外并购过程中仍存在数据安全引发的国家安全等问题。如果不能快速地建立适应新产业、新模式、新业态发展的法律制度环境，或是造成更大规模不当竞争下的快速发展，也会破坏社会生态。

三、引导民营科技企业健康发展的建议

需要保持审慎包容的"开放心态"，加强鼓励、监管和引导，营造良好的创新制度环境，激励民营科技企业（特别是大型民营科技公司）实施创新驱动发展战略，建立监测预警机制，完善法律法规和监管体系，引导新产业、新技术、新业态等新生事物良性、健康地发展，促使民营科技企业由"野蛮生长"走向"理性繁荣"。

1. 正面引导为主，通过营造良好的制度与政策环境，激励大型民营科技公司健康有序发展

全面实施市场准入负面清单制度，营造良好的企业投融资、人才引进、诚信体系建设等创新创业环境；提高企业实施恶性竞争的制度成本，运用法

律手段重点规范大型民营科技公司的市场环境；鼓励国家重大科研基础设施、大科学装置面向企业开放；鼓励大型民营科技公司创新研究院牵头组建创新联盟；对挖创新链关键环节人才行为应加大成本，对面向企业科技服务的国有机构和人才应加大激励奖励举措。

2. 突出重点环节和重点领域，加强金融和金融业监管

国家和地方各级市场监管部门要建立预警机制，深化监管机构和运作机制的改革；鼓励银行设立专门机构管理互联网金融，完善相关法律体系，规范引导大型民营科技企业涉足互联网金融领域；鼓励银行采取积极的态度与大型民营科技企业、互联网金融机构等建立新型合作伙伴关系，在合作中逐步规范、引导互联网金融公司健康发展。

3. 适应互联网时代，加强数据化管理和数据管理

完善数据审查制度，加强对企业海外并购的数据审查，尤其是增强人工智能等新兴技术领域专家对算法和特征实施审查。出台相应的国际并购交易中涉及中国用户的数据安全与算法安全的审查政策。加强研究和填补政策实施的真空地带，完善民营科技企业新业态、新模式发展过程中的数据风险评估与信用评价机制，构建统一、全面、有效的制度安排和监管。

4. 加强宣传教育，培育新时期具有家国情怀的企业家

当前中国正处于转型升级时期，促进经济社会的可持续发展，以及人与人、人与社会的和谐发展更需要有家国情怀的企业家。鼓励和支持企业开展思政教育，鼓励研究新时期企业家精神评选标准，支持媒体等第三方机构开展"民营科技企业家100人"宣传与评选，树榜样，立典型，培育形成一批具有大视野、大情怀、大格局、大担当，满足新时期、新发展格局需求的民营科技企业家，以企业家精神带动民营科技企业健康良性发展。

中国科学院科技战略咨询研究院　樊　杰　郭　雯　郭　锐　孙中瑞

2020 年

中国参与境外煤电投资的影响及对策建议

中国在境外参与的煤电项目成为国际社会关注的焦点之一，一方面，中国境外煤电投资加速了中国的能源国际合作，但另一方面，由于高排放，境外煤电投资受到的争议也越来越大。建议兼顾"一带一路"协议合作国家的能源需求、环境目标与可持续发展的多元协同治理战略，制定基于国别的清洁电力投资分步走措施，减少并最终停止对境外煤电的投资，优先鼓励针对东道国的清洁电力投资，分享中国能源转型发展的最佳实践，并提供能源转型系统解决方案，树立绿色可持续的负责任大国形象。

一、中国在境外持续增长的煤电投资给"一带一路"建设带来不利影响，并可能造成更大的政治经济损失

1. 全球范围内，由于应对气候变化目标及低碳技术创新，煤炭产业发展、煤电投资及其资产搁浅的风险不断增加

一是煤炭等化石能源的发展不符合未来能源低碳发展的基本趋势，其高碳锁定效应尚无成本有效的解决办法，与实现《巴黎协定》目标相悖，由此带来国际社会对煤电投资越来越大的负面评价与指责。二是随着技术创新和能源转型加速，清洁能源的成本不断降低，煤电项目的盈利空间越来越小，根据金融智库碳追踪的分析，目前全球估计约 42% 的煤电厂没有利润或亏损，受新冠肺炎疫情影响、全球应对气候变化与可持续发展目标的紧迫性，以及来自各方面的压力不断提升，越来越多的煤电项目存在提前关闭或者建设搁置的风险，有可能形成规模超过 6000 亿美元的搁浅资本。

2. 部分"一带一路"协议合作国家能源需求增长迅速，中国为相关国家煤电项目的重要投资者

部分"一带一路"协议合作国家面临电力需求快速增长与供给严重不足的挑战。迫切的增长需求和落后的能源基础设施，使得未考虑外部成本的廉价煤电成为保障这些国家电力供应安全的重要选择。2018年，全球（中国以外地区）在建燃煤装机107吉瓦。从地域看，东南亚和南亚是中国境外煤电项目的集中投资地区，并以工程承包、设备出口、股权投资等方式参与。

3. 中国在境外的煤电投资正受到来自国际社会越来越多的质疑

英国《卫报》和《金融时报》、美国国家公共广播电台等多家西方主流媒体连续发文指出，中国对境外煤电项目的支持将破坏《巴黎协定》，危及气候目标，对实现全球温室气体排放控制目标形成严重的负面影响，破坏国际社会阻止全球气候变暖的努力，与中国倡导推动的绿色"一带一路"行动背道而驰。尽管我国境外煤电投资可以采用最高效的煤电技术，但其碳排放问题无法解决，而且我国的境外煤电投资虽属企业决策，但其行为多由国家政策引导，被认为是体现了国家意志。因此，如果上述指责态势发展下去，不仅会对中国在全球气候治理体系中的国际公信力、诚信度产生负面影响，还有可能降低国际社会对"一带一路"倡议的认同，损害我国的软实力，甚至影响构建人类命运共同体的理念。

二、中国参与"一带一路"绿色低碳能源投资的对策建议

随着经济的不断增长和人均收入的不断提高，"一带一路"协议合作国家迫切需要解决能源可及问题，受限于当地脆弱的电网基础设施、薄弱的技术能力以及资金短缺等，价格低廉、安全稳定的煤电仍将在相关国家发挥重要作用，短期内清洁能源替代方案作用有限。但长期来看，全球绿色低碳转型的大势不可阻挡，这些"一带一路"协议合作国家迫切需要妥善解决能源系统转型、技术选择、投资优化等一系列问题，然而多数"一带一路"协议合作国家不具备重塑能源或能源转型方案的系统设计能力，因此需要国际社会的共同参与，中国可在此过程中发挥引

领作用。为此提出以下建议。

1. 中国政府应发出明确的政治信号，优先鼓励针对"一带一路"协议合作国家的清洁电力投资，逐步减少煤炭相关项目，并积极支持和帮助"一带一路"协议合作国家实现其国家自主贡献（national determined contributions，NDC）承诺与可持续发展目标

以《巴黎协定》所做出的国际承诺和实现可持续发展为目标，中国应当调整对外援助、国际发展合作、南南合作以及主权投资的战略方向，特别是通过国家开发银行、中国进出口银行等引导更多官方发展援助资源投向可再生能源、能效提升等绿色产业，适应全球新一轮能源结构调整和能源技术变革趋势，助力资源国能源生产和消费革命，构建清洁低碳、安全高效的能源体系，体现中国在绿色低碳行动方面的引领作用，为打造绿色"一带一路"倡议树立负责任大国的积极形象。

2. 制定"一带一路"电力投资分步走战略，与全球实现共识的温控目标（如2℃）保持一致，建立长期环境、社会与治理风险评估机制，逐步减少并最终停止对境外煤电和煤炭开采项目的投资与设备出口

中国应对境外能源投资建立长期风险评估机制，制定境外能源投资指引，鼓励多元化能源投资取向，有效缓解境外煤电投资继续增长的态势，促进东道国清洁能源转型。推广应用煤制清洁燃料技术、煤炭气化液化和煤制烯烃技术、低价煤分级分质技术为代表的煤炭清洁高效利用技术。帮助电力企业境外投资建立综合、长远、韧性的风险观，加强中长期环境风险识别和管控，尤其是将气候变化政策与碳减排趋势纳入投资风险评估之中。

3. 启动"一带一路"低碳能源转型计划，根据国别特点实施分类指引，提供能源转型发展的系统解决方案

第一，中国应与相关国家开展对话与合作，分享中国能源转型发展的最佳实践，提供因地制宜的能源转型规划方案。第二，积极发挥可再生能源领域的技术优势，从"煤电设备制造和出口国"转变为"可再生能源发电设备制造和出口国"，加强清洁能源电力贸易合作，共同开发水能、光伏、风能、生物质能等可再生能源，打造清洁能源合作样板。从可再生能源领域获得绿

色新动能。可选择部分地区或国家（如东南亚）共同积极开展国家能源转型创新和清洁能源投资计划，树立样板。第三，对煤电依赖度较高及发展程度较低的"一带一路"国家，优先提供南南合作资金和项目，提高其实现 NDC 承诺及能源转型的能力。第四，积极支持"一带一路"协议合作国家电网升级，促进跨国电网互联互通，推动智能电网、分布式能源系统、储能技术、多能互补等领域的发展，并形成国际标准，推动更多可再生能源整合，互利推进能源资源勘探、开发、生产、运输、加工等全产业链合作，实现低碳能源转型。

4. 积极参与制定全球和区域的清洁能源投资标准，探讨可再生能源投融资的长效机制，构建新的低碳投融资机制及多元治理结构

中国应当主动发起与国际社会的对话，促进国内金融机构与国际金融标准的对接，建议由亚洲基础设施投资银行（AIIB）牵头，并与世界银行、亚洲开发银行（ADB）等多边金融机构开展对话与合作研究，促进达成清洁能源投资标准的共识。创新金融合作模式，打造金融合作平台，畅通投资融资渠道，有效防范金融风险。金融机构应要求拟授信企业披露项目的环境、社会和治理（ESG）信息，建立境外投资项目的 ESG 政策体系。同时，通过构建和完善不同融资渠道的治理体系，实现资金效能互补，发挥协同效益，有效降低能源低碳转型的成本和风险。建议国家政策性银行调整贷款发放政策，将绿色低碳指标纳入评估标准，取消对煤电项目低息贷款支持，将政策性贷款与资金援助向可再生能源项目倾斜，助推"一带一路"协议合作国家形成可再生能源市场。把握可再生能源成本下降、国际社会对低碳能源重视程度不断提高，以及后疫情时代"绿色复苏"的时机，鼓励国内企业的投资逐步向可再生能源领域倾斜，充分发挥我国在可再生能源装备制造与工程建设领域的优势，强化我国在国际可再生能源市场上的领导地位。

5. 中国应借助"一带一路"倡议搭建绿色低碳可持续发展平台，加强国际合作，就区域与国家电力系统低碳化开展有组织的对话、联合研究和能力建设活动

建议组织"一带一路"低碳能源转型论坛、联盟或圆桌会议，邀请各方共商形成"一带一路"绿色低碳能源转型地区与国别战略，就扩大非化石能源占比的电网建设优化、技术转移、投融资、政策、标准、商业模式等开展研究、示范、交流和能力建设活动。同时，中国可与其他发达国家共同开发第三方清洁能源市场，加速"一带一路"合作协议国家的能源低碳转型。

6. 加强"绿色一带一路"品牌建设，使国家形象与煤电投资"脱钩"，在"一带一路"相关项目建设的信息传播中，讲好"环境气候友好的中国故事"

制定环境可持续的传播策略，避免将煤电等高碳锁定项目与国家政策导向挂钩，例如大力宣传某燃煤电站为"一带一路重点项目""规模最大，技术先进"等。尤其是在国家领导人出访等重要时机，应当着重推动可再生能源与绿色基础设施合作项目的签署，避免签署重大煤电项目。同时，注重传播中国在清洁能源与绿色基础设施项目上的境外投资建设信息，分享最佳实践，使"一带一路"倡议与绿色低碳发展在舆论宣传中高度关联，形成"绿色一带一路"品牌效应。

中国科学院科技战略咨询研究院　顾佰和　王　溥　王　毅

2020 年 5 月 12 日

第三篇
生态文明建设与发展

关于加强杨柳絮污染预报预警工作的建议

近几年来，杨柳絮污染已经成为我国北方城市地区对公众生活影响较大的环境问题。虽然我国从 20 世纪 90 年代以来已持续多年开展杨柳絮治理工作，但治理效果却不明显，飞絮量依然呈逐年增加的趋势。每年春季飞絮季节到来时，漫天飞舞的杨柳絮给交通安全、消防安全和宜居环境建设等造成一定的负面影响，如引发火灾，飞絮吸入人体内后引发咳嗽、呼吸道水肿等疾病，极大危害公众健康、安全。在现有治理措施短期内难以取得明显效果的情况下，迫切需要加强对杨柳絮污染的预报预警，为精准化治理提供科学参考依据，为公众日常出行提供健康指导。

一、杨柳絮治理短期难以取得显著效果的原因

1. 历史上大面积种植的杨柳树逐步进入生殖成熟期

在我国城市绿化处于起步阶段的 20 世纪六七十年代，由于种植简单、养护成本较低，杨柳树逐渐成为北方城市地区绿化的主力树种而大面积种植。飞絮出自杨柳树的雌株，虽然种植的时候考虑到雌株飞絮的问题，但相比于雄株，雌株更易成活，并且许多园林单位不具备分辨雄株、雌株的能力。经过多年累积，我国北方地区已有大量成年杨柳雌株，以北京为例，建成区现有近 200 万棵的杨柳雌株，且大多已进入性成熟年龄，每年生成杨柳絮约 2000 吨。

2. 人工干预措施具有一定副作用，难以大面积应用

当前我国采取的杨柳絮人工干预措施主要有三种：注射抑制剂、高位嫁接、喷水控制。注射抑制剂可以抑制花芽分化及飞絮形成，但需要每年重复

注射，且长期使用会导致树木烂皮，甚至枯死。高位嫁接是对雌株去冠后嫁接雄穗，嫁接后养护成本较高，且树木去冠后生态效益和景观效果下降明显。喷水控制是利用高压喷水设备对树冠进行喷水，迫使杨柳絮落地，该方法浪费大量人力、物力和水资源，且控制效果有限。

3. 更换树种耗时较长、成本较大

对现有树种结构进行改造，砍除杨柳雌株，替换为杨柳雄株或其他树种，是当前根本解决飞絮问题的最有效方法。但是，目前我国北方城市地区的杨柳雌株数量十分庞大且多数已成材。大量更换树种需投入巨大的人力、物力、财力，并且更换后短期内难以恢复原有的绿地覆盖率、生态效益、景观效果等，引起城市环境质量和景观的下降，甚至造成更为严重的生态损失。因此，更换树种只能结合城市绿地改造逐步进行，短期内难以取得显著效果。

二、开展杨柳絮污染预报预警的建议

在现有相关治理措施短期内难以取得明显效果的情况下，未来一段时间里杨柳絮污染将依然是影响我国北方城市地区公众健康、城市建设的一大环境问题。在这种情形下，迫切需要开展杨柳絮污染的预报预警工作。建议气象部门牵头，园林、生态环境、消防等部门参与，逐步建立并完善杨柳絮预报预警机制，搭建一体化的预报-防治系统服务平台，为精准化治理提供科学参考，为公众日常出行提供健康指导。

1. 研制杨柳絮污染指数，编制飞絮时间表，精确预报各地区杨柳絮的生成、持续与高峰时间

不同区域气候条件不同，飞絮产生的时间先后也不一样。建议利用积温统计方式，开展杨柳絮生成与气象条件的关系分析，明确杨柳絮生成（成年雌株杨树和柳树种子成熟开裂）时所需的气温、光照等气候条件。根据我国北方地区不同区域的气候条件，遵从植物物候规律建立预报方程，对杨柳絮生成期、持续期和高峰期进行预报，编制区、县层级的飞絮时间表，并预测24小时、48小时杨柳絮污染指数。

2. 设置杨柳絮观测站点，适时预测城市内部杨柳絮集中分布区域和污染指数，研制精细化的预警预报图

杨柳絮的扩散程度和扩散范围与温度、空气湿度、光照、风速等气象条件密切相关。建议气象部门加强监测和分析气象因素日变化规律和地面气象因素对飞絮的扩散影响。在各城市杨柳树密集种植区域，设置观测站点，根据气象条件，预测密集种植区域每日杨柳絮最宜扩散时间点，并结合温度、相对湿度和风向风速等信息，适时预测城市内部杨柳絮集中分布区域和对应的污染指数，生成网格化的预警预报图。

3. 搭建一体化的预报-防治系统服务平台，实现多部门信息共享，促进防治措施业务一体化、精准化

以气象部门为主体，加强与园林、消防等部门的交叉合作，创建一体化杨柳絮预报-防治业务系统平台。气象部门依托平台发布常规杨柳絮污染指数预报信息和网格化的预警预报图；园林部门按照气象部门信息产品的指导意见，分区域分时段集中大型高压喷水设备，有针对性地进行喷洒防治；消防部门则根据气象部门提供的杨柳絮集中分布区域信息，开展杨柳絮火灾风险评估，对杨柳絮堆积区域进行湿化清理、火源控制，积极做好杨柳絮火灾防控工作。

4. 在气象预报中加入杨柳絮污染指数预报，在杨柳絮暴发期间引导公众科学防护、健康出行

建议在各省市环境气象预报平台上增加杨柳絮污染指数预报，通过电视、广播、报纸、微信、手机应用程序等多种媒介实现对杨柳絮污染预报和监测实况发布和服务。根据杨柳絮污染指数设置不同的气象预警等级，适时向公众发布预警信息和对应的防御指南。同时，积极利用科普讲座、医学和气象学术会议、微信公众号等形式宣传普及杨柳絮防治知识，引导公众正确防护。

中国科学院科技战略咨询研究院	刘宝印　黄宝荣　刘昌新
	樊杰
北京市气象局气候中心	王冀　刘洪　李秋月
北京林业大学	张云路

2020年4月17日

关于制定和实施绿色刺激方案的建议

新冠肺炎疫情全球蔓延给各国社会经济造成巨大影响，全球经济衰退或不可避免，加快后疫情经济复苏已成国际社会紧迫任务。但经济刺激计划能否成为摆脱疫情影响的"强心剂"，既带动经济复苏，又能推动绿色低碳转型成为当前关注的热点之一。要实现真正意义上的高质量经济复苏，走绿色、智能、韧性和可持续发展之路，必须充分吸取2008年金融危机后实施经济刺激计划的经验和教训，避免重回高耗能、高排放和高污染的老路，避免传统基础设施等领域投资带来高碳锁定效应，兼顾短期经济增长与长期环境气候安全，创新发展路径，探索基于绿色低碳转型的经济驱动方案，确保经济恢复与绿色高质量发展目标相协同。

一、疫情下短期经济增长乏力与长期生态、气候安全问题并存

1. 新冠肺炎疫情蔓延已对全球经济社会产生全方位影响，其演变仍具多重变数

截至目前，全球新冠肺炎累计确诊人数已经超过1000万，死亡人数超过50万。随着新型冠状病毒加速传播，疫情对经济的负面影响日益显现，第一季度中国经济同比下降6.8%，欧盟委员会预计2020年欧盟GDP将减少约1%，国际货币基金组织（IMF）对2020年全球经济的预测是萎缩3%。更为严峻的是，疫情对全球政治格局、经济秩序、产业链、贸易、就业等的影响还在继续，未来发展还有多种可能情景和不确定性，现在尚未触底且难以准确给出明确的结论。

2. 环境、健康和气候等非传统安全问题不断升级，对传统安全领域及经济社会秩序造成巨大潜在威胁，新形势下的全球环境治理也面临挑战

此次新冠肺炎疫情的全球蔓延首次让人们认识到非传统安全对传统安全以及经济社会秩序可能带来的严重破坏，必须高度重视包括野生动物保护在内的生态环境与气候变化等非传统安全问题和突发公共事件的应对。世界经济论坛发布的《2020年全球风险报告》显示，未来10年全球前五大风险全部与气候变化相关。近期暴发的澳大利亚丛林大火、东非蝗灾、加勒比海飓风等事件也都凸显了气候变化带来的现实威胁。然而，新冠肺炎疫情发生后，全球环境、气候领域的国际谈判议程被延后，未来合作与治理模式面临新的困境，关注度下降，领导力缺失，全球公共产品提供乏力，转型期延长，多边合作与共同行动前景不容乐观。

3. 气候变化带来的"绿天鹅"事件将可能引发长期系统性金融风险

气候变化可能带来的长期巨额经济损失已经引起国际金融机构的广泛关注。国际清算银行于2020年1月发布《绿天鹅：气候变化时代的中央银行和金融稳定》报告指出，气候变化对全球社会经济和金融体系治理提出了前所未有的挑战，极端天气事件频率和强度的增加可能触发非线性和不可逆的财务损失。目前全球已有超过100家银行、保险和资产管理机构对煤炭项目融资实行严格的限制政策。随着金融机构对高碳项目融资政策的收紧，煤电、公路、钢铁、水泥、传统建筑等越来越多的高碳资产将面临搁浅风险。事实上，我国至今仍在消化2008年4万亿元投资沉淀下来的高碳过剩产能，新一轮刺激计划若继续大规模投向高碳项目，将使大量纳税人的资产面临减值风险，对经济社会健康稳定发展带来不利影响。

二、兼顾短期经济增长与长期环境、气候安全，制定和实施绿色刺激方案

与2008年不同，随着可再生能源、电动汽车等重要绿色低碳技术取得突破，成本不断下降，外加数字技术与经济社会的深度融合，为绿色刺激方

案奠定了基础。绿色刺激方案的实施亦将有利于提高资源利用效率，加速低碳结构性转型，为经济发展提供新动能，促进经济社会的可持续增长。同时绿色刺激方案也可有效拉动就业。国际劳工组织 2018 年发布的一份报告显示，如果各国推动绿色发展的政策普遍展开，到 2030 年，电动汽车、清洁能源、绿色金融等新兴绿色产业将为全球创造 2400 万个就业机会。为此，后疫情时代亟须各国政府提供稳定长远的政策信号，将绿色复苏方案整合到经济刺激计划中去，在复苏经济的同时奠定绿色低碳转型和发展方式转变的基础。我国近期出台的《关于加快建立绿色生产和消费法规政策体系的意见》已为我国的绿色刺激方案制定提供了基本政策框架。具体建议如下。

1. 制定清晰明确的绿色发展战略、目标和路线图，协同短期刺激增长和中长期绿色低碳转型目标

欧盟已出台了共投入 8200 亿欧元的绿色复苏计划，强调短期刺激方案需要符合低碳化、绿色化、数字化的要求，这对我们具有重要启示。为了实现新时代生态文明和"美丽中国"建设目标，我国的刺激计划更需要统筹考虑近期经济复苏、中期结构调整、长期绿色低碳目标，避免高碳锁定效应，通过完善绿色发展和生态安全有关法律法规、强化经济和必要的行政手段，防止低水平重复建设带来的生态破坏和环境污染，引导公共和私营部门的投资流向绿色的新型城镇化、绿色新基建、低碳能源等领域。

近期在制定绿色标准、开展绿色评估、完善绿色融资机制的同时，要优先选择一批优势产业、技术和项目，避免新投资外溢到传统基建特别是高碳基础设施建设中。同时，审慎评估大规模投资煤电、煤化工等传统产业的资产搁浅风险（包括海外投资），明确绿色投资标准、绿色资金机制和责任义务，正确规范和引导地方、企业的投资取向，以保障投资收益和财务的可持续性。中期继续深化产业结构、能源结构、运输结构、用地结构变革，促进数字智能技术与经济社会各领域深度融合，并形成产业生态系统和可持续商业模式。长期拉动供给侧绿色结构性变革，推动绿色循环低碳经济体系建设，培养绿色消费意识，形成可持续的消费方式。

2. 保持生态环保和绿色发展的力度与节奏，创新"十四五"规划

绿色目标指标，拓展国家自主贡献（national determined contributions，NDC）的范围，彰显中国的影响力和领导力一是制定具有延续性和力度且兼顾效率、总量、质量和结构指标的"十四五"绿色目标体系，并在目标范围和优先度上作出灵活安排，合理扩大指标范围。二是在约束性指标执行手段上，采取更加灵活的方式和激励机制，例如采用区域间指标交易、清洁发展和横向补偿等灵活机制，并注意这些机制的相互结合，同时，配合必要的行政手段和监督措施。三是对现有指标进行优化，如在应对气候变化领域，用二氧化碳排放总量替代能源消费总量指标，优先制定总量控制制度，推动重点地方、行业的碳排放达峰行动。四是在国际承诺方面，在确保实现 NDC 目标的基础上，通过拓展 NDC 范围来提高力度，探索纳入绿色复苏方案、非二氧化碳减排、给予自然的解决方案、绿色金融等灵活性指标和措施，实现应对疫情和气候变化的双赢。

3. 系统推进生态文明建设，健全国家生态安全预警机制和应急处置系统，深化经济转型、能源革命、环境治理、低碳发展、公众健康质量的协同治理

从防范化解重大风险、维护国家总体安全的战略高度，推动建立国家生态安全预警机制及其应急处置管理体系。强化生态环境风险的预测预警能力，建立和完善生态环境风险的防范和应急处置技术、措施、规范和政策体系。重视环境、气候、长期经济发展与公众健康的关联，系统梳理和谋划全面防控环境、气候和健康风险的战略、规划和政策。明确控制化石能源消费、发展非化石能源、提高能效的目标、实现路径及保障体系，将持续降低煤炭消费作为我国能源革命和改善空气质量的核心。坚持开展环境质量和气候变化风险评价与协同增效，完善相关指标信息的监测、报告、核查体系，促进绿色低碳结构性转型的科学研究与技术创新。探索碳定价、碳市场、排污许可证制度的链接机制。提高全社会对气候变化和绿色低碳转型的认知和行动能力，提高绿色低碳产品消费和完善相关服务体系。

4. 打好环境气候国际合作牌，持续推进国际社会共同应对环境和气候危机

当前全球单边主义、保护主义盛行，国际合作渠道正在逐渐收紧，应对气候变化国际合作成为我国参与全球治理的重要窗口。受疫情影响，2021年联合国年度气候变化大会被迫推迟、《生物多样性公约》第十五次缔约方大会面临大概率延期，但在维持气候变化以及生物多样性议题关注方面，我国具备发挥重要领导作用的能力和机会。要倡导短期经济刺激计划与长期可持续发展目标相一致，建设绿色"一带一路"，推动绿色"新基建"，与各国合作研发应用低碳清洁能源技术。争取2020年中欧峰会发出中欧加强应对气候变化和生物多样性合作的积极信号，携手推动应对气候变化和生物多样性多边进程，带动其他国家采取行动。用好现有二十国集团、多边金融机构等合作机制，创新绿色"一带一路"合作平台和议程设定，改革我国国际发展合作模式，加强区域生态环境保护合作，多方位拓展合作渠道，增进互信和扩大共识，为我国及世界的可持续发展、构建人类命运共同体创造新的空间与活力。

中国科学院科技战略咨询研究院　王　毅　顾佰和
2020年7月7日

关于尽快建立我国新型污染物环境风险防范体系的建议

2014年,习近平总书记在中央国家安全委员会第一次会议上提出,要"坚持总体国家安全观,走出一条中国特色国家安全道路"[①]。其中,生态安全关系人民福祉,关乎民族未来,是国家安全的重要基石。党的十八大以来,党中央国务院高度重视国家生态安全体系建设,构建了生态文明体制的四梁八柱,做出打好污染防治攻坚战的重大战略部署,我国以常规指标衡量的环境质量持续改善。但一些新型污染物带来的环境风险开始凸显,成为威胁我国生态安全的潜在因素。

一、新型污染物的潜在巨大威胁

新型污染物是指一系列在环境中新检出的化合物,通常在环境中以较低的浓度存在,却能够对人体和生态系统产生较大健康风险的一类污染物。目前全球已发现的新型污染物超过20个大类,每一类又包含数十上百种化合物。新型污染物正严重威胁人类和生态系统健康。

(1)环境内分泌干扰物。自20世纪90年代以来,环境内分泌干扰物(又称环境激素)、全氟化合物、抗生素、微塑料等典型新型污染物带来的人类和生态系统健康风险,逐步被科学认识。WHO 2013年发布的《内分泌干扰物的科学现状》指出,世界各地人口均暴露于内分泌干扰物污染中,导致男婴生殖畸形、相关癌症、儿童神经系统紊乱等疾病高发且快速增长。据研究,

---

① 新华社. 中央国家安全委员会第一次会议召开 习近平发表重要讲话. http://www.gov.cn/xinwen/2014-04/15/content_2659641.htm.

美国和欧洲每年与内分泌干扰物暴露相关的疾病负担分别约为 3400 亿美元和 2170 亿美元。研究显示，我国各大水系均受到内分泌干扰物的污染，一些饮用水源地和城市大气环境也受到严重污染，对我国居民健康构成严重威胁。研究估计，内分泌干扰物污染每年带来的医疗成本高达 4290 亿元人民币。

（2）全氟化合物。2004 年"杜邦特氟龙"事件暴发后，全氟化合物带来的环境健康风险引起广泛关注。由于长期大量使用，全氟化合物已广泛存在于全球生态系统，其在环境中可存留几十年甚至几百年，且易于在人体富集，从而诱发肾癌、睾丸癌、肝损伤等一系列疾病。作为全氟化合物的生产和使用大国，我国全氟化合物污染程度不比发达国家乐观，部分地区（如珠江三角洲、长江三角洲）的污染程度甚至远超发达国家平均水平，带来巨大的环境健康风险。

（3）抗生素。由于大量滥用，2000~2015 年，全球 76 个国家抗生素使用量激增 65%，引起严重的污染和耐药性问题。2019 年，联合国发布报告指出，抗生素耐药性疾病每年至少造成全球 70 万人死亡，若不采取行动及时遏制，到 2050 年，最糟糕的结果是每年造成 1000 万人死亡，成为全球死亡的主要原因。与发达国家相比，我国河流中抗生素污染更加严重，平均浓度高达 303 纳克/升，是美国的 3 倍，德国的 15 倍，且我国抗生素年使用量高达 18 万吨，约占全球的 50%，须高度警惕其带来的环境健康风险。

（4）微塑料。在 2016 年第二届联合国环境大会上，微塑料作为一种降解极其缓慢，能吸收和释放有毒化学物质的新型污染物，被列为环境与生态科学研究领域的第二大科学问题，成为与全球气候变化并列的重大全球环境问题。我国淡水环境中检测到的微塑料最高丰度比国外相关报道高出 2~3 个数量级，如在三峡库区和太湖表层水体中检测到的微塑料丰度分别高达 1360 万个/千米^2 和 680 万个/千米^2。加上不断增加的塑料垃圾降解碎片化成大量微塑料进入环境，使我国未来面临更为严峻的微塑料污染风险。

随着各种新化学品的大量生产和使用，全球面临越来越多新型污染物的威胁。2010~2016 年，欧洲和北美洲新型污染物监测网络编制的新型污染物清单中的潜在风险物质由 700 个增加到 967 个，平均每年新增 40 多种新的风险物质。我国是化学品生产和消费大国，各类化学物质的大规模生产、使用和管理不善，使我国面临日益增多的新型污染物污染风险。

二、我国新型污染物的风险防范体系建设严重滞后

相对于严峻的污染形势，我国新型污染物风险防范工作严重滞后。

1. 新型污染物科学研究滞后

许多发达国家和国际组织已经将多数新型污染物列为优先研究对象，在监测、控制技术等方面开展了大量研究。我国由于缺乏系统部署，有限的研究主要局限于部分污染物的污染水平和毒理学方面，新型污染物的污染源、迁移扩散、分布特征、环境健康风险、监测和控制技术研究十分薄弱。

2. 法律、法规和标准体系建设滞后

美国、英国、加拿大等发达国家自20世纪90年代已经着手开始制定有针对性的法律、法规，加强对微塑料、全氟化合物等新型污染物的防治工作。而我国最新制定和修订的大气、水和土壤污染防治法中缺乏典型新型污染物防治相关条款；没有制定一些具有重大负面影响的新型污染物的生产、使用和排放禁令；现行地表水、大气和土壤环境质量和各类污染物排放标准中没有包含一些被国际社会普遍关注的典型新型污染物。

3. 环境监测体系建设滞后

为有效控制新型污染物，许多发达国家开展了针对新型污染物的评估和监测工作。而我国新型污染物监测工作仍处于起步阶段，大部分新型污染物尚未纳入我国环境监测体系，缺乏必要的监测指标、技术和设备。

4. 缺乏污染防治规划和计划

日本、欧盟国家等已通过制定国家规划，明确新型污染物风险防范的行动指南。目前，中华人民共和国履行《关于持久性有机污染物的斯德哥尔摩公约》国家实施计划较为陈旧，所包含的新型污染物种类较少，已不能满足我国对新型污染物的防范要求；国民经济和社会发展规划、生态环境保护规划，大气、水、土壤污染防治行动计划和污染防治攻坚战均没有考虑新型污

染物的防治。

5. 污染防治制度建设滞后

美国等发达国家普遍重视协调与决策等制度建设，以加强风险防范职能。我国在统筹协调、决策支持、组织实施能力等方面无法满足新型污染物风险防范需求。

三、加快建立新型污染物环境风险防范体系的建议

新型污染物污染具有隐蔽性、累积性和持久性，待发现其负面影响才开始治理，常为时已晚。因此，建议由生态环境部牵头，国家卫生健康委员会、工业和信息化部、农业农村部、科学技术部、中国科学院等部门重点参与，加快建立新型污染物环境风险防范体系，为全面建成"健康中国""美丽中国"提供有效保障。

1. 加强新型污染物风险防范的顶层设计和制度建设

（1）加强污染防治的战略规划。逐步将典型内分泌干扰物、全氟化合物、抗生素、微塑料等新型污染物的减排和污染治理纳入国民经济和社会发展、生态环境保护规划中，明确减排目标和治理措施。

（2）建立健全法律法规体系。逐步推动大气、水、土壤污染防治法的修订，增加典型新型污染物防治条款；加强源头预防、过程控制、末端治理立法，如立法限制典型内分泌干扰物、抗生素等的生产和使用；立法建立有效的测试体系，检测饮用水源、农副产品中对人体危害大的新型污染物。

（3）完善标准体系。推动大气、水、土壤环境质量和污染物排放标准的修订，增加典型新型污染物质量浓度和排放限值；修订涉及新型污染物的产品质量和环境卫生标准。

（4）补充完善《优先控制化学品名录》《环境保护综合名录》等名录，增加具有较大健康和生态风险的新型污染物。

2. 加强新型污染物科学研究和污染防治专业队伍建设

（1）加强新型污染物的基础科学研究。建议启动国家重大科技专项，加

强新型污染物环境基准、毒理、源、汇和人群暴露特征研究，提升对各类新型污染物环境健康风险的科学认知。

（2）开发各类监测、控制、替代产品和技术。加强典型新型污染物监测、检测技术和装备研发；研制能从源头减少新型污染物排放的替代材料；开发成本可行的自来水和工业三废深度处理技术。

（3）加强新型污染物污染防治研发、管理人才培养和专业队伍建设。

3. 建立新型污染物的检测、监测和预警体系

（1）建议成立新型污染物筛选和检测顾问委员会，组织筛查我国正在生产和使用、具有较大潜在环境风险、可造成新型污染的化学物质。

（2）加强新型污染物监测能力建设。在现有环境监测站点基础上，部署建设一批典型新型污染物监测设备，加强对关键区域和重要河湖断面和饮用水源地的监测。建立新型污染物污染风险预警体系。根据污染源、污染负荷空间分布、人口分布，建立污染风险预警体系，当污染物排放量和含量超过一定限值时，启动预警，加强防治。

4. 编制典型新型污染物排放清单，推广和应用各类控制与替代技术

（1）编制典型新型污染物排放清单。从山水林田湖草和陆海统筹出发，梳理典型内分泌干扰物、抗生素、微塑料等新型污染物污染链条，建立污染排放清单，识别主要污染源。

（2）在重点行业推广和应用各类污染控制技术和替代材料，从源头削减污染排放。

中国科学院科技战略咨询研究院　　黄宝荣　张丛林　刘宝印
邹秀萍　薛俊波　洪志生
2020年10月13日

构建以碳排放总量控制制度为核心的法治体系

2020 年 9 月 22 日,习近平主席在第七十五届联合国大会一般性辩论上宣布"中国将提高国家自主贡献力度,采取更加有力的政策和措施,二氧化碳排放力争于 2030 年前达到峰值,努力争取 2060 年前实现碳中和。"[①]这既是我国为实现《巴黎协定》所提出的雄心目标,也为全球应对气候变化和构建人类命运共同体增添了新的强劲动力,得到国际社会的高度赞誉。为兑现负责任大国的庄严承诺,我国应把实现碳达峰与碳中和目标优先纳入法制轨道,构建以碳排放总量控制制度为核心的法律法规体系,并通过更强有力的执法监管和政策措施,全面推进绿色低碳转型、实现高质量发展、助推现代化国家建设、引领全球气候治理体系的变革。

一、我国应对气候变化工作面临的制度挑战

1. 我国应对气候变化工作缺少立法的顶层设计和上位法的统筹支撑

国际上十分重视应对气候变化立法工作,除通过有法律约束力的多边国际协定外,英国、日本、韩国、墨西哥、欧盟、美国加州等国家和地区都制定了应对气候变化的专门法律。我国于 2009 年 8 月十一届全国人大常委会第十次会议通过了《全国人大常委会关于积极应对气候变化的决议》,同时我国还制定和修订了《中华人民共和国节约能源法》《中华人民共和国可再生能源法》《中华人民共和国循环经济促进法》《中华人民共和国清洁生产促进法》《中华人民共和国森林法》《中华人民共和国草原法》等一系列与应对

---

① 新华社. 习近平在第七十五届联合国大会一般性辩论上发表重要讲话. http://www.xinhuanet.com/politics/ leaders/2020-09/22/c_1126527647.htm.

气候变化相关的法律法规和规章。目前，应对气候变化工作主要依靠全国人大 2006 年以来通过的三个五年规划纲要中所规定的有关应对气候变化的约束性指标及其政策措施予以落实。

应对气候变化工作是一项系统工程，不仅涉及从生产、消费、流通到交易的全过程，而且需要减缓、适应、技术、资金的综合支撑。因此，一方面，针对应对气候变化的公共利益特征，需要制定一部综合性的法律加以统领，规范和协调各部门及各利益相关方采取共同行动，实现有效减少碳排放的目标，并提高适应能力和治理水平，建立低碳韧性的社会经济体系。另一方面，二氧化碳并非常规污染物，治理手段存在差异，难以用目前的环境保护和污染控制相关法律进行规范，尽管有上述一些专门法律，但由于法律调整的内容单一，难以形成合力。新修订的大气污染防治法，也只在个别条款，对转变经济发展方式、优化产业结构和布局、调整能源结构、实施常规大气污染物和温室气体协同控制等做了原则性规定，缺少有效的制度安排。

2. 目前应对气候变化的主要制度难以强力支持碳排放达峰的目标实现

2006~2020 年，我国用三个"五年规划"分别制定了能耗强度、碳排放强度、非化石能源占比、森林蓄积量等气候相关约束性指标，"十三五"期间提出了能源消费总量控制和能耗强度的双控目标。但是，与实现碳达峰与碳中和的目标相比，这些制度安排还存在不足。以能源消费总量控制目标为例，由于我国经济增长并未与能源消费脱钩，限制能源总量在一定程度上制约了经济增长目标，而且如果能源来源是可再生能源，原则上不应该受到限制。采用化石能源总量或碳排放总量控制更加合理和具有灵活性。况且，作为后发大国要满足新的碳达峰、碳中和时间表要求，我国的碳减排制度需要更加科学设计、严格执行，突出特色与创新。因此，只有将碳排放总量控制与灵活执行机制有机结合，才能实现碳达峰与碳中和目标。

3. 碳排放提前达峰与碳中和目标倒逼我国低碳发展制度创新

与欧美相比，我国要实现碳中和目标需付出更多努力。欧美发达国家从碳排放达峰到碳中和有 50~70 年的过渡期，而且是工业化后的成熟发展过程，而我国只有30年时间。为实现碳达峰后稳中有降及碳中和目标，2030年后我国年减排率需达8%~10%，远超发达国家减排的速度和力度，需要强有力的制度保障。"十四五"是完善碳减排相关制度的最重要时间窗口，设立碳排放总量控制既是实现碳排放量2030年前达峰和加快全面绿色低碳转型的客观要求，也是制定应对气候变化法的基本制度安排。如果"十四五"期间无法建立以碳排放总量控制为核心的制度体系，达峰压力则会留到"十五五"，将极不利于达峰目标及高质量发展的实现。

二、我国已具备实施碳排放总量控制的制度和行动基础

1. 能源双控、碳强度等约束性指标的执行为建立碳排放总量控制制度积累了经验

我国已经制定了比较完善的自下而上的温室气体排放清单编制方案和指南，积累了温室气体排放数据的测算经验，形成了具备基本共识的测量报告核查体系。根据《2050年世界与中国能源展望》报告，按照目前的控制趋势，我国一次能源消费峰值将出现在2035年，其中煤炭比例2025年降至50%，2050年降至35%以下；非化石能源比例2025年升至超过20%，其中可再生能源超过15%。同时2060年前实现碳中和的目标，要求碳排放达峰后继续制定碳排放总量下降目标。因此，尽早制定我国的碳排放总量控制目标，给市场明确的政策信号，有利于碳市场作用的有效发挥和降低减排成本，倒逼结构性转型，尽早实现达峰目标。

2. 地方试点提供了碳排放总量控制的实践基础

截至2017年10月，全国共有73个低碳试点省市以不同方式提出了碳排放峰值目标。北京市"十二五"期间以立法形式出台了《关于北京市在严格控制碳排放总量前提下开展碳排放权交易试点工作的决定》，实施能源消费总量和强度、碳排放总量和强度的双控双降机制。上海市"十三五"期间设定了到2020年及每年碳排放总量控制目标，并分解到工业和交通运输业两个重要部门。这些试点示范给国家层面政策制定提供了一手经验和实践基础。同时，我国现行环境监管体系有诸多经验可供借鉴，如大气污染综合防

治与监管中把总量目标、规划、标准、许可、监测和执法统一起来,并利用大气污染监管的有效渠道,统一构建监测报告核查体系,对碳排放及常规污染物排放进行协同控制、协同监管,取得良好的协同效应。

三、政策建议

为了适应新时代要求和新的战略机遇,应在充分吸收我国应对气候变化实践成果和借鉴国际经验的基础上,构建具有中国特色的应对气候变化法律法规体系,并不断总结执法经验,在实现碳达峰、碳中和目标的同时,走绿色低碳发展道路,为建立人与自然和谐共生的全球气候治理体系作贡献。

1. 将研究制定应对气候变化法尽快列入全国人大常委会立法计划和"十四五"立法规划

应对气候变化法的立法目的主要是为实现碳达峰与碳中和目标,同时实现经济社会发展的全面绿色转型,构建人类命运共同体。该法的核心制度是碳排放或温室气体排放总量控制制度,并研究制定碳排放许可、碳排放的空间配置和碳排放权交易等配套制度;为了有效降低减排成本和促进多方合作,同时建立清洁发展与绿色低碳转型等灵活执行机制;构建应对气候变化和低碳转型发展的宏观协调机制,可在现有国家应对气候变化和节能减排工作领导小组基础上,完善相关部门的职责和工作程序,加强统筹协调,形成合作机制;加强地方应对气候变化的治理能力建设。

2. 基于现有约束性指标制定兼顾长期碳中和的碳排放总量控制目标体系

与发达国家履约的绝对量碳减排不同,我国的碳总量控制目标要根据我国行政执行体制,建立自下而上并与经济增长速度联动的目标体系。建议以碳排放总量控制目标替代现有的能源消费总量控制目标,构建以碳排放总量控制目标为核心、碳排放强度和能耗强度双降的目标体系。这套目标体系一方面直接面向碳达峰和碳中和目标,另一方面也有利于促进经济结构转型和构建安全高效清洁低碳的现代能源体系,同时避免现阶段能源总量约束对经济发展的不利影响。在具体目标值确立过程中，建议充分借鉴现有能源、环境约束性指标的确定经验和实施办法，碳总量控制目标体系要反映经济、能源、环境全面发展状况，根据潜在的经济环境发展目标指标进行估算，并通过 GDP 增长、能耗强度及其变化率、能源碳强度及其变化率等指标综合确定，重点是基于已有的 GDP 发展目标、能耗强度下降目标、非化石能源占能源消费总量比重目标，确定碳排放总量目标范围。兼顾长期碳中和方面，要加快研究制定碳中和实施路线图，提出 2030 年、2035 年、2050 年近中远期碳排放总量目标，并实现与不同部门中长期发展规划的融合，为不断评估和强化碳排放控制目标、行动和政策提供稳定和连贯的制度保障。

3. 中央与地方协商制定和分配碳排放总量控制目标

建议在确定碳排放总量目标的范围后，通过中央和地方协商来制定总量目标，并根据区域经济发展和能源禀赋情况，合理进行空间配置，并分地区实施"碳排放增量总量控制"和"碳排放减量总量控制"相结合的控制模式。特定区域和行业的总量控制，按照经济发展阶段、结构调整、技术升级、能源替代潜力、空气质量和大气污染总量控制要求等因素的变化，采取分阶段逐渐趋严的政策部署。对京津冀、长三角、珠三角等后工业化发展阶段地区和钢铁、水泥等接近达峰的行业，优先考虑实施碳排放减量总量控制。对于中西部欠发达地区、化石能源富集地区以及"十四五"规划期无法实现碳峰值的行业，采取碳排放增量总量控制，制定减排时间表，并将排放总量或者增量作为可实施的预期性指标纳入当地五年规划和年度计划。此外，鉴于当前国际国内经济发展的不确定性，建议"十四五"规划期间对减排形势进行评估并根据减排情况对碳排放总量指标进行调整。

4. 多重手段实施碳排放总量控制制度

碳排放总量控制目标的考核要充分结合市场和法律手段。建议坚持行政考核为主，依托已有的碳排放强度、大气污染物总量控制考核体系，加强排放基础数据统计测量、报告和核查制度。加强立法和执法的监管，统筹相关法律法规的制定和修订，严格执行各类节能减排法律法规和标准。同时，加强公平的执法监督，将碳排放总量指标纳入中央生态环保督察工作体系。充分发挥市场的作用，利用碳排放总量控制目标可以给碳市场提供隐形的制度基础，将碳排放总量目标纳入国家规划，以此确立碳排放总量和交易制度的市场基础，以自下而上的方式确立市场覆盖范围内的排放配额总量，然后按照行业纵向分配到排放源。结合国家对地区的碳排放总量目标，形成体现市场排放者付费原则与地方政府对本地环境质量负总责原则的双重约束机制，并最终形成一个规划初期末期依托行政考核，日常监督依靠法规制度，同时充分发挥市场调控作用的碳排放总量目标实施考核体系。加快研究将用能权与碳排放权交易合并的方法，并将可再生能源尽早引入目前以电力行业为主的全国碳排放权交易体系。

中国科学院科技战略咨询研究院　顾佰和　谭显春　郭建新
王　毅

2020年12月24日

关于促进西藏自治区清洁能源产业
高质量发展的建议

习近平总书记在中央第七次西藏工作座谈会上强调,既要贯彻新发展理念加快推进西藏高质量发展,也要保护好青藏高原生态,把青藏高原打造成为全国乃至国际生态文明高地[①]。中国科学院科技战略咨询研究院课题组调研发现,目前西藏自治区已基本形成水电、光伏、地热、风电等多能互补的清洁能源供给体系,电力供应能力显著增强,民生用能条件持续改善,清洁能源产业不断壮大。但总体看,能源发展仍呈现总体供需基本平衡和个别品种区域性、时段性供给紧张并存的局面,清洁能源产业集聚尚未形成。

一、西藏自治区清洁能源产业高质量发展面临严峻挑战

1. 面向"十四五"电力需求的能源供给存在不平衡不稳定问题

从电力普遍服务范围看,2020年西藏自治区所有县区和主要乡镇均已实现供电,扭转了能源供应长期不足的局面,但偏远地区特别是边境农村地区的电网没有完全接入大电网,仍主要依靠小规模分布式水电和光伏发电,这两种供电方式都不稳定。尤其在每年10月至次年4月的冬季枯水期,这些偏远边境地区电力供应不足的问题比较明显。

从电力服务能力与质量看,西藏自治区水电占全区总装机容量的50%以上,但以径流式水电站为主,缺少具备良好调节能力的骨干支撑电源,受季节影响的"丰余枯缺"现象严重。光伏电站占全区总装机的近三成,但发电

[①] 习近平在中央第七次西藏工作座谈会上强调:全面贯彻新时代党的治藏方略 建设团结富裕文明和谐美丽的社会主义现代化新西藏. http://www.gov.cn/xinwen/2020-08/29/content_5538394.htm[2020-08-29].

具有非连续、不稳定特征。随着西藏经济社会快速发展，特别是铁路电气化、川藏铁路等一批重大项目的实施和大数据等产业的发展，对"十四五""十五五"时期西藏电力供给能力提出新挑战。

2. 建设成本高和研发投入低的双重困境导致企业难以高质量发展

西藏自治区电网、输油输气管道和水电站等建设施工周期长、工程造价高、施工难度大，是制约西藏自治区清洁能源产业发展的重要瓶颈。目前，内地电网架设220千伏400导线单公里成本在100万元左右，而西藏则需要200万元以上。水电工程造价平均为2万元/千瓦，相比周边省（自治区）1万～1.5万元/千瓦的造价，经济性差。同时，西藏自治区地域广阔，人口稀少，本地消纳市场十分有限且非常分散，在当前电价水平下，销售电价与企业成本之间难以形成良性运行机制，导致电源及电网企业连年亏损，生产经营困难。

此外，西藏自治区新能源发电企业目前普遍存在研发投入不足、研发能力薄弱等问题。依靠清洁能源提供稳定电力供应的经济性问题，高原高寒地区风光互补、水光互补等微电网、光伏储能等技术问题有待解决。2020年，西藏研发经费投入强度预期只有0.6%，但仍难以完成。目前，西藏新能源领域科技型企业只有1家，且属于中小企业。

3. 区内电力消纳不旺盛与区外电力输送机制不完善导致产业创新投入积极性不高

西藏自治区电力消纳受限不仅影响清洁能源产业的规模化发展，更导致供给侧企业创新投入积极性不高。一方面，由于本地工业发展的总体规模有限，对区内清洁能源发电的需求并不旺盛。2019年，西藏弃光率为24.1%，远高于行业平均水平。国家能源局发布的《2019年度光伏发电市场环境监测评价结果》已将西藏纳入红色区域，基本停止新增光伏发电企业的备案登记。另一方面，随着青藏联网工程、川藏联网工程、藏中联网工程与阿里联网工程的全线贯通，西藏电力外送通道不断健全，但要实现西藏电力大规模外送，还需进一步加强电网基础设施建设，并在外送电力的价格形成机制等方面进一步完善。

4. 产业技术人才供给不足成为产业整体创新能力提升的掣肘

一是西藏自治区本地人才培养供给不足。截至 2018 年底，整个西藏自治区只有 4 所本科、3 所专科院校，这些学校均未设置能源与电力相关专业，科研与设计平台更是匮乏。全区有 11 所中等职业学校，2018 年中等职业学校能源与新能源类毕业生仅有 53 人。二是缺乏系统的人才引进政策。交通不便、生活条件恶劣等因素制约着人才引进工作。限于当地财政能力和政策供给，清洁能源产业发展所需的多能互补、储能、微电网等类技术人才严重匮乏。

二、促进西藏清洁能源产业高质量发展的政策建议

1. 加强区域协同顶层设计，围绕全产业链汇聚创新要素

建议由西藏自治区能源局牵头，形成各援藏省能源局、科技厅、发展和改革委员会等相关部门与国家电网各地分公司组成的"清洁能源援藏联席会"，围绕全产业链条打造吸纳引进创新资源，建立稳定持续的清洁能源援藏沟通会商机制。面向西藏清洁能源技术发展需求，共同设立科技专项，联合组织技术攻关。面向人才需求，结合本地骨干企业以及对口援建省市的相关高校和职业技术学校，开展新能源技术与装备专业技术人才培训，联合培养研究生，共建博士后流动站等，形成面向建设、研发、生产、管理、服务的高素质技能型专业人才体系。

2. 支持西藏自治区在四川、青海等地以"飞地模式"共建科技创新平台

建议面向青藏高原地区高寒缺氧环境下清洁能源产业发展源头技术、共性关键技术及科技创新服务需求，倾向性支持西藏自治区在四川省、青海省、甘肃省兰州市等地，以"飞地模式"引导高校、科研院所与企业联合共建国家技术创新中心、国家产业创新中心等科技创新平台。面向西藏自治区清洁能源企业具体需求，各地政府联合支持西藏企业与内地大学、科研机构、行业组织等合作建立新型研发机构、联合实验室、企业研发中心等科技创新平

台，以平台富集创新资源，推动能源科技援藏机制稳定聚焦发展。

3. 加快建设电力外送通道，扩大消纳带动能源供给侧改革

建议面向"西电东送通道"建设，部署青藏高原地区区域电力建设规划，统筹协调青藏高原地区、新疆及内地城市等各区域发电计划，形成稳定持续的西电东送"电力援藏市场会商"机制，以"政府支持+市场化"电力援藏机制推动落实外送电价保障机制。加快面向"南亚开放电力大通道"的尼泊尔电力输送方案和机制设计，促进辐射南亚的清洁能源基地建设。谋划"藏电送鄂东、藏电送南网"输电等通道建设。

4. 加强国家科技计划对高海拔高寒缺氧地区能源装备与技术研发支持

建议聚焦清洁能源产业发展需求，加强重大关键核心技术攻关，在国家科技重大专项及重点研发计划部署中，加强支持对高海拔高寒缺氧地区储能技术与装备研发、光储一体、水光一体等多能互补的关键技术研发，鼓励超高海拔地区的风能技术攻关。前瞻性部署西藏智慧能源系统和微电网等技术研发，保障西藏能源安全，建设多能互补的清洁能源供应体系。

5. 建设边境偏远地区电力补偿示范区，激励企业加强能源基础设施建设

建议加快落实中央第七次西藏工作座谈会有关"采取特殊支持政策，帮助边境群众改善生产生活条件、解决后顾之忧"的精神，面向偏远地区的重点保护村、边界地区的特殊需要，选取边境地区、边防部队、重点保障村等地区建立"电力补偿示范区"，实施局域电网建设的特殊补偿机制，以电力补偿机制的精准化、专业化发展带动能源与电力企业的建设积极性，建立健全水、光、风发电后续补贴机制，持续改善边境群众生产生活条件。

中国科学院科技战略咨询研究院　郭　雯　温　珂　韩梦瑶
　　　　　　　　　　　　　　　左亚彬　刘　意　董梦亚
2020年12月31日

当前全球气候变化加剧对我国带来的
风险挑战、影响分析和应对建议

2015年，中国向联合国提交了《强化应对气候变化行动——中国国家自主贡献》文件，承诺中国二氧化碳排放在2030年左右达到峰值并争取尽早达峰。受新冠肺炎疫情影响，全球经济重创，气候谈判进程延缓，但提高减排力度的国际声势依然强烈。全球已有114个国家宣布强化NDC目标，121个国家承诺2050年实现碳中和，我国减排的国际压力日益增加。2020年后我国将进入落实NDC目标的关键期，有必要系统分析全球气候变化加剧带来的风险挑战，统筹部署"十四五""十五五"期间的政策和行动，确保如期实现减排承诺。

一、全球气候变化带来的风险挑战

过去130年，全球地表平均温度上升1.1℃，海平面上升19厘米，二氧化碳、甲烷、一氧化二氮等长寿命温室气体的浓度分别比工业化前增加了41%、160%和20%。全球气温升高将导致严重的经济、社会、环境和地缘政治后果，引发全球系统性风险。

1. 应对气候变化是后疫情时代人类面临的最重要的风险挑战之一

新冠肺炎疫情全球蔓延对经济社会带来全方位冲击。世界银行预测2020年全球经济将萎缩5.2%，全球政治格局、经济秩序、金融市场、国际贸易等走势的不确定性日益增大。新冠肺炎疫情引发的经济放缓不会改变气候变化的长期趋势。但受新冠肺炎疫情影响，全球环境、气候领域的议程被迫延后，未来国际合作前景不容乐观，气候变化很可能是后疫情时代给全球经济、社会、健康带来巨大威胁的非传统安全因素。

2. 当前全球气候行动距离实现《巴黎协定》2℃温升目标仍有较大差距

根据联合国环境规划署《2019 排放差距报告》，若将升温幅度限制在 2℃ 内，年排放量必须在各国提交的 NDC 减排方案的基础上，再减少 150 亿吨二氧化碳当量，这意味着各国 NDC 目标须提升至少 3 倍。当前美国退出《巴黎协定》导致了额外的碳排放增量，发达国家承诺发展中国家每年 1000 亿美元的转移支付也恐难实现，将使发展中国家减排效果大打折扣，实现 2℃ 温升目标形势严峻。

3. 美国退出《巴黎协定》，全球气候治理多边机制面临严峻挑战，未来发展中国家义务将不断攀升

美国宣布退出《巴黎协定》，英国脱欧正式生效，民粹主义和反全球化潮流盛行，全球气候治理面临着领导力缺失、减排公共品提供乏力的现实挑战，未来如何演变还存在变数。从减排责任变化看，包括中国在内的工业化阶段的发展中国家减排压力和义务将不断增加。

4. 新冠肺炎疫情给应对气候变化带来诸多不确定性

短期看，疫情期间工业活动减少，数十亿人不得不改变工作、消费、出行和交流方式，减缓气候变化议程"因祸得福"。国际能源署预计 2020 年全球温室气体排放量将下降 8%，超过有记录以来的最大减排值。全球各国出台了各种经济复苏方案，如果协调得当，将引导全球经济复苏走上一条更绿色和可持续性的道路，实现"可持续发展"和《巴黎协定》目标。但如果政策协调不力，排放反弹，气候行动可能倒退数年。

二、全球气候变化对我国的深层次影响分析

1. 全球气候变化及其极端天气和气候事件对我国经济社会发展带来严峻挑战

全球气候变化使我国陆地区域增温加速，极端天气事件发生概率明显增

加，据统计，我国每年发生的与气象有关的自然灾害逐年增长，已经占到70%。随着气候的不断变暖，我国粮食、水资源、重大工程、生态系统、沿海城市及海岸带、人体健康及经济社会发展都将面临严重威胁。部分作物单产和品质降低，农业灾害加重；青藏铁路冻土区路基退化影响铁路工程安全；海平面上升导致沿海国土损失；洪水、城市内涝灾害进一步加剧。此外，日益严峻的气候变化趋势给我国适应气候变化带来更大的挑战和难度。

2. 欧盟正在引领新的技术和产业革命

2019年12月，在联合国气候大会期间，欧盟推出《欧洲绿色新政》，率先在全球提出雄心勃勃的"碳中和"目标，计划未来10年投资1万亿欧元，用于减少煤炭发电、大力发展清洁能源、发展循环经济等一揽子方案，意图提速绿色技术变革，重构全球绿色产业链，引领工业绿色化浪潮，抢占新一轮国际竞争制高点。同时，发达国家主张采用碳关税提高贸易壁垒的保护主义趋势在扩大，欧盟明确将从2021年开始建立"碳边境调整机制"。

3. 美国总统选举为气候治理带来不确定性

2020年美国总统选举走势不明朗，未来全球气候治理格局如何演变还存在多重变数。2020年7月，美国众议院提出报告支持重返《巴黎协定》，推动美国2050年实现碳中和，很多州已经并将继续采取积极的气候行动。我们需要尽早准备应对美国重返《巴黎协定》、气候问题政治化及气候变化责任"甩锅"潮。

4. 综合研判

应对气候变化将成为后疫情时代国际合作重要议题，并对政治、经济等领域合作有外溢效应，是我国打破地缘政治困局的有效切入点。同时，应对气候变化将带来新的发展机遇，促进绿色技术、数字技术与经济社会深度融合，为经济发展提供新动能，促进可持续发展。在复杂多变的全球政治经济格局下，我国应保持战略定力，提升应对气候变化的全球领导力，实现从参与者到引领者的转变。

三、政策建议

1. 保持绿色低碳包容发展的战略定力,将应对气候变化作为绿色复苏的核心内容

目前世界各国纷纷开启"绿色刺激"和"绿色复苏"应对新冠肺炎疫情带来的经济放缓,布局新一轮全球竞争。我国也应借全球经济重整契机,统筹考虑短期经济复苏、中期结构调整、长期绿色低碳目标,布局《欧洲绿色新政》,提升未来绿色产业竞争力。重点加强政策的系统集成,有效引导公、私部门投资流向绿色新型城镇化、新型工业化、低碳能源和绿色产能技术。

2. 坚定"十四五"应对气候变化目标的力度和节奏,拓展 NDC 目标的实现路径

制定"十四五"期间更有力的总量控制减排目标,推动地方和重点行业开展达峰行动。综合考虑经济社会转型发展需求和疫情控制的不确定性,采取区域间指标交易、清洁发展、横向补偿相结合的灵活机制,在确保实现 NDC 目标的基础上,纳入非二氧化碳温室气体减排、基于自然的解决方案、绿色复苏计划、绿色投融资等灵活性指标和措施,形成后疫情时代经济复苏、民生改善和应对气候变化多赢局面。

3. 加强中欧气候合作,推动双方发挥合作全球气候变化治理的双引擎作用

积极响应欧盟的《欧洲绿色新政》,深化中欧共同应对气候变化领域的战略合作,共同领导推进《巴黎协定》全面有效落实。争取在 2020 年 12 月的莱比锡中欧峰会上发出中欧加强应对气候变化合作的积极信号,推动中欧共同应对气候变化进程,同时推动中欧在"一带一路"国家的"第三方市场合作",带动其他国家共同行动。

4. 重视对"一带一路"投资的绿色低碳引导,加强"绿色一带一路"品牌建设

树立绿色负责任大国的积极形象,明确鼓励针对"一带一路"协议合作国家的绿色低碳投资，积极支持和帮助"一带一路"协议合作国家实现其NDC目标承诺与可持续发展目标。调整对外援助、国际发展合作、南南合作以及主权投资的战略方向，引导更多发展援助资源投向绿色产业，展现中国在绿色低碳行动方面的引领作用。制定"一带一路"环境可持续的传播策略，使国家形象与煤电投资"脱钩"，讲好环境气候友好的"中国故事"，形成"绿色一带一路"品牌效应。

中国科学院科技战略咨询研究院　谭显春　顾佰和　王　毅

2020 年 7 月 30 日

关于强化气候投融资体系保障实现我国应对气候变化新目标的建议

2020年9月22日,我国在第七十五届联合国大会上向全球承诺力争于2030年前实现二氧化碳排放达到峰值,2060年前实现碳中和,与此前我国提出的2030年左右实现二氧化碳排放达到峰值相比,新目标要求更高。10月21日,生态环境部等五部门印发《关于促进应对气候变化投融资的指导意见》,明确提出要更好地发挥投融资对应对气候变化的支撑作用。气候投融资可以引导资金投向绿色低碳产业和项目,推动经济社会低碳转型,同时能防范和化解气候风险,是保障实现气候变化新目标资金需求的最有效途径。

一、发展气候投融资已成为发达国家和知名投资公司的关注重点

近年来,全球提高减排力度的呼声日益高涨,欧盟等发达国家纷纷强化NDC目标和气候投融资保障体系,并通过立法增强目标实现的法律约束。截至目前,全球已有114个国家宣布强化NDC目标,121个国家承诺2050年实现碳中和,我国减排的压力日益增加。欧盟2019年提出2050年实现"碳中和"并发布《欧洲绿色新政》,计划未来10年投资1.85万亿欧元用于绿色发展和数字转型。英国、法国、德国、丹麦、新西兰、葡萄牙和智利等也纷纷提出2050年"碳中和"目标,并制定大规模的绿色刺激计划以促进气候转型和绿色复苏。碳关税贸易壁垒已经走向前台,欧盟明确将从2021年开始建立"碳边境调整机制",2023年前开征碳边境调节税。此外,在引

领气候投资方面，近 3/4 的银行已经开始把气候变化风险作为金融风险来对待，高盛、欧洲央行、富国银行、摩根大通等多家国际银行都大幅削减甚至取消对油气等高碳行业投资，高达 1583 亿美元的煤电项目投资面临搁浅风险。全球大型企业也纷纷抢占零碳供应链先机，微软等九家重量级企业合作成立了全球碳中和组织，苹果、安赛乐米塔尔等公司提出了碳中和计划，及早布局低碳或零碳技术。

二、我国现有气候投融资体系面临严峻挑战

与欧美国家相比，我国要实现 2030 年前达峰，力争 2060 年前碳中和目标更具有挑战。作为全球最大的发展中国家，内部发展不平衡不充分问题仍然突出，外部发展环境复杂严峻，应对气候变化还存在诸多短板弱项，实现应对气候变化新目标的难度远高于西方发达国家。

从国际上看，我国气候资金来源正在缩减，而对外合作与援助资金需求不断增大。一方面，美国退出《巴黎协定》直接导致气候援助资金下降 35%，发达国家承诺发展中国家每年 1000 亿美元的转移支付恐难实现。此外新冠肺炎疫情预计将使 2020 年全球经济萎缩 4.4%，将进一步加剧国际气候资金压力。随着我国经济社会发展，国际社会对我国援助意愿会持续降低。另一方面，我国南南合作及"一带一路"倡议中涉及应对气候变化的资金输出压力将持续增大，我国对外气候资金供需矛盾突出。

从国内来看，顶层设计缺乏、政策激励信号不明确，传统金融机构提供气候融资的动力不足，融资风险、渠道狭窄限制了气候投融资发展。典型表现有：一是气候资金缺口大，融资渠道狭窄，融资来源不确定。仅实现 2030 年左右碳排放达峰一项承诺，每年气候资金缺口达 0.69 万亿~2.34 万亿元。二是气候投融资标准体系欠缺，监测、报告与核查体系尚未建立，阻碍了金融资源在气候投融资项目中的配置；统一的气候项目碳减排统计体系尚未建立，气候资金尚未单独核算，难以估量其对经济安全的影响和对实现国家中长期低碳发展目标的贡献。三是缺乏强制性的气候投融资约束及激励指标，难以调动金融机构气候投融资积极性，国内已开展的绿色金融或气候投融资项目，基本停留在对原有金融项目贴标签的阶段，国内金融机构对气候变化

带来的金融风险亦缺乏认识。四是国内兼备节能低碳技术、法规和金融知识的复合型人才奇缺，气候投融资的效益评估和风险管控能力不足，严重影响着我国对外气候投融资合作。

三、强化气候投融资体系的建议

1. 加快制定《关于促进应对气候变化投融资的指导意见》的实施细则

明确生态环境部、国家发展和改革委员会、中国人民银行、中国银行保险监督管理委员会、中国证券监督管理委员会等部门职能和分工，加强各部门间的协同配合，建立部际协作机制。细化金融机构和企业等市场主体在资本引入和风险防范等方面的重点工作，基于不同规模市场主体特征制定差异化政策。将气候变化因素纳入宏观和行业部门产业政策以及绿色金融政策，特别是要加大财政税收对气候投融资的支持，通过贴息、减税等方式来支持绿色金融产品的开发，以此带动气候变化项目的投资建设。尽快出台气候投融资试点实施方案和配套支持政策，选择有条件的城市启动第一批气候投融资试点工作，形成可复制、可推广的经验。

2. 对标国际，制定符合我国实际的气候投融资标准，加强与已有标准的衔接

以《绿色产业指导目录（2019年版）》《绿色债券支持项目目录（2020年版）》等绿色金融标准为参考，借鉴《欧盟可持续金融分类方案》等国际准则，加快制定气候项目技术标准、气候项目目录等气候投融资标准。推动气候投融资标准在境外投资建设中的应用，积极参与国际气候资金机制规则制定，提高国内国际标准的互通性，提升资金双向流动便利化水平。逐步建立针对金融机构、企业和各地区等不同主体的应对气候变化考核指标和评估体系，将气候变化指标纳入考核体系，公开披露气候变化绩效。

3. 建立符合国际惯例的气候投融资统计体系，加强气候相关信息披露

着力构建与国际接轨的气候投融资监测、报告与核查体系。一方面要准

确统计量化国内国外、公共私人部门的气候资金，更好地匹配实现2030年前碳达峰和2060年碳中和双目标的气候资金需求；另一方面要准确统计量化气候项目的减排或固碳效果，为近零碳排放或碳中和工作提供数据支撑。搭建气候项目专项数据库，重点从项目资金流和产生的减排效应方面对气候项目进行统计和管理。运用数字技术，创新气候相关信息披露工具和渠道，降低市场主体信息披露成本，提高信息获取便利度，促进信息集成和共享。

4. 尽快出台"全国碳排放权交易管理办法"，完善碳定价内生机制，推动气候投融资产品和工具创新，加强气候相关金融风险管理

加快建立全国碳排放权交易市场，逐渐扩充碳市场行业覆盖行业范围，尽快出台"全国碳排放权交易管理办法"，为开展碳排放权交易提供法律基础。完善碳定价机制，促进碳排放外部效应内部化，刺激市场主体采用低碳技术，实现产业低碳转型，引导更多社会资本自发投向应对气候变化领域。鼓励金融机构发展气候信贷、气候债券、气候基金、气候保险、"互联网+气候金融"等多样化气候投融资产品和工具，充分发掘气候金融市场潜力。金融机构应加强对气候变化相关的金融风险管理，以及产业低碳转型过程中系统性金融风险的防范工作，特别是防范高碳行业退出面临的资产搁置风险，促进产业平稳转型。

5. 加强气候投融资专业研究和人才队伍建设

重点围绕碳达峰和碳中和目标，尽快开展分阶段的气候投融资制度安排、战略规划、政策标准、资金需求等方面的基础研究和政策创新。加强气候投融资专业人才队伍建设机制，持续培育具备气候投融资专业素养的队伍。依托中国主导和参与的多边平台和机构的影响力，进一步深化与各国政府、各级组织之间的务实合作，积极参与和部署国际气候资金机制规则制定，主导并完善多边气候融资机制；支持和引导多边金融机构、跨国公司以及其他国际资金参与我国境内的气候投融资活动。

中国科学院科技战略咨询研究院　谭显春　顾佰和　曾桉

2020年11月17日

第四篇
全球基础研究重点领域动态

生命健康领域

2020 年 1 月

1. 美国和日本科学家揭示人类胚胎发育中体节发生过程"分节时钟"特征

人类受精卵形成 20 天左右开始"体节发生",即由胚胎中的前体节中胚层(PSM)细胞按固定时钟周期重复发育成体节的过程,该周期受 PSM 中的"分节时钟"调控,体节可再分化成骨骼、内皮、肌肉等各种人体组织。若该过程受干扰易出现体节缺陷导致身体发育异常,从而产生各种先天性疾病。美国哈佛大学医学院科学家利用体外培养的人源 PSM 细胞和小鼠 PSM 细胞再现分节时钟的震荡效应,并通过单细胞测序揭示出人源 PSM 细胞的振荡周期是小鼠细胞的 2 倍(约 5 小时),且均受富集了各类时钟基因的生物信号通路调控。日本京都大学科学家利用活体成像技术发现时钟基因 *Hes7* 会在一定时间延迟内振荡,从而形成脊椎骨、脊柱和枕骨,但在缺乏关键调控基因 *Lfng* 时发育会受到影响。这两项研究揭示了人体分节时钟振荡的动力学特性,促进了如先天性脊柱侧凸等先天性体节缺陷疾病的研究和治疗,具有里程碑意义。相关研究于 2020 年 1 月 8 日发表在《自然》上。(王玥)

2. 美国科学家研发 cryo-SR/EM 显微镜技术可呈现细胞内 3D 细节

美国霍华德·休斯医学研究所 Eric Betzig 教授开发名为 cryo-SR/EM 的显微镜技术,本质是在聚焦离子束扫描电子显微镜(FIB-SEM)的冷冻固定和冷冻替代/染色两步骤之间插入一个低温超分辨率(cryo-SR)成像步骤,结合了光学显微镜技术的特异性标记和电子显微镜技术的超高分辨率,同时具备了基于树脂包埋的荧光显示、重金属染色和超微结构显示,可清晰地呈现细胞内部的 3D 细节。该技术观察到许多以往易被忽略的生物学现象，如过氧化物酶体的多种构型及与细胞器的互作、神经细胞间黏附的精细结构特异性等，有些颠覆了目前对细胞的某些描述，可能会对肿瘤学、免疫学和发育生物学产生重大影响。相关研究于 2020 年 1 月 17 日以封面文章发表在《科学》上。（吴晓燕）

2020 年 2 月

1. 泛癌计划国际团队完成迄今最全面的泛癌全基因组分析

此前，人们对癌细胞变异过程的研究多聚焦于编码蛋白质的 1% 基因组上。而由国际癌症基因组联盟和癌症基因组图谱计划发起的泛癌计划开展的泛癌全基因组分析则进一步探索其余 99% 的基因组区域，完成了迄今最全面的癌症全基因组分析。科学家聚焦结构变异、肿瘤进化、突变特征、癌症驱动因素、基因调控和工具方法，对 38 种不同类型癌症的 2658 份样本展开全基因组测序和综合分析，阐述了癌症相关的驱动突变、突变特征、非编码区域突变、结构变异、肿瘤进化和突变与基因表达相关性等方面的研究成果。通过云计算对多个数据中心数百太字节数据进行质控、处理与验证，在保护患者隐私的同时进行分布式分析。该系列研究极大地丰富了人类对癌症的基本认识，并为癌症的预防、诊断和治疗提供重要支撑。相关研究于 2020 年 2 月 5 日发表在《自然》及其子刊上。（李祯祺）

2. 美国科学家研发的基于 CRISPR 技术的癌症疗法首次通过 1 期临床试验

美国宾夕法尼亚大学 Abramson 癌症中心利用 CRISPR-Cas9 技术对 3 名癌症患者的自体 T 细胞进行了多重基因编辑，该细胞回输后，在患者体内存活时间可长达 9 个月，且未引起任何严重副作用，证明了该疗法的安全性和治疗的持久性。该研究成功实现了对免疫细胞的多次精确编辑，使编辑后的 T 细胞一方面稳定性更强、在患者体内存活时间更长，另一方面具有持续地攻击和杀死肿瘤的能力，是基因编辑走向临床应用的重要里程碑。相关研究于 2020 年 2 月 6 日在线发表于《科学》上。（许丽）

3. 德国科学家使人体器官透明化，为生物 3D 打印奠定基础

德国慕尼黑大学 Ali Ertürk 博士团队研发出 SHANEL（small-micelle-mediated human organ efficient clearing and labeling）技术，首次实现完整的人体器官透明化，通过显微镜成像在细胞水平上揭示了透明器官的复杂结构，生成的器官图像可用作生物 3D 打印技术模板以构建人工器官。该技术利用一种 CHAPS 清洁剂可在僵硬的人体器官上形成小孔，使光进入人体器官深处，将其转换为透明结构，再利用激光扫描显微镜拍摄图像。团队开发了具有较大样品容纳量的新型激光扫描显微镜用于器官成像，并与计算机专家一起开发深度学习算法分析 3D 结构中的亿万个细胞。SHANEL 技术有望发展成为绘制完整人体器官的关键技术，极大加快对大脑等器官在发育和疾病中的功能解析。人体器官的细胞图谱可用于利用新兴的生物 3D 打印技术对人体组织和器官进行大规模工程改造。该团队正在着手绘制主要人体器官的图谱。相关研究于 2020 年 2 月 13 日发表在《细胞》上。（吴晓燕）

2020 年 3 月

1. 美国科学家构建新型 Cas9 酶变体使 CRISPR 技术不受 PAM 类型限制进行基因编辑

CRISPR 技术需依赖 Cas 酶识别特定的"前间区序列邻近基序"（PAM）进行基因编辑，这限制了其靶标范围，并影响其编辑效率和灵活性。美国麻省总医院与哈佛大学医学院利用结构导向工程技术，通过精确替换个别氨基酸序列，设计获得两种新型 Cas9 酶变体：SpG 和 SpRY。这两种变体可识别的 PAM 类型显著增加，尤其是 SpRY 可有效识别人类基因组中存在的主要 PAM 类型（包括 NGG、NGA、NGC、NGT、NGN、NAN），使其可不受 PAM 类型限制地靶向人类基因组的任意位点，且二者均适用于单碱基编辑。这两种变体显著扩大了 CRISPR 技术的靶标范围，可定向编辑之前无法靶向的致病突变，大大增加了 CRISPR 技术在人类疾病领域的应用范围。相关研究于 2020 年 3 月 26 日发表在《科学》上。（许丽　吴晓燕）

2. 美国加州大学圣迭戈分校科学家利用机器学习分析血液微生物组脱氧核糖核酸（DNA）识别早期癌症

科学家对美国国家癌症研究所数据库获得的数据进行了分析，从 18 000 多份不同类型的肿瘤样本中发现了与特定癌症类型相关的独特微生物组特征或模式。他们利用这些数据资源，训练并测试机器学习模型，使其能够将某些微生物组模式与特定癌症相关联，进而仅依靠患者血液中的微生物组 DNA 等数据即可识别患者是否患癌，以及所患癌症的类型。对 59 名前列腺癌患者、25 名肺癌患者、16 名黑素瘤患者以及 69 名健康志愿者的血液样本的分析结果显示，机器学习模型在肿瘤和正常组织的区分方面表现良好，能够确认绝大多数癌症病例，并能分辨出不同的癌症类型。相关研究于 2020 年 3 月 11 日发表在《自然》上。（吴晓燕）

3. 瑞典科学家绘制首个人类大脑蛋白质图谱

瑞典卡罗林斯卡研究所领导的国际团队绘制了首个人类大脑蛋白质的显微分布图，该图谱涵盖 27 个大脑区域的近 1900 个大脑样本的分析结果，这是人类蛋白质图谱发布的最新数据库。科学家在人类小脑中发现了许多高表达水平的蛋白质，其中一些与精神疾病相关。还在不同类型脑细胞中发现与外周器官共有的特定蛋白质，例如，星形胶质细胞在脑中起到与肝脏细胞相似的过滤作用。哺乳动物之间具有相似的大脑蓝图，新图谱揭示了人和小鼠大脑之间负责神经元之间通信的神经递质系统存在明显差异，特别是其中对释放的神经递质和神经肽有反应的受体，在人和小鼠中表现出不同模式。这提示在选择动物作为人类精神和神经疾病的模型时应该谨慎。这一开放式数据库提供了前所未有的资源，可用于加深对神经生物学的理解，并有助于开发针对精神病和神经病的更有效的诊断和治疗方法。相关研究于 2020 年 3 月 5 日发表在《科学》上。（吴晓燕）

4. 德国科学家发现第一个控制脂肪酸合成酶的蛋白质

脂肪酸作为细胞必不可少的成分，在储存能量、生物膜构建和传递细胞信号等方面发挥重要作用，而脂肪酸合成被认为是最复杂的细胞机制之一。德国马克斯·普朗克生物物理化学研究所的 Holger Stark 和 Ashwin Chari 研究团队发现了一种可以控制脂肪酸合成酶（fatty acid synthetase，FAS）功能的蛋白质，为修饰酵母 FAS 功能生产生物燃料或者开发抑制结核杆菌药物提供了新的可能性。该控制酵母 FAS 的方法也适用于细菌 FAS，而人体细胞 FAS 的三维结构与它们的差异很大，因此结核杆菌 FAS 抑制剂可以用于治疗人类结核病。随着耐药性结核杆菌数量的增多，该研究为抑制结核杆菌 FAS 的新型活性化合物开辟了新的可能性。脂肪酸是化妆品、活性药物、生物燃料的重要组成部分，利用酵母细胞生产功能性脂肪酸有望在未来取代化石燃料。相关研究于 2020 年 3 月 10 日发表在《细胞》上。（吴晓燕）

2020 年 4 月

1. 美国使用脑机接口技术重建人体触觉和运动能力

美国巴特尔纪念研究所使用脑机接口（BCI）系统进行人体实验，成功恢复严重脊髓损伤患者的手部运动和触觉功能。该研究中的患者因脊髓损伤导致四肢瘫痪，手臂的上臂机能正常，前臂失去触觉和运动功能，但残存的体感神经能够产生感觉信息，传递到大脑中产生微弱的低于知觉范围的触觉信号。该团队在患者大脑皮层中植入 BCI 芯片实时监测大脑信号，分离并增强其中的运动信号和触觉信号，将运动信号传递到前臂，刺激前臂肌肉以所需的方式进行运动，同时将触觉信号输出到上臂的震动仪器，引起上臂震动，将信号传递到大脑转换为意识知觉，从而恢复手部知觉、重建感官反馈的闭环。这一技术实现了神经损伤患者控制手部运动，并通过触觉信号对手部握力进行自体调节，极大地丰富了瘫痪患者的运动功能，为神经损伤疾病的研究和治疗拓展了思路。相关研究于 2020 年 4 月 23 日发表在《细胞》上。（李伟）

2. 美国科学家设计蛋白质逻辑门将细胞转变成"计算机"

生物工程科学家曾尝试利用 DNA、核糖核酸（RNA）和修饰的天然蛋白质制造逻辑门，但效果都不是特别理想。美国华盛顿大学医学院生物化学教授、蛋白质设计的领军人物 David Baker 领导的国际团队合成了具有分子逻辑门功能的人造蛋白质，该工具可用于设计基于蛋白质的控制系统，像计算机一样在分子水平上控制任意蛋白质之间的相互作用。此次，研究人员利用蛋白质从头设计技术，制造了以蛋白质为基础的双输入、三输入的与（AND）门、或（OR）门、与非（NAND）门、或非（NOR）门、异或（XOR）门等分子逻辑门。因为逻辑门设计成分是超稳定的蛋白质，不需要额外的细胞机械结构，所以蛋白质逻辑门不管在细胞内，还是在细胞外，都可以工作。该工具具有模块化程度高、稳定性好和功能性多等优点，具有广泛的生物学和医学应用前景。该研究实现了从零开始设计复杂生物电路的关键一步，对未来的药物设计和合成生物学发展具有重要意义。相关研究于 2020 年 4 月 2 日发表在《科学》上。（吴晓燕）

2020 年 5 月

1. 中国与美国科学家联合设计出可媲美人眼的仿生电化学眼

模仿人眼的球形形状和视网膜是仿生技术领域的重大挑战。香港科技大学联合美国加州大学的研究人员构建了一种具有半球形视网膜的球形仿生电化学眼，其结构与人眼高度相似，并已具备获取图像的基本能力。该研究基于人眼建模，设计了包含玻璃体、视网膜和神经纤维等结构的仿生眼。其中，眼睛前部为铝制金属外壳，后部为人工氧化铝视网膜，是核心设计，中间填充仿玻璃体的离子液体，传递眼部信号的神经纤维则由密封在橡胶管中的共晶镓-铟液态金属模拟。此研究突破性地通过在半球形氧化铝视网膜的空隙中镶嵌纳米级光电传感阵列以模仿人眼视网膜的感光细胞，进而使该仿生眼不仅视场有了较大提升，同时具有可媲美人眼的感光能力以及更快的光响应速度和更高的分辨率。通过构建包含光电纳米传感器的半球形视网膜，成功克服了技术上的难题，实现仿生眼设备整体性能的飞跃，并为未来仿生眼的进步和应用奠定基础。相关研究于 2020 年 5 月 20 日发表在《自然》上。（王玥）

2. 瑞士科学家开发新策略合成人工蛋白疫苗

利用计算机设计出的人工蛋白过于规则和连续，不符合疫苗的不规则和不连续表位，无法实现免疫系统抗体识别的复杂抗原特征，免疫效果不佳。

瑞士洛桑联邦理工学院蛋白设计与免疫工程实验室 Bruno Correia 教授及其团队设计了名为 TopoBuilder 的新策略，所设计的人工蛋白可非常精确地指导身体免疫系统产生抗体。利用导致肺部感染的呼吸道合胞病毒（RSV）进行测试，TopoBuilder 生成了三种表位于一体的免疫原。合成免疫原在小鼠和非人灵长类动物中的实验结果显示，这款免疫原能诱导强烈的免疫反应，产生的抗体对呼吸道合胞病毒产生强大的中和反应。从头合成新蛋白的策略可更有效地设计针对特定病毒的疫苗，不仅在免疫学上有广泛应用，还可用于其他生物技术分支，以扩大天然蛋白质的结构和功能，例如基于蛋白质的药物或功能化生物材料等。相关研究于 2020 年 5 月 15 日发表在《科学》上。（吴晓燕）

3. 德国科学家开发出新型人造叶绿体展现工业化应用潜力

人工光合作用可克服太阳能的低能量密度和波动性问题，被视为是应对全球能源挑战的重要途径。马克斯·普朗克陆地微生物研究所 Tobias J. Erb 教授牵头的国际团队利用微流控技术将菠菜的类囊体膜和具有固定二氧化碳功能的酶结合置于细胞尺寸的油包水液滴中，制备出一个有半人工半自然部件组成的人造"叶绿体"。通过对光合作用产物的分析发现，在光照下该人造"叶绿体"成功将二氧化碳转化为乙醇酸，同时还将二磷酸腺苷（ADP）磷酸化为生物体内最直接的能量来源三磷酸腺苷（ATP），从而成功地重建了重要的光合作用的代谢途径，证明该人造"叶绿体"的确具备了二氧化碳的固定功能。更为关键的是，研究人员进一步利用微流控技术以自动化的方式创建了成千上万类似尺寸的油包水液滴作为单个的"细胞"工作室，即成功按比例放大的液滴生产方法，表现出良好的工业化应用潜力，让人工光合作用向商业化应用迈进一步。相关研究于 2020 年 5 月 8 日发表在《科学》上。（郭楷模　吴晓燕）

2020 年 6 月

1. 美国科学家在帕金森病小鼠模型中实现神经元原位再生

加州大学圣迭戈分校等机构科学家首先在体外证实，抑制 PTB 蛋白表达可诱导小鼠或人源星形胶质细胞高效转分化为功能性神经元。然后将该方法运用到帕金森病模型小鼠中，利用 shPTB 腺相关病毒载体（AAV-shPTB）或反义寡核苷酸抑制 PTB 蛋白表达，诱导星形胶质细胞转分化为多巴胺能神经元，并进一步证明转分化诱导的神经元能够重建受损的黑质纹状体回路，恢复纹状体内多巴胺水平，进而逆转神经损伤所带来的运动功能障碍。该研究仅通过一步转分化技术，便实现了小鼠星形胶质细胞向功能性神经元的原位转分化，为神经退行性疾病的治疗提供了一种简单、可行的治疗策略，为帕金森病及其他神经退行性疾病提供极具前景的治疗策略和方法。相关研究于 2020 年 6 月 24 日发表在《自然》上。（施慧琳）

2. 美国科学家发现通杀革兰氏阴（阳）性菌的抗生素

美国普林斯顿大学 Zemer Gitai 团队研究出化合物 SCH-79797，可利用独特的双重靶向作用机制杀死革兰氏阴（阳）性菌，且耐药频率极低。研究结合定量成像、蛋白质组学、遗传、代谢组学等方法发现 SCH-79797 具有叶酸代谢和细菌膜完整性两个独立的细胞靶点，在杀死耐药性金黄色葡萄球菌方面明显优于联合治疗。在此基础上，开发了具有增强功效的衍生物 Irresistin-16，在小鼠阴道感染模型中验证了其对淋病奈瑟氏球菌（医疗系统重要威胁前五名）的强大功效。这是目前第一款可同时针对革兰氏阴（阳）性菌两大类细菌的抗生素，打破了抗生素研究停滞几十年的局面。相关研究于 2020 年 6 月 3 日发表在《细胞》上。（吴晓燕）

3. 美国科学家升级基因编辑技术 CRISPR-Cas9 精确度

约翰斯·霍普金斯大学科学家开发出一种通过光诱导控制 CRISPR-Cas9 基因编辑技术，可在亚微米空间尺度及秒时间尺度上精确控制，极大提升基因编辑精确度。该技术利用笼状 RNA（cgRNA）策略在 RNA 序列中添加光敏基团，使 Cas9 酶只能在光引入后切割 DNA 链，其作用时间可缩短至几秒，被称为超快速 CRISPR 基因编辑技术（vfCRISPR）。该技术是一项变革性科学进步，可实现高时间分辨率、较高空间分辨率的基因编辑。cgRNA 与其他基于 Cas9 的系统配合使用，可用于研究单链断裂、碱基切除或错配及皮瓣修复。vfCRISPR 与亚细胞光激活相结合，有望实现具有单等位基因特异

性的精确基因组编辑并消除脱靶活性。相关研究于 2020 年 6 月 14 日发表在《科学》上。（吴晓燕）

4. 美国科学家构建微生物标记助力食品溯源

许多微生物在面对恶劣环境时会形成孢子从而进入漫长的休眠期，保护微生物在高温、干旱和紫外线辐射等极端条件下生存。哈佛大学医学院科学家利用来自面包酵母和枯草芽孢杆菌（一种益生菌）的孢子，通过基因改造使其不能在野外繁殖、生长和传播。通过创建定制 DNA 序列，再将其整合到孢子基因组中，对孢子进行标记。合成的 DNA 序列很短，不编码任何蛋白质，这些序列可被串联插入基因组，产生数十亿个独特的条形码。这些被标记的孢子可在实验室被大量廉价生产，孢子可安全而稳定地保持在食品或者物体表面达数月之久。该基于面包酵母等无害微生物的 DNA 条形码微生物系统可帮助确定食源性疾病的来源、追踪农产品和其他商品的原产地，有望解决食品安全问题。相关研究于 2020 年 6 月 5 日发表在《科学》上。（吴晓燕）

2020 年 7 月

1. 美国博德研究所与华盛顿大学医学院合作开发新基因编辑工具 DdCBEs 实现线粒体内的高效单碱基编辑

该首个靶向线粒体的高效单碱基编辑工具 DdCBEs，可实现目标碱基胞嘧啶（C）向胸腺嘧啶（T）的高效特异性转变。研究人员发现一种属于脱氨基酶超家族的菌间毒素 DddA，可介导双链 DNA 的胞嘧啶脱氨基化转变为胸腺嘧啶。通过改造 DddA 并将其与基因组编辑核酸酶 TALENs 融合，构建出无须依赖 CRISPR 系统的胞嘧啶碱基编辑器 DdCBEs，成功实现了线粒体 DNA（mtDNA）中目标碱基 C-T 高效特异性转变。利用 DdCBEs 还成功构建出携带 mtDNA 致病点突变的人源细胞模型，证实了其在线粒体遗传病研究中的应用潜力。该成果突破了因 CRISPR 系统难以进入线粒体而无法精准编辑 mtDNA 的障碍，实现了线粒体基因组的靶向编辑，为线粒体疾病的机制研究和疗法探索提供了新方法，有助于更好地了解 mtDNA 突变在复杂

疾病、癌症和衰老相关的细胞功能障碍中的作用。相关研究于 2020 年 7 月 8 日发表在《自然》上。（李伟　吴晓燕）

2. 美国科学家首次完成完整人类染色体组装

目前，人类基因组参考序列依然存在数以百计的序列缺失区域，这些区域不仅隐藏着众多涉及健康与疾病的复杂变异，而且难以测序和组装。美国加州大学牵头的研究机构首次完成了从端粒到端粒、完整的人类 X 染色体序列测序与组装。研究人员针对一种具有两个相同 X 染色体的特殊细胞，利用纳米孔技术和新开发的计算机程序进行 X 染色体的测序与组装，经验证估算，组装的准确率超过 99.99%，并填补了当前 X 染色体参考序列中所缺失的 29 个区域。该研究开启了基因组结构和功能发现的新时代，能加深对基因组功能的全面理解，并将为基因组信息在医疗保健中的应用提供帮助。相关研究于 2020 年 7 月 14 日发表在《自然》上。（李祯祺）

3. 英国学者在健康人体细胞中首次发现四螺旋 DNA

英国帝国理工学院 Di Antonio 领衔的研究团队首次在健康人体细胞中发现了四螺旋 DNA 结构，而且它是由正常细胞过程产生的稳定结构。DNA 是生物体发育和正常运作必不可少的大分子，其结构为双螺旋。但是这一结构有时会加倍，DNA 分子由腺嘌呤（A）、胞嘧啶（C）、鸟嘌呤（G）和胸腺嘧啶（T）4 种碱基组成，它们有多种结合的方式。G 作为其中唯一能够与自身结合的碱基，当 4 个 G 形成一个正方形时，就构成了一个四螺旋结构。研究人员通过在活体细胞的 DNA 上附加一种新的荧光标记，观察到人体组织中的四螺旋结构。这一发现证明四螺旋 DNA 可在活细胞中形成，将提高人类对遗传物质是如何存储遗传信息的认识。该研究还为四螺旋结构是正常 DNA 功能一部分的论点提供了证据。相关研究于 2020 年 7 月 20 日发表在《自然-化学》上。（王海名）

2020 年 8 月

1. 中国和美国科学家牵头完成跨膜孔蛋白的首次精准从头设计

跨膜孔蛋白在人类复杂生理活动中具有至关重要的作用，是很多重大疾病的药物作用靶点和生物研究与技术应用中的蛋白质工具。但该蛋白的从头设计极具难度，同时面临选择性离子转运和小分子通透的功能性挑战。中国西湖大学与美国华盛顿大学牵头的多家研究机构合作，首次在世界上实现了跨膜孔蛋白的精准从头设计。研究人员设计了由两层α螺旋同心环组成的两种不同孔径的跨膜孔蛋白，使其具备选择性通透不同分子尺寸以及带电性质的溶质的特性。通过重组表达、纯化、鉴定与结构验证等技术手段，还进一步证明了该设计方法的准确性，以及设计产物的一致性和稳定性。该成果不仅有助于更好理解物质跨膜转运，为人工设计具有重要功能的跨膜蛋白质奠定了坚实的基础，且有望为纳米孔测序、分子检测等技术的优化提供新方法。相关研究于 2020 年 8 月 26 日发表在《自然》上。（李祯祺　吴晓燕）

2. 美国科学家首次开发出能够躲避免疫系统的功能性胰岛类器官

移植干细胞构建的胰岛是治疗 1 型糖尿病的潜在途径之一，但面临免疫排斥问题。美国索尔克研究所的科学家通过在体外模拟建立人类胰腺的微环境，利用诱导多能干细胞构建出可躲避免疫系统攻击的胰岛类器官。通过 WNT4 蛋白调控 ERR-γ 基因开关，使胰岛类器官具有稳定的胰岛素分泌功能，能在移植入小鼠体内后迅速恢复其体内的葡萄糖稳态。同时借鉴肿瘤逃避免疫系统的机制，通过表达免疫检查点蛋白程序性死亡配体 1（PD-L1），保护胰岛类器官免受免疫排斥，成功实现了在移植后的 50 天内，小鼠无须服用任何抗排异药物，而始终维持体内葡萄糖稳态。该成果首次实现了在没有基因操作的情况下保护胰岛类器官免受免疫系统的影响，为 1 型糖尿病的治疗提供了潜在治疗途径。相关研究于 2020 年 8 月 19 日发表在《自然》上。（王玥）

3. 加拿大科学家简化核苷酸类似物合成过程

加拿大西蒙弗雷泽大学研究者开发了一个简洁高效的合成核苷类似物的通用方法，将原来 20 多个步骤的合成过程简化成 3~4 步，极大地提高了生产效率。具体而言，研究团队从简单的非手性原料出发，利用脯氨酸催化的醛基 α-位氟化羟醛缩合（αFAR）、还原、亲核加成以及氟原子取代的关环步骤（AFD），仅需 2~3 步，即可在数克级别合成多种核苷类似物，包括 D-

或 L-核苷类似物、锁核酸等，解决了长期以来核苷合成领域中存在的难题。该方法具有模块化的优势，可大规模合成，显示了极强的实用性，有望颠覆传统的核苷酸生产方式。相关研究于 2020 年 8 月 7 日发表在《科学》上。（吴晓燕）

2020 年 9 月

1. 国际科研团队科学家合作绘制人类心脏细胞图谱

英国维康桑格研究所、美国哈佛大学医学院、英国伦敦帝国理工学院、德国马克斯·德布吕克分子医学研究中心等机构的研究人员通过对 14 个健康成年人心脏的 6 个区域的近 50 万个细胞进行单细胞和单核转录组测序分析，构建了迄今最大规模的人类成体心脏细胞图谱。通过大规模单细胞测序和单核转录组测序技术，发现了心肌细胞、周细胞和成纤维细胞的细胞异质性，揭示了不同心房和心室区域的细胞亚群具有不同发育起源和分子特征，并识别出能够产生炎症反应并起到保护作用的心脏驻留型巨噬细胞，进一步结合多重单分子荧光原位杂交成像技术，揭示了心房和心室之间巨噬细胞-成纤维细胞-心肌细胞相互作用网络。该研究揭示了健康成年人心脏不同区域细胞的组成及其分子特征，为更好地认识心脏及相关疾病，指导心脏疾病精准治疗奠定了基础。相关研究于 2020 年 9 月 24 日发表在《自然》上。（吴晓燕）

2. 瑞士研究者开发高度仿生的肠道类器官芯片

瑞士洛桑联邦理工学院生物工程研究所研究者"引导"干细胞形成外观和功能类似于真实组织的肠道类器官。首先使用激光在水凝胶中雕刻出肠形支架，再利用干细胞在支架上生长和自我组织，最终形成功能性的小肠。研究发现干细胞不仅适应支架的形状，还产生了在真实肠道中所有关键的细胞分化类型，以及一些通常在类器官中找不到的稀有和专门的细胞类型。微流控系统的引入能够有效灌注这些小肠类器官，并建立一个长期的稳态类器官系统。该方法也将适用于来自其他器官如肺、肝或胰腺的干细胞以及患者活检组织的微型组织的生长。组织工程学可用于控制类器官的发育并建立具有高度生理相关性的下一代类器官，为疾病建模、药物发现、诊断提供新的依据。相关研究于 2020 年 9 月 16 日发表在《自然》上。（吴晓燕）

3. 中国研究人员首次将大肠杆菌改造为甲基营养菌

中国台湾"中央研究院"生物化学研究所研究人员使用代谢稳健性标准对大肠杆菌进行了重新编程，开创性地将大肠杆菌转变为可有效利用甲醇作为唯一碳源的甲基营养菌。这种合成菌株能在宽范围的甲醇浓度下以与天然甲基营养型菌株相当的速率生长，可说明基因组编辑和微生物向性变化的进化，并扩大了生物对如甲醇等一碳化合物转化的范围。该技术还可将甲醇转化为有价值的化学品、药物和燃料等，形成具有高绿色经济价值的碳循环。这是首个可以将甲醇转化为有价值化学品的合成细菌菌株，该研究为碳回收提供了新的技术路径。相关研究于 2020 年 8 月 20 日发表在《细胞》上。（吴晓燕）

4. 英国研究者开发超级酶使塑料降解速度提高 6 倍

英国朴次茅斯大学酶创新中心（CEI）的 John McGeehan 教授发现一种名为 Ideonella sakaiensis 的细菌能有效利用 PET 作为碳源，且可以利用 PETase 和 MHETase 两种酶将 PET 聚合物降解成对苯二甲酸单羟乙基的单体（MHET）。利用同步加速器研究 MHETase 的 3D 结构，探索其结构及功能的关系，并在此基础上设计 PETase 和 MHETase 两种酶之间的连接，创造出了具有高活性的嵌合酶 MHETase-PETase，对 PET 的降解速率比独立酶快 3 倍，是自然分解速度的 6 倍。该方法创造了无限回收塑料的可能，有助于减少塑料污染并减少温室气体的排放，还能减少对石油和天然气等化石资源的依赖。相关研究于 2020 年 9 月 28 日发表在《美国国家科学院院刊》上。（吴晓燕）

2020 年 10 月

1. 美国科学家首次开发出重塑肿瘤微环境的癌症环境免疫疗法

现有免疫疗法均通过激活免疫系统直接杀伤癌细胞，美国纪念斯隆-凯特琳癌症中心和康奈尔大学等提出的新思路则是通过阻断 CD4$^+$ T 细胞中的 TGF-β 信号,通过激活免疫细胞来启动肿瘤周围环境的组织修复反应,从而阻断癌细胞获取营养的途径,实现间接抑制肿瘤的生长。研究人员将这种通过重塑肿瘤微环境,间接性"饿死"癌细胞的新疗法称为"癌症环境免疫疗法"(cancer environment immunotherapy)。在另一项研究中,研究人员进一步设计了一种可同时与辅助性 T 细胞(T_H 细胞)和 TGF-β 结合的双特异性抗体药物 4T-Trap,可直接且特异性地靶向 CD4$^+$辅助性 T 细胞上的 TGF-β 信号通路,从而启动"癌症环境免疫疗法",显著抑制肿瘤发展。该疗法不受免疫检查点等的限制,作用相对广泛,是对现有癌症免疫疗法的重要补充,目前科研人员与医生正联合将其推入临床试验阶段。相关研究于 2020 年 10 月 21 日发表在《自然》上。(许丽)

2020 年 11 月

1. 英国 DeepMind 公司开发人工智能算法破解蛋白质结构解析问题

谷歌旗下的英国人工智能技术公司 DeepMind 研发出新一代算法"AlphaFold2"。该算法仅基于蛋白质的氨基酸序列即可精准预测其 3D 结构,应用人工智能技术破解了蛋白质结构解析问题。研究人员开发了一个人工智能网络,综合运用深度学习算法与模仿拼图组装的"注意力算法"(attention algorithm),并利用公开的已知蛋白结构数据对系统进行算法训练,学习蛋白质结构解析模式,可在几天内基于氨基酸序列精确预测蛋白质的 3D 结构,其准确性可以与使用冷冻电子显微镜、核磁共振或 X 射线晶体学等实验手段解析的 3D 结构相媲美,但后者常耗时数月甚至数年。该算法将开放给科研人员使用,可大幅降低研究成本、提高结构解析速度,并可解析难以用实验手段获得结构或应用实验手段所需成本过高的蛋白。这将加快对细胞组分了解,并有望应用于疾病机制研究、靶向药物设计和蛋白酶研发等。相关研究于 2020 年 11 月 30 日发表在《自然》和《科学》上。(李伟 唐川 王丽娜 周秋菊)

2020年12月

1. 美国和德国科学家利用CRISPR-Cas9技术首次治愈遗传性血液病

美国Sarah Cannon研究所、德国雷根斯堡大学的研究团队利用CRISPR-Cas9技术特异靶向沉默CD34$^+$造血干/祖细胞中的BCL11A基因，从而抑制BCL11A转录因子（γ-珠蛋白和胎儿血红蛋白表达的阻遏物）表达、重新激活γ-珠蛋白基因表达，进而提高胎儿血红蛋白的表达水平，最终实现了β-地中海贫血和镰刀型细胞贫血两种单基因遗传性贫血疾病的有效缓解或治愈。在临床试验中，基因编辑后的自体CD34$^+$细胞回输18个月后，患者全身血液中可表达胎儿血红蛋白的红细胞占比仍超99%，目前患者均已不再需要依赖输血治疗。该项基于CRISPR-Cas9技术的基因治疗临床试验的成功实施，为基因缺陷性疾病的成功治愈提供了可能。相关研究于2020年12月5日发表在《新英格兰医学杂志》上。（许丽）

2. 韩国科学家构建模拟组织再生和癌症的膀胱类组装体

韩国浦项科技大学和韩国首尔国立大学医院等机构研究人员通过将膀胱干细胞衍生的类器官以及组织基质相关的细胞一起进行三维重构，成功构建出能够重现成体膀胱组织细胞组成和基因表达特征的类组装体，并模拟了受损情况下膀胱组织的体内再生反应。研究人员还开发了患者特异性的肿瘤类组装体，从而模拟尿路上皮癌在体内的病理生理学特征，并进一步揭示了肿瘤组织和基质间信号反馈在控制肿瘤可塑性中起到的关键作用。该研究构建的膀胱类组装体能更好地在结构和功能上重现成体膀胱组织，为模拟各种复杂疾病并开发更好的治疗方案提供新的途径。相关研究于2020年12月16日发表在《自然》上。（施慧琳）

3. 美国科学家通过体内细胞重编程恢复青光眼和年老小鼠视力

美国哈佛大学等机构的研究人员通过表观遗传重编程方法，实现了小鼠受损视神经的再生，成功逆转了小鼠因衰老和青光眼引起的视力损失。研究人员利用腺相关病毒载体向小鼠视网膜视神经节细胞（retinal ganglion cell，

RGC）中递送了三种转录因子 OSK（OCT4、SOX2 和 KLF4），并通过药物控制三个基因的开关，结果显示这种方法能使视神经节细胞的 DNA 甲基化模式恢复至年轻状态，从而促进损伤轴突再生，逆转青光眼和老年小鼠的受损视力，同时也避免了细胞的癌变风险。该研究首次证明可以安全地将细胞的甲基化模式重新编程至更年轻状态，首次成功逆转青光眼引起的视力损失，为治疗年龄相关性疾病奠定了坚实的基础。相关研究于 2020 年 12 月 2 日发表于《自然》上。（杨若南）

4. 美国科学家开发 CiBER-seq 新技术同时分析数百个基因

美国加州大学伯克利分校研究者基于基因编辑工具 CRISPR 和深度测序开发了一种被称为 CRISPR 干扰条形码表达报告基因测序（CiBER-seq）技术，摒弃了常用的荧光标记，采用高通量的深度测序的方式，直接测量合并样本中基因表达活性的增加或减少，将数万个 CRISPR 实验同时进行，快速确定基因组中所有调控特定基因表达的 DNA 序列，极大地缩短了基因分析的时间。CiBER-seq 突破性地实现多达 100 个基因的同时研究，极大地提高了测序效率，可用于遗传网络追踪、快速找到疾病相关调控序列以及新的药物靶点等诸多领域。相关研究于 2020 年 12 月 11 日发表在《科学》上。（吴晓燕）

5. 美国研究者研发新软件颠覆传统基因测序方式

美国约翰斯·霍普金斯大学研究团队开发了一款 UNCALLED（Utility for Nanopore Current Alignment to Large Expanses of DNA）软件，可结合便携测序装置对基因组进行选择性测序，显著减少基因测序时间和成本。标准测序需对整个基因组测序以获取几个基因序列，该软件可以设置测序装置只对感兴趣的特定区域进行测序，将原先 15 天的测序时间缩短到 1～3 天。大致原理是，样本染色体被分裂成数亿计的细小 DNA 碎片，碎片分子被输入纳米孔测序仪。不同核苷酸产生不同电荷力，纳米孔测序仪读取分子碎片的电荷力数据，软件对照指定基因组参考序列，快速判断是否是感兴趣的特定序列，是则继续测序过程，如果不是，纳米孔测序仪翻转单个孔上的电压，将无关分子吐出去。该技术从根本上加快了 DNA 测序的进程，有望颠覆未来 DNA 测序方式。相关研究于 2020 年 11 月 30 日发表在《自然-生物技术》上。（吴晓燕）

信息科技领域

2020 年 1 月

1. 英国布里斯托尔大学和丹麦技术大学研究人员合作首次实现芯片间的量子隐形传态

双方合作研发出能在可编程的纳米级电路中产生和操纵单光子的芯片设备。量子态的产生、控制和传输都在微米级硅芯片上完成,由互补金属氧化物半导体(CMOS)工艺制造。研究首次实现两个可编程芯片之间的信息量子隐形传态,即利用量子纠缠向任意距离传送量子态的技术,使两个芯片上的光子共享同一种量子态,简单说就是能让信息从一个芯片即时传送到另一个芯片。结果表明,这种量子隐形传态的保真度极高,达到91%。研究人员还对量子应用中的关键协议进行基准测试,包括单量子位和同时纠缠4个光子的贝尔态在芯片内/芯片间传送等。该成果为量子计算和量子通信的大规模集成量子光子技术奠定了基础。相关研究于2019年12月23日发表在《自然-物理学》上。(王立娜)

2. 美国科学家利用"计算机+生物"技术创造全球首个DNA可编程活体机器人 Xenobots

美国佛蒙特大学计算机科学家通过"深绿"超级计算机使用一种进化算法,根据设定任务(如朝着一个方向移动),基于青蛙皮肤和心肌细胞生物物理基本规则,为新生命形式创建数千个候选设计方案,并从中选出最有前途的方案进行测试。美国塔夫茨大学生物学家通过收集非洲爪蛙的胚胎干细胞,将其分离成单个细胞进行培养,形成皮肤细胞和心脏细胞,然后使用微型镊子和电极,将这些细胞切割并按设计方案进行连接并完成组装和测试,创造出世界上第一个毫米级 DNA 可编程活体机器人 Xenobots。这些细胞会组装成自然界中从未见过的形态并协同工作，依靠心肌细胞的收缩而有序向前运动，可在水中连续运动数天甚至数周。根据不同设计，它们不仅能直线运动，还会绕圈运动，并能负重前行。被切割后可自行愈合，死亡后可生物降解。有望被用于递送药物、清理有毒废物等任务。相关研究于 2020 年 1 月 13 日发表在《美国国家科学院院刊》上。（唐川　吴晓燕）

2020 年 2 月

1. 中国科学家研制出全球首款多阵列忆阻器存算一体系统

当前国际相关研究还停留在简单网络结构验证，或基于少量器件数据进行仿真，而基于忆阻器阵列的完整硬件实现仍面临诸多挑战。清华大学微电子学研究所、北京未来芯片技术高精尖创新中心钱鹤、吴华强教授团队通过优化材料和器件结构，提出新型混合神经网络训练算法和空间并行机制，研发出一款全硬件构成且集成多个忆阻器阵列的存算一体系统。该系统突破传统存储与计算分离架构对算力的限制，大幅提升计算设备的算力，验证了其在处理卷积神经网络时的能效比图形处理器芯片高两个数量级，成功实现了以更小功耗和更低硬件成本完成复杂的计算。相关研究于 2020 年 1 月 29 日发表在《自然》上。（王立娜）

2. 美国麻省理工学院科学家利用人工智能技术挖掘新抗生素

美国麻省理工学院 Regina Barzilay 和 James Collins 共同研发的机器学习模型能自动学习不同药物分子结构，不仅能分析不同位置是否存在特定化学基团，还能预测分子特性。模型基于 2335 个用于"学习"的不同分子进行训练，可从 6111 个分子中寻找具有潜在抗菌潜力的分子，并发现一种糖尿病药物分子（halicin）在结构上和已有任何一种抗生素都明显不同，且对除铜绿假单胞菌外的所有测试的耐药菌都有显著杀伤作用。感染超级耐药鲍氏不动杆菌的小鼠在使用 halicin 软膏 24 小时内，感染被彻底清除。科学家利用该模型对另一个数据库中数亿个分子进行筛选，并找到 23 个与现有抗生素结构迥异且对人类细胞无毒性的潜在抗菌分子，全过程只用了 3 天，其中 8 种分子拥有抗菌活性，且 2 种功能显著。该研究是人类首次完全使用人工智能方法发现新抗生素，显著提高了化合物鉴定的准确性和效率，标志着药物发现方法的范式转变，对于药物研究来说是一个里程碑式的进展。相关研究于 2020 年 2 月 20 日发表在《细胞》上。（吴晓燕）

2020 年 3 月

1. 美国英特尔公司推出具有 1 亿个神经元的神经形态计算系统 Pohoiki Springs

该系统具备的神经元数量与小型哺乳动物脑神经元数量相当，是英特尔迄今开发的最大规模神经形态计算系统。与当今最先进的传统计算机相比，神经形态系统拥有超级并行性和异步信号传输能力，可在明显降低功耗的同时显著提升性能。该系统将 768 块 Loihi 神经形态芯片集成在 5 台标准服务器大小的机箱中，在显著提高运算性能的同时运行功率却低于 500 瓦，对解决诸如 NP Complete 和 NP Hard 等运算难题尤为有效。英特尔的 Loihi 神经形态芯片采用一种新颖的"异步脉冲"方式进行计算，实现了计算和存储功能的整合，能进行自主学习，能效与训练人工智能系统的通用计算芯片相比提升了 1000 倍。该系统将通过云向英特尔神经形态研究社区开放，以进一步推动神经形态算法、软件和应用研发，解决规模更大且更复杂的问题。目前英特尔正在针对约束满足、搜索图和模式、优化等问题开发高度可扩展的算法。（张娟）

2. 美国英特尔公司与康奈尔大学合作研发神经形态芯片赋予机器嗅觉

英特尔神经形态计算实验室纳比尔·伊姆艾姆团队和康奈尔大学心理学系计算生理学实验室托马斯·克莱兰德合作，在英特尔 Loihi 神经形态芯片上，实现了一种基于哺乳动物嗅觉系统的神经算法，可以学习并鉴别气味样本。研究采用一个由 72 个化学传感器组成的数据集对 Loihi 神经形态芯片进行气味检测训练，在风洞实验中传感器对各种气味的反应被传送至 Loihi 神经形态芯片，由其芯片电路对嗅觉背后的大脑电路进行模拟。Loihi 神经形态芯片迅速掌握了甲苯、氨、丙酮、一氧化碳和甲烷等10种危险品各自气味的神经表征，即使有强烈环境干扰也能进行识别。这与普通的烟雾探测器只能探测空气中的有害分子却无法对各种气味进行智能分类有着本质的不同。该研究有助于理解哺乳动物嗅觉并改进人工化学感知系统的计算特征，有助于训练人工鼻子在未知背景气味的情况下识别特定气味。未来有望推广到感官场景分析、规划决策等更广泛的应用领域。相关研究于2020年3月16日发表在《自然-机器智能》上。（张娟）

3. 美国哈佛大学和麻省理工学院科学家开发新型量子中继器

远距离的量子通信受到常规光子损耗的影响，难以在没有损失的情况下远距离发送量子信号，这是实现大规模量子互联网通信的主要障碍之一。科学家将一个单独色心（晶体中对可见光产生选择性吸收的缺陷部位）整合到纳米金刚石腔中，从而限制承载信息的光子并使其与单个色心相互作用，可长时间存储毫秒级量子信息，并将信息传输数千公里之外。嵌入空腔周围的电极用于传递控制信号，以处理和保存在存储器中的信息。该设备首次结合了量子中继器的三个最重要的元素，即长时间存储、有效捕获光子中信息的能力以及在本地进行处理。该成果是一项概念性突破，可扩展量子网络的最长范围，并有可能以任何现有技术都无法实现的方式实现许多新应用。相关研究于2020年3月23日发表在《自然》上。（徐婧）

4. 美国斯坦福大学科学家开发全新脑机接口可直连大脑和硅基芯片

开发出的全新的脑机接口设备，比现有的设备侵入性更小，可将大脑直接与硅基技术连接起来，记录更多的数据。该装置包含数百微导线，每根宽度不到人类最细头发的一半，可轻易插入大脑并在外部直接连接一个硅芯片，通过记录大脑电信号可帮助研究人员拍摄神经元活动。该设计完全不同于任何现有高密度记录设备，其阵列的形状、大小和密度在制造过程中可以方便地改变，可用任何3D阵列记录不同深度的不同大脑区域。如果广泛应用，这项技术将大大提高人们对健康和疾病状态下大脑功能的理解。在对小鼠视网膜进行初步测试后，将进行长期跟踪以检查该阵列的耐久性和大规模版本的性能。未来将有助于提高机械假肢的性能、帮助恢复语言和视力等。

相关研究于 2020 年 3 月 20 日发表在《科学进展》上。（唐川）

5. 美国科学家发布开源量子计算库 TensorFlow Quantum

谷歌公司与滑铁卢大学、大众汽车公司等合作联合发布的 TensorFlow Quantum（TFQ）是一款用于训练量子模型的开源机器学习库，能处理量子数据，并在量子计算机上执行。TFQ 集成了嘈杂中型量子（NISQ）算法的开源框架 Cirq 和 TensorFlow，通过提供与现有机器学习框架 TensorFlow 的 API 接口兼容的量子计算原语和高性能量子电路模拟器，为鉴别、生成量子经典模型的设计实现提供高层次的抽象。谷歌已将 TFQ 应用到混合量子经典卷积神经网络、量子控制的机器学习、量子神经网络的分层学习、量子动态学习、混合量子态的生成建模以及通过经典递归神经网络来学习量子神经网络等方面，为更好地利用量子计算机奠定了基础。相关研究于 2020 年 3 月 6 日发表在 arXiv 预印本平台上。（唐川）

2020 年 4 月

1. 澳大利亚与荷兰科学家将量子计算平台运行温度提升至 1 开尔文以上

因热量产生的振动会干扰量子比特，目前基于超导和硅的固态量子比特需要在低于 0.1 开尔文（−273.05℃）的温度下运行，不利于量子计算走向实用。新南威尔士大学科学家成功将硅基量子芯片的运行温度提升至 1.5 开尔文，为超导量子比特的 15 倍。该处理器单元由两个量子位组成，被置于嵌入硅的一对量子点中，可利用两个量子点之间的"泡利自旋阻塞"（Pauli Spin Blockade）特性来读取电子自旋信息，证实在温度稍高环境下仍能工作。荷兰代尔夫特理工大学科学家也使用相似的硅技术制作出能在 1.1 开尔文运行的量子芯片。两项原理性试验相互独立、相互印证。运行温度提升可使用现有的硅芯片工艺生产量子芯片，成本将大幅下降、效率将显著提升，其与传统硅基芯片也更容易集成。两项研究为量子计算机走出实验室，面向商业和政府的开发应用开辟了道路。相关研究于 2020 年 4 月 15 日发表在《自然》上。（唐川）

2020 年 5 月

1. 中国科学家实现碳基半导体技术突破

北京大学电子学系彭练矛院士和张志勇教授团队最新研发了多次提纯和维度限制自组装方法。该方法可在 4 英寸[①]基底上制备出密度高达 120 个碳纳米管每微米、半导体纯度超过 99.9999%、直径分布 1.45±0.23 纳米的碳纳米管平行阵列，并在此基础上首次实现了性能超越同等栅长硅基互补金属氧化物半导体技术的晶体管和电路，解决了纯度、面积和密度顺排等在碳基半导体制备材料上长期无法攻克的难题，突破了长期以来阻碍碳纳米管电子学发展的瓶颈，首次在实验上显示了碳纳米管器件和集成电路相对于传统技术的性能优势，显示了碳基材料相较其他材料鲜有的优势，为推进碳基半导体技术的实用化和规模工业化奠定了基础。相关研究于 2020 年 5 月 22 日发表在《科学》上。（张娟）

2020 年 6 月

1. 美国科学家开发出首款可调谐涡旋激光器和探测器

现有的激光器和探测器无法直接集成到芯片上，与大多数光通信系统难以兼容。美国宾夕法尼亚大学、杜克大学、东北大学科学家联合开发出首款集成在半导体芯片上的可调谐涡旋激光器和探测器。该激光器由数微米宽半导体微环组成，通过其两侧控制臂光泵浦的不对称性来调节激光的轨道角动量模式，共能发射五种不同模式的激光。研究人员还利用外尔半金属材料的光电特性来检测不同模式的激光，首次实现了利用片上光电探测器直接读出光的相位信息。通过操纵和探测光的轨道角动量来传输信息，已达到作为信息传输媒介的精度标准，可倍增光通信通道的信息容量，有望打破当前光路传输技术的带宽瓶颈，为建立大容量、高度紧凑式光通信系统奠定稳固基础。该研究获美国国家科学基金会、陆军研究实验室、海军研究实验室资助。相关研究于 2020 年 5 月 15 日发表在《科学》上。（王立娜）

---

① 1 英寸=2.54 厘米。

2. 中国科学家首次在光晶格中制备出 1250 对高保真度量子纠缠态

中国科学技术大学等机构科学家验证了其理论上提出的使用交错式晶格结构将处在绝缘态的冷原子浸泡到超流态冷原子中的新制冷机制，使系统中的热量主要以超流态低能激发的形式存储，再用精确的调控手段将超流态移除，制冷后使系统的熵降低至原来的 1/65，达到创纪录的低熵，晶格中原子填充率大幅提高到 99.9% 以上。该超冷费米子系统达到模拟高温超导物理机制的苛刻温区，并在光晶格中首次实现了纠缠保真度为 99.3% 的 1250 对纠缠态的同步制备。这项研究成果为基于超冷原子光晶格的规模化量子计算与模拟奠定了基础。相关研究于 2020 年 6 月 18 日发表在《科学》上。（王立娜　唐川）

2020 年 7 月

1. 瑞士苏黎世联邦理工学院等国际研究团队开发出单片集成电元件和光元件的全新等离子体芯片

苏黎世联邦理工学院与德国、美国、以色列和希腊研究人员联合开发出一种全新等离子体芯片，首次实现电子元件和光子元件的单片集成，可将快速电子信号直接转换为超快光信号，且几乎没有信号质量损失。当前光子芯片尺寸远大于电子芯片，致使电子元件和光子元件只能在单独的芯片上制造，然后通过导线连接，这限制了电光信号的转换性能以及光通信网络的数据传输速度。国际研究人员利用等离子体效应，实现互补金属氧化物半导体电子元件和等离子体电光调制器的单片集成，缩短了信号的传输路径，首次实现单芯片发射器上每秒 100 吉比特的数据传输速度。这项研究工作是光通信领域中的一项重大突破，可显著提高光通信基础设施的数据传输效率，相关研究于 2020 年 6 月 1 日发表在《自然-电子学》上。（王立娜）

2020 年 8 月

1. 美国科学家开发量子计算机首次成功模拟化学反应

谷歌科学家首次利用量子计算机成功模拟了迄今最大规模的化学反应。

通过使用 Sycamore 处理器，模拟了一个由两个氮原子和两个氢原子组成的二氮烯分子的异构化反应，且量子模拟与传统计算机上进行的模拟结果一致，验证了量子计算机的计算精度。此前，量子计算机很难达到模拟大原子或化学反应所需的精度。科学家利用噪声鲁棒性的变分量子特征值求解算法（VQE）直接模拟化学反应机制，证实了目前的量子算法可以达到实验预测所需的精度，打开了通向真实模拟量子化学系统之路。研究人员表示，只需更多量子比特并稍作调整，便可将目前算法进行扩展，模拟更复杂的化学反应，有望利用量子模拟来研发新化学物质。相关研究于 2020 年 8 月 28 日发表在《科学》上。（王立娜　唐川）

2. 美国科学家开发出可同时处理收发量子信息的芯片

在量子处理器的不同部分之间控制量子信息通信一直是一大难题。美国麻省理工学院科学家开发了一种新型量子计算架构，可执行低误差量子计算，并同时在处理器之间快速共享量子信息。利用超导量子比特构建"巨型原子"，并以可调协的配置连接到微波传输线（即波导）上，通过调整量子比特-波导相互作用的强度来控制是否将量子数据释放到波导中。研究人员表示，该研究证明双量子比特的纠缠操作有 94% 的保真度，这是首次使用与波导强耦合的量子比特实现双量子比特的保真度，通过更多的校准和优化设计可进一步提高保真度。这项研究向完整的量子计算平台迈出了关键一步。相关研究于 2020 年 7 月 30 日发表在《自然》上。（王立娜）

2020 年 9 月

1. 瑞士科学家开发出首个集成晶体管和微流体冷却系统的单芯片

电子设备（尤其是晶体管）的冷却是未来电子产品面临的最大挑战之一。瑞士洛桑联邦理工学院研究人员结合电子工程技术和机械工程技术，研制出一种全新的集成冷却技术，成功开发出首个集成晶体管和微流体冷却系统的单芯片，实现冷却液在电子芯片内部流动，进而以低成本且可持续的方式高效处理产生的大量热量，消除对大型外部散热器的需求，助力开发更多结构紧凑型电子设备，在单个芯片中创建超紧凑型电源转换器，同时大大降低全

球能源消耗。相关研究于 2020 年 9 月 9 日发表在《自然》期刊上。（王立娜）

2. 美国科学家开发出首个完全碳基的晶体管互联金属线

金属线是连接计算机芯片中晶体管的金属通道。尽管二维石墨烯片和碳纳米管等碳基材料也具有金属属性，但是均存在不同程度的问题，如二维石墨烯片在重塑为纳米条后将变成半导体甚至绝缘体，碳纳米管难以高精度、可重复地批量制备。美国加州大学伯克利分校研究人员采用自下而上的制造方法，将较小的相同结构单元组装成金属性质的石墨烯纳米带，进而创建出数十纳米长、仅几纳米宽的互联金属线，克服了全碳基集成电路制造的关键障碍之一。这项研究将加速碳基晶体管的研究进程，为碳基计算机的发展奠定了基础，相关研究于 2020 年 9 月 25 日发表在《科学》上。（王立娜 唐川）

3. 美国科学家开发出全球最小电光调制器

光子集成电路相比电子集成电路具有更高的速度、带宽和能效，尺寸较大一直是制约其发展的关键因素。目前，在大块晶体或薄膜平台上制造的铌酸锂光子器件尺寸均较大，且难以按比例缩小，严重限制了器件的调制效率、能耗、电路集成度。美国罗切斯特大学研究人员通过将铌酸锂薄膜生长在二氧化硅层上，开发出迄今全球最小、高运行速度、节能的电光调制器，为实现大规模铌酸锂光子集成电路奠定了至关重要的基础，为光数据通信、光计算和量子光子学等研究铺平了道路。该研究得到了美国国防高级研究计划局和国家科学基金会的资助，相关研究于 2020 年 8 月 17 日发表在《自然-通讯》上。（王立娜）

2020 年 10 月

1. 德国和奥地利研究人员联合开发出纯磁振子集成电路

德国凯泽斯劳滕工业大学和奥地利维也纳大学的研究人员在更小、更节能的计算机技术方面取得了一项里程碑式的研究成果。科学家使用磁性材料和磁振子成功开发出可传输二进制数据的集成电路，由磁振子代替电子传递信息，所需的能量是目前最先进的互补金属氧化物半导体计算机芯片的 1/10

左右，在量子计算和神经形态计算等领域具有广阔的应用前景。这种磁振子电路采用极简的二维设计，尺寸小于 1 微米，由三根钇铁石榴石磁性纳米线组成。纳米线间的相对位置被精确设计，进而形成两个"定向耦合器"可引导磁振子在纳米线间传播，这形成了计算机芯片中一种最通用的组件"半加法器"，数以百万计的这种电路组合起来就可执行更加复杂的计算和功能。相关研究于 2020 年 10 月 19 日发表在《自然-电子学》上。（王立娜）

2. 中国科学家首次提出"类脑计算完备性"

清华大学研究人员与合作者首次提出"类脑计算完备性"以及软硬件去耦合的类脑计算系统层次结构，填补了类脑研究完备性理论与相应系统层次结构方面的空白，利于自主掌握新型计算机系统核心技术，目前的类脑计算研究尚处于起步阶段，国际上还没有形成公认的技术标准与方案。此研究团队针对类脑计算更注重结果拟合的特性，提出了对计算过程和精度约束更低的类脑计算完备性概念，并且设计了相应的类脑计算机层次结构，包括图灵完备的软件模型、类脑计算完备的硬件体系结构、位于两者之间的编译层。通过构造性转化算法，任意图灵可计算函数都可以转换为类脑计算完备硬件上的模型。这意味着类脑计算系统也可支持通用计算，极大扩展了类脑计算系统的应用领域，也使类脑计算软硬件各自独立发展成为可能。相关研究于 2020 年 10 月 14 日发表在《自然》上。（王立娜）

2020 年 11 月

1. 美国学者研制出最小尺寸的原子存储单元

美国得克萨斯大学奥斯汀分校 Deji Akinwande 教授率领的研究团队研制出了当前世界上最小的存储设备，其横截面积仅 1 纳米^2，容量约 25 兆比特/厘米^2，与当前商用闪存设备相比，每层的存储密度提升了 100 倍。当其他金属原子填充进入孔洞时，会把其部分导电性质赋予纳米材料，从而产生存储效应。缩小存储设备不仅要使其更薄，还要实现较小的横截面积。该研究基于团队在两年前制备得到的单个原子厚度的名为 atomristor 的存储设备，进一步缩小了尺寸，利用二硫化钼（MoS_2）纳米材料的孔洞实现了高

密度存储能力。相关研究于 2020 年 11 月 9 日发表在《自然-纳米技术》上。（万勇）

2. 法国与美国科学家开发出超高速磁存储器

将磁存储器直接集成到计算机芯片中一直是研究人员长期追求的目标。现有最先进的自旋轨道转矩器件需要一纳秒或百万分之一秒的电流脉冲来实现磁性的切换，而最先进的计算机芯片只需 1～2 皮秒。这导致整个电路的速度受限于磁开关的速度。法国国家科学研究中心、美国加州大学伯克利分校和加州大学河滨分校研究人员通过使用 6 皮秒电脉冲来切换磁存储器内薄膜的磁性，从而获得较高的能量效率，并联合开发出一种全新的磁化"开关"技术，可将信息以比最先进自旋电子器件快 100 倍的速度"写"入磁存储器。该高速低能耗的自旋电子器件具有突破当前处理器级存储系统性能限制的潜力，同时也可用作逻辑器件，使之在断电状态下也可保留数据。相关研究于 2020 年 10 月 26 日发表在《自然-电子学》上。（王立娜）

3. 欧盟量子互联网研发取得重大进展，量子存储效率创下新纪录

量子中继是构建大规模量子网络的一个主要挑战，而量子存储器的效率是一个关键参数。如果一个量子存储器无法记录或检索纠缠光束，量子中继器将无法正常工作。欧盟量子互联网项目的目标之一就是利用不同物理平台创建能存储"纠缠"的高效量子存储器，为量子中继技术奠定基础。参与该项目的巴黎索邦大学 Julien Laurat 教授及其在卡斯特勒·布洛塞尔实验室（Kastler Brossel Laboratory）的研究团队证明了"纠缠"光束在两个量子存储器中的存储和检索总效率高达 85%，与此前的实验相比，该数值增长了 3 倍以上。实现了量子纠缠在两个量子存储器中的高效可逆转移，这对实现未来量子互联网可扩展性至关重要。相关研究于 2020 年 10 月 16 日发表在《光学》上。（张娟）

2020 年 12 月

1. 美国和加拿大科学家实现量子互联网 90%保真度传输

由美国加州理工学院、哈佛大学、费米国家实验室和加拿大卡尔加里大

学联合开展的一项研究首次成功以高于 90%的保真度在现有的互联网光纤网络中将量子信息传送了 44 千米，这项突破有助于实现超安全、超高速的量子互联网。研究团队在加州理工学院和费米国家实验室各自的量子网络测试床上分别设计和构建了一套量子隐形传态系统，并在一个基于光纤的装置中部署了最先进的固态光探测器，该探测器很大程度上可自主开展数据采集、控制、监控、同步和分析，从而实现了具有最先进保真度的时间仓量子比特（time-bin qubits）的持续、长距离的隐形传输。该研究在可持续、高性能和可扩展的量子传送系统方面取得了里程碑式进展。相关研究于 2020 年 12 月 4 日发表在《物理学评论 X 辑·量子》上。（唐川）

2. 英国 DeepMind 公司研发出新型人工智能系统 MuZero 大幅提升学习和规划能力

谷歌旗下位于英国的 DeepMind 公司研制出了新型人工智能系统 MuZero，可在不知道游戏规则的情况下自动学习出模型，并规划出取胜策略，在通用人工智能算法方面迈出了重要一步。研究人员一直在寻找方法，使得人工智能系统能够学习模型、解释环境，然后使用该模型来规划最佳的行动方案。迄今大多数方法都难以在不同领域均能实现有效的规划。DeepMind 研究人员通过结合"前向搜索"（lookahead search）和"基于模型的规划"（model-based planning）这两种技术来实现突破。MuZero 已在最主要的人工智能测试之一"雅达利测试"（Atari benchmark）中取得最佳成绩，同时在围棋、国际象棋和将棋游戏中的规划表现也达到了与 AlphaZero 相同的水平。MuZero 的前身 AlphaZero 已被用于解决化学、量子物理等领域的一系列复杂问题。而 MuZero 具备强大的学习和规划能力，有望在机器人、工业系统以及其他游戏规则不够清晰的复杂环境中发挥作用。相关研究于 2020 年 12 月 23 日发表在《自然》上。（唐川）

3. 中国科学家构建 76 光子量子计算原型机"九章"

中国科学技术大学和中国科学院上海微系统与信息技术研究所、国家并行计算机工程技术研究中心合作，通过自主研制同时具备高效率、高全同性、极高亮度和大规模扩展能力的量子光源，同时满足相位稳定、全连通随机矩阵、波包重合度优于 99.5%、通过率优于 98% 的 100 个模式干涉线路，相对光程 10^{-9} 以内的锁相精度，高效率 100 通道超导纳米线单光子探测器，成功构建了 76 个光子 100 个模式的高斯玻色取样量子计算原型机"九章"。其处理高斯玻色取样的速度比目前世界排名第一的超级计算机"富岳"快 100 万亿倍，等效地比谷歌 2019 年发布的 53 比特量子计算原型机"悬铃木"快 100 亿倍，并克服了谷歌 53 比特随机线路取样实验中量子优越性依赖于样本数量的漏洞。基于"九章"量子计算原型机的高斯玻色取样算法在图论、机器学习、量子化学等领域具有潜在应用，将是后续发展的重要方向。相关研究于 2020 年 12 月 4 日发表在《科学》上。（唐川）

4. 美国科学家开发出可防止复制的安全芯片

逆向工程芯片是黑客和知识产权侵权调查公司的一种常见做法，因此当前的伪装技术需要更多的晶体管来隐藏电路信息。美国普渡大学研究人员利用黑磷材料开发了一种二维晶体管，并在其中构建了安全密钥，可掩饰晶体管类型（N 型和 P 型），防止黑客获得足够的电路信息，通过逆向工程对芯片进行复制。研究人员利用黑磷晶体管制作原型芯片，发现在没有密钥的情况下无法区分 N 型晶体管和 P 型晶体管，所需晶体管数量更少，整体尺寸和功率也更低，且伪装效果更好。在芯片生产出来后，甚至连芯片制造商都无法提取密钥。但是黑磷材料易挥发，难以与现有工艺相兼容，未来芯片制造商可能采用性能更优良的二维材料来制造这种类型的安全芯片。相关研究于 2020 年 12 月 7 日发表在《自然-电子学》上。（王立娜）

空间科技领域

2020 年 2 月

1. 美国诺斯罗普·格鲁曼公司首次实现静止轨道卫星续命

2020 年 2 月 25 日,美国航空航天巨头诺斯罗普·格鲁曼公司的任务延寿飞行器 MEV-1 在距离地面 3.6 万千米的同步轨道上,首次实现与一颗地球静止轨道卫星,即 Intelsat 公司的 IS-901 通信卫星成功对接。对接后 MEV-1 利用自身携带的燃料和推进器为 IS-901 卫星提供轨道和姿态控制能力,为其增加长达 5 年的运行寿命,创造了数亿美元价值。未来该技术还将运用到以下三方面:一是在轨服务,为卫星延寿,以及卫星和其他航天器的在轨检修、维护等操作,使这些动辄几亿元的昂贵卫星就有了起死回生的机会;二是太空垃圾处理,通过与太空垃圾对接或捕获,之后或将其转运到无害的墓地轨道,或者拖进大气层烧毁;三是军事用途,能够以该方式接近甚至截获一颗卫星。(王海名)

2020 年 3 月

1. 美国国家航空航天局(NASA)"洞察号"探测器首次完成对火星地震的直接测量

"洞察号"探测器在火星着陆并为此次火星探测任务"内部结构地震实验"(SEIS)首次开展火星地下和上层地壳的直接地震测量,是迄今人类首次完成对地外行星的直接地球物理测量。其所配备的 SEIS 地震检波器极为灵敏,可分辨非常微弱的地面振动,还能提供有关火星天气的重要信息。在

235 天的火星地震监测数据中，有 174 个地震事件，研究显示火星地震活动介于地球和月球之间，处于中等水平。其中，150 个是高频事件，产生地面震动，其他 24 次地震主要是低频地震，其中 3 次地震显示出两种截然不同的波形，类似于地球上由构造板块运动引起的地震。该数据不仅有助于了解火星运转机制、地震活动性，而且有助于识别火星内部构造，并推动关于火星是否存在或曾经存在生命的探索，这将为未来探究火星生命的存在可能性提供指导。相关研究于 2020 年 2 月 24 日发表在《自然-地球科学》上。（张树良）

2020 年 5 月

1. 日本成功验证国际空间站与地面站间双向激光通信链路

2020 年 4 月 23 日，日本宇宙航空研究开发机构（JAXA）、日本情报通信研究机构（NICT）和索尼计算机科学实验室联合宣布，搭载于国际空间站舱外暴露设施的国际空间站小型光学链路（SOLISS）与日本情报通信研究机构的光学地面站之间成功建立了双向激光通信链路，并通过以太网传输了高清图像数据，这是全球首次利用为小卫星设计的激光通信设备建立起双向对称的以太网链路。与无线电波相比，激光通信具有更大带宽的优点。利用光盘技术和以太网标准成功验证双向激光通信，有望开辟出未来超高速、低延迟数据通信和星间、星地交叉链路的实时海量数据通信的发展路径。（韩淋）

2020 年 6 月

1. 中国科学家首次实现千公里级量子纠缠密钥分发

量子通信从实验室走向广泛应用需要解决两大挑战，分别是现实条件下的安全性问题和远距离传输问题。中国科学技术大学研究团队利用"墨子号"量子科学实验卫星，在国际上首次实现千公里级量子纠缠密钥分发。通过对地面望远镜主光学和后光路系统进行升级，实现了单边双倍、双边四倍接收效率的提升。"墨子号"量子卫星过境时,可同时与新疆乌鲁木齐南山站和青海德令哈站两个地面站建立光链路,以每秒 2 对光子的速度在地面超过 1120 千米的两个基站之间建立量子纠缠,进而在有限码长下以每秒 0.12 比特的最终码速率产生密钥。该实验成果不仅将以往地面无中继量子保密通信的空间距离提高了一个数量级,还通过物理原理确保即使在卫星被他方控制的极端情况下,依然能实现安全的量子通信,为将来量子卫星通信的规模化、商业化应用奠定了坚实基础。相关研究于 2020 年 6 月 15 日发表在《自然》上。(王立娜 唐川)

2020 年 8 月

1. 日本科学家开发"kappa 方案"可提前 24 小时预测太阳耀斑

太阳耀斑一次喷发所释放出的能量相当于几千万个氢弹爆炸,可能会影响地球周边的宇宙气象,阻碍卫星及通信系统,引发大规模停电,甚至危害宇航员健康。其产生的时间、地点和规模主要取决于接近太阳表面的磁力性反转线的磁通量密度。此前通过观测太阳活动区内太阳黑子预测太阳耀斑的方法,预测成功率最多只有 50%。日本名古屋大学地球与空间科学教授 Kanya Kusano 研究团队开发出一种名为"kappa 方案"的物理模型,通过分析与太阳耀斑相关的强磁场,可提前预测太阳耀斑发生。该方法应用于美国国家航天航空局"太阳动力学天文台"(SDO)2008~2019 年的探测数据,提前 24 小时成功预测出 9 个 X 级耀斑中的 7 个,另 2 个因耀斑发生在 SDO 视野之外的太阳表面而没能预测出来。该方案可明确预测每个耀斑发生的确切位置及其规模,极大地提高了空间天气预报的准确性。相关研究于 2020 年 7 月 31 日发表在《科学》上。(范唯唯)

农业科技领域

2020 年 2 月

1. 美国和英国研究人员首次成功在田间释放用于害虫控制的自限性小菜蛾

美国康奈尔大学、英国 Oxitec 生物技术公司、英国东英吉利大学的科学家合作首次成功在田间释放自限性基因工程小菜蛾，可有针对性地有效控制这一世界性的迁飞害虫种群，而无须使用辅助杀虫剂。通过将基因工程改良的雄性小菜蛾释放到田间与雌性小菜蛾交配，传递给后代的自限性基因会让雌性小菜蛾幼虫无法生存。持续释放可有针对性地以生态可持续的方式抑制该种群，而一旦停止释放，这种自限性昆虫会在几代之内从环境中消失。田间和实验室测试以及数学建模结果表明，自限性雄性小菜蛾在田间的生存率、行进距离等与未经基因修饰的同类昆虫十分相似，其对雌性小菜蛾的吸引力与未经修饰的小菜蛾也无差别。该研究表明，基因工程技术作为一种高效的虫害管理工具，拥有巨大的潜力。相关研究于 2020 年 1 月 29 日发表在《生物工程与生物技术前沿》上。（袁建霞）

2020 年 3 月

1. 美国麻省理工学院开发出可以监测植物健康的痕量乙烯传感器

乙烯在植物发育和健康中发挥着关键作用，实时监测乙烯的释放可为农民提供有关植物发育和健康的重要信息。美国麻省理工学院化学系和士兵纳米技术研究院（Institute for Soldier Nanotechnologies，ISN）开发出一种易于使用且功能强大的乙烯传感器。该传感器是一种基于单壁碳纳米管的化敏电阻器/催化剂组合，可检测到空气中 ppb（十亿分比浓度）级痕量乙烯。检测利用 Wacker 氧化反应使钯在二价和零价之间循环，反应的化学选择性驱动反应的检测能力。检测的灵敏性由化学反应的效率和零价钯原位产生的 n 型掺杂强度来控制。研究利用吡啶修饰碳纳米管边壁来提高 n 型掺杂强度，进而显著提高检测的灵敏性。该乙烯传感器功效已在监测红色康乃馨和紫桔梗衰落实验中获得验证。在农业实践中，该传感器有助于农民尽早了解植物发育和健康状况，采取预防措施，恢复植物健康，减少农作物损失。相关研究于 2020 年 3 月 18 日发表在《美国化学学会核心科学》上。（袁建霞）

2020 年 5 月

1. 中国科学家发现抗小麦赤霉病重要基因

小麦赤霉病是世界范围内极具毁灭性且防治困难的真菌病害，培育与利用抗病品种是首选。山东农业大学领衔的研究团队在小麦近缘植物长穗偃麦草中发现了抗赤霉病主效基因 *Fhb7*，经过对该基因进行定位、克隆和抗病分子机制解析，最终将该基因转移至小麦，培育出了抗赤霉病小麦品种。研究同时表明，*Fhb7* 基因对很多镰刀菌属病原菌具有广谱抗性，携带该基因的小麦品系在抗赤霉病的同时，对另一重大病害——茎基腐病也表现出明显抗性。该基因是禾谷类作物种质改良和创新的难得基因，其在育种领域的推广应用，将有力提升农作物种质资源创新水平。目前，*Fhb7* 基因已申请国际专利，携带该基因的材料已被多家单位用于小麦育种，并表现出稳定的赤霉病抗性。相关研究于 2020 年 5 月 22 日发表在《科学》上。（袁建霞）

2020 年 9 月

1. 美国和英国研究人员利用基因编辑技术和干细胞技术成功培育出"代孕"种公畜

美国华盛顿州立大学、犹他州立大学、马里兰大学及英国爱丁堡大学罗斯林研究所的研究者合作，首次成功将雄性猪、山羊和牛改造为"代理父亲"并用于家畜生产繁殖。研究人员首先利用CRISPR-Cas9基因编辑技术培育出缺失与雄性动物生育能力有关的 *NANOS2* 基因的雄性猪、山羊和牛，*NANOS2* 缺失的雄性动物能健康生长且表现不育，但雌性动物依旧能生育。然后将分离自同种其他优良雄性动物的精元干细胞移植到"代理父亲"的睾丸中，使其可正常产生精子，且这些精子只含有供体动物的遗传物质，因此，"代孕父亲"可充当优良精子生产机器的角色及帮助雌性受孕。该技术解决了传统选择性育种和人工授精方法受时空限制的弊端，可加快畜种改良进程，提高畜产品生产效率。相关研究于2020年9月14日发表在《美国国家科学院院刊》上。（袁建霞）

2020年10月

1. 中国科学家发现植物干细胞广谱抗病毒机制

"茎尖脱毒"是少有的可以应用于大多数植物且能清除植物体内病毒的最有效的生物技术，但其深层机理一直未被揭示。中国科学技术大学赵忠团队以传统的"茎尖脱毒"技术为灵感来源，通过发育生物学和植物病毒学两个领域的交叉研究，找到植物干细胞免疫病毒的关键因子WUSCHEL（WUS）蛋白。WUS蛋白也可成为其他细胞抵抗病毒的"利器"。研究人员在植物其他细胞中表达WUS蛋白，发现可以保护植物免受病毒感染。研究人员检查了多种病毒，证实WUS蛋白均可抑制这些病毒对植物细胞的感染，说明WUS蛋白介导的干细胞病毒免疫具有广谱性。这项工作研究了植物分生组织存在的广谱抗病毒免疫活性，首次发现在病毒抗性和分生组织维持基因之间存在如此精确的分子连接。研究团队计划将这一成果应用到今后的育种中，以得到广谱高抗病的作物新品种，有望推动全球粮食稳产问题的解决。相关研究于2020年10月9日发表在《科学》上。（袁建霞）

2020年11月

1. 美国科学家开发出可实现大片段敲除的基因组编辑新工具

美国加州大学研究人员利用来源于铜绿假单胞菌的I-C型CRISPR系

统（Cascade-Cas3 系统），一个包含 Cascade（CRISPR-associated complex for antiviral defense，防御相关 CRISPR 复合物）和进行性核酸酶 Cas3 的系统，开发出了可以敲除基因组大片段，并促进敲除后同源重组修复的基因组编辑新工具。该工具对铜绿假单胞菌基因组可进行 5 千字节以上的大片段删除，效率接近 100%，而以往常用的 CRISPR-Cas9 基因组编辑系统只能产生小于 1 千字节的小片段缺失和点突变。此外研究发现，该系统同样适用于大肠杆菌、假单胞菌和肺炎克雷伯菌的基因组编辑，具有通用性。这意味着该系统在基因组大片段的精准编辑及功能研究中极具潜力，可加快合成生物学、基因组最小化和基因组大片段敲除方面对菌株操作的速度。相关研究于 2020 年 10 月 19 日发表在《自然-方法学》上。（袁建霞）

2. 国际科学家团队绘制出有史以来最全的小麦基因组序列图集

加拿大萨斯喀彻温大学主导的"10+基因组计划"国际团队绘制出史上最全的小麦基因组序列图集。研究人员对世界各地有代表性的 15 个小麦品种的基因组进行了测序，将小麦基因组解码序列的数量增加了 10 倍以上，从而使对比出不同小麦品种遗传差异成为可能。小麦是世界上种植最广泛的谷类作物，到 2050 年小麦产量必须比当前水平增长 50%以上才能满足全球粮食安全需求，为此必须持续开发小麦基因组资源。由于小麦基因组庞大且复杂，一直未能全面获得其全基因组序列。该基因组序列图集可使科学家和育种人员更快识别出具有影响力的基因，从而提高小麦产量、害虫抗性和其他重要性状。相关研究于 2020 年 11 月 25 日发表在《自然》上。（袁建霞）

能源科技领域

2020年1月

1. 美国斯坦福大学科学家设计制备铜/氮掺杂纳米钻石复合催化剂为低成本高效电催化还原CO_2制多碳产物开辟新路径

电催化还原CO_2为乙醇、乙酸等高价值多碳产物,对缓解能源短缺和环境污染等全球性问题意义重大。目前电催化还原CO_2的催化剂存在产率不高、选择性不佳、稳定性较差、电催化还原电势较高等问题。相关研究表明,铜(Cu)基催化剂是电催化还原CO_2性能最佳的催化剂,但稳定性和选择性有待进一步提升;氮掺杂的纳米钻石(N-ND)催化剂成本低,电化学活性高,表面积大,而且具有优异的化学稳定性。由美国斯坦福大学 Yi Cui 教授课题组牵头的国际联合研究团队设计制备了 N-ND/Cu 复合异质结催化剂,构建出了 N-ND 和 Cu 两种纳米颗粒异质界面,这一界面具有强 CO 吸附特性,同时显著降低了 CO 二聚化的能垒,有利于 C-C 耦合,促进多碳产物产生制备,且具备优异的催化稳定性。相关研究于2020年1月6日发表在《自然-纳米技术》上。(郭楷模)

2. 美国与中国科学家利用原位表征首次揭露电化学循环中硫正极主要以液态形式存在于二维衬底上

锂硫(Li-S)电池的理论比容量高达2500瓦·时/千克左右,是锂电池的10余倍,且硫元素来源丰富、成本低廉,在电网级储能具备广阔的应用前景。美国斯坦福大学 Yi Cui 教授课题组联合清华大学研究人员合作制备了光学透明锂硫电池,并利用各类原位表征技术首次揭露硫正极在电化学循环过程中物理状态变化(固态、液态)及其对电池性能的影响,证实了硫元素在二维衬底上更加倾向以液态形式存在而非先前公认的固态，仅在衬底的周边才以微量的固态形式存在，且液态硫相比固态硫具备更加优异的面积比容量，打破了传统认知，为设计开发高性能高稳定性的锂硫电池提供了重要参考。相关研究于 2020 年 1 月 27 日发表在《自然-纳米技术》上。（郭楷模）

2020 年 2 月

1. 美国马萨诸塞大学科学家利用细菌实现"空气发电"

美国马萨诸塞大学 Yao Jun 团队利用具有导电功能的细菌 Geobacter sulfurreducens 制备蛋白质纳米线薄膜并将其夹在两块金电极中间，使薄膜部分暴露在潮湿的空气就可持续 20 小时产生电流，电压约 0.5 伏，电流密度 17 微安/厘米^2，可点亮发光二极管（LED）灯。连接 17 个该器件可产生 10 伏电压，足以给手机充电。经过反复试验发现可能是潮湿的空气导致电流形成，暴露的薄膜吸收空气中的水分子，并在薄膜中解离成氢离子和氧离子形成梯度分布，因而产生电流。器件在 45% 湿度条件下性能最好，在类似撒哈拉沙漠的干燥条件或港口城市的湿润条件下也可工作。该研究被认为是里程碑式的进步，但蛋白质纳米线制备方法还有待完善，且电流产生机理还需进一步研究。相关研究于 2020 年 2 月 17 日发表在《自然》上。（边文越　吴晓燕）

2. 加拿大科学家研发具备亲水和疏水双通道异质催化剂实现高效高选择性 CO_2 催化还原

利用可再生能源电催化 CO_2 还原成燃料或高价值化学品一方面能够减少温室气体，同时又可以解决能源问题，因此受到广泛关注。然而 CO、CO_2 等疏水性气体在电解液中传输扩散到催化剂表面速度缓慢，因而整个催化转化反应产率不高。由加拿大多伦多大学 Edward H. Sargent 教授课题组牵头的国际联合研究团队设计开发出了一种金属催化剂——离子聚合物体异质结（CIPH）。得益于离子聚合物疏水和亲水功能以及离子传输特性，这种新型结构的复合催化剂能实现气体、离子、电子高效分离输运，可将气体和离子的传输范围从传统的数十纳米扩展到微米级，从而实现在极高电流密度下将

CO_2 高效电催化还原为多碳产物，法拉第效率达到 65%~75%。相关研究于 2020 年 2 月 7 日发表在《科学》上。（郭楷模）

3. 澳大利亚科学家实现量子点太阳能电池 16.6%光电转换效率达商业化应用水平

当前有机无机杂化钙钛矿太阳能电池转换效率已超越多晶硅，逼近单晶硅，然而高效钙钛矿太阳能电池的钙钛矿材料存在相分离不稳定问题。胶体量子点形态的钙钛矿材料较相同成分的块体或薄膜形态材料，具有卓越的物相稳定性，但制备过程易产生大量缺陷。澳大利亚昆士兰大学 Lianzhou Wang 教授研究团队牵头的国际联合研究团队利用配体辅助阳离子交换法快速制备甲脒（FA^+）与铯（Cs^+）混合阳离子钙钛矿量子点，因其存在油酸配体可快速形成钙钛矿量子点并钝化晶体表面，从而减少表面缺陷抑制非辐射复合，有效控制了缺陷密度和相分离，获得了高质量稳定量子点。其基于 $Cs_{1-x}FA_xPbI_3$ 钙钛矿量子点的认证光电转换效率高达 16.6%，刷新了量子点太阳能电池此前 13.4%的世界纪录。器件在模拟光源辐照下连续运行 600 余小时后仍可维持 90%以上的初始效率，展现出了优异的稳定性。相关研究于 2020 年 1 月 20 日发表在《自然-能源》上。（郭楷模）

2020 年 3 月

1. 韩国三星研究院在高性能长寿命全固态电池领域取得重大突破

以金属锂做负极的全固态锂金属电池无论在理论能量密度上还是在安全性上都远远优于传统的锂离子电池。然而，锂负极不受控的枝晶生长以及低库伦效率严重制约了锂负极全固态锂金属电池的实用化发展。三星 In Taek Han 研究员带领的研究团队联合日本三星研究院设计开发了一种独特的银-碳复合负极，替代锂金属负极，可使锂的均匀成核不会形成枝晶。相比传统石榴石型固态电解质，团队通过机械加压方法制备的硫银锗矿（Argyrodite）型固态电解质（Li_6PS_5Cl）具备更优异的离子导电性、柔软特质、机械性能。结合两者制备的软包全固态电池获得高达 942 瓦·时/千克的能量密度，且能够保持稳定循环超过 1000 余次，在电动车等高比能储能应用领域具备广阔应用前景。相关研究于 2020 年 3 月 9 日发表在《自然-能源》上。（郭楷模）

2. 美国科学家首次实验揭露钙钛矿缺陷态空间和能量分布

理论研究表明金属有机卤化物钙钛矿材料表面和晶界的结构缺陷会引起深电荷陷阱，而这种陷阱会捕获电荷导致光生电荷非辐射复合损失致使钙钛矿太阳能电池的能量损失效率受到抑制。北卡罗来纳大学 Jinsong Huang 教授团队利用变幅电容分布技术首次通过实验手段揭露了金属有机卤化物单晶和多晶中缺陷态密度的空间和能量分布，并对理论进行验证。在单晶中，不同区域的缺陷态密度可相差五个数量级，最低值 2×10^{11}/厘米^3，并且大多数深陷阱位于晶体表面；多晶钙钛矿薄膜界面电荷陷阱密度比内部大 1～2 个数量级，且内部的陷阱密度比单晶大 2～3 个数量级。薄膜钝化处理后钙钛矿界面缺陷大幅减少，但在其和空穴传输层界面发现大量电荷陷阱，限制太阳能电池效率。该研究为深刻理解钙钛矿缺陷态分布和如何影响器件性能提供了直接实验证据，为钙钛矿太阳能电池性能改善（如表面钝化技术）奠定了关键的理论基础。相关研究于 2020 年 3 月 20 日发表在《科学》上。（郭楷模）

2020 年 4 月

1. 美国开发新型六结叠层太阳能电池同时打破两项世界效率纪录

由于半导体固有的带隙特点，单结半导体太阳能电池的光电转换效率存在理论极限，即肖克利-奎伊瑟效率极限（S-Q 效率极限，约 31%）。而将不同带隙电池进行串联构建叠层太阳能电池被认为是电池效率突破 S-Q 效率极限值强有力的技术路径。美国国家可再生能源实验室（NREL）Thomas Moriarty 教授课题组牵头的国际联合研究团队设计制备了基于 Ⅲ～Ⅴ 族异质结半导体的六结叠层太阳能电池，通过对制备工艺和结构的优化，有效克服不同晶体晶格错配问题，减少内阻，抑制相分离，使得电池器件性能显著提升，在相当于 143 个标准太阳光辐照强度下器件获得了高达 47.1%（先前效率纪录是 46.4%）的认证效率，创造了人类有史以来太阳能电池器件光电转换效率最高值。即使在无聚光条件下整个器件依旧可获得近 40% 的转换效率，也是目前无聚光太阳能电池器件的最高纪录。研究人员指出通过后续的材料和工艺优化完全可以突破 50%。相关研究于 2020 年 4 月 13 日发表在《自然-能源》上。（郭楷模）

2020 年 6 月

1. 中国科学家开发出全球首个能量密度超过 500 瓦·时/千克锂金属软包电池

南京大学 Haoshen Zhou 教授研究团队设计开发了一种稳定、大容量的基于阴离子氧化还原活性的正极材料体系，应用于锂金属（Li）软包全电池，通过氧化锂（Li$_2$O）与过氧化锂（Li$_2$O$_2$）之间的可逆转化，显著提升了电池器件的性能，首次获得超越 500 瓦·时/千克的能量密度，且电池稳定循环 100 余次后仍可获得大于 400 瓦·时/千克的能量密度，更为关键的是，该电池镍金属的质量含量仅为 1.59%，远低于传统的高镍三元正极，成本更低更适于规模化生产，为设计开发高能量密度的锂金属电池开辟新思路，对电池和电动汽车业发展具有重要推动作用。相关研究于 2020 年 6 月 9 日发表在《焦耳》上。（郭楷模）

2. 中国科学家研发新型电子传输层助力室内环境有机光伏电池效率突破 30%

有机太阳能电池具有材料来源广泛、价格低廉、重量轻等优点，最关键的是其具有优异的机械柔韧性，拥有比传统硬基底光伏电池更加广阔的应用前景，例如各类不规则几何形状的可穿戴设备、柔性电子设备。香港科技大学 He Yan 教授带领的研究团队设计制备了目前具有最高占据分子轨道（HOMO）水平的窄禁带电子传输层（ETL），应用于非富勒烯有机光伏电池，有效抑制了器件的漏电流和载流子复合，从而显著提升电池性能，在室内光源辐照下获得了高达 31%的转换效率，对物联网（IoT）电子设备电源发展具有重大推动作用。相关研究于 2020 年 6 月 10 日发表在《焦耳》上。（郭楷模）

2020 年 7 月

1. 美国科学家成功利用商业化半导体制造工艺制备出大面积柔性单晶钙钛矿薄膜

目前文献报道的钙钛矿太阳能电池器件大部分是基于多晶钙钛矿薄膜，因为多晶结构制备工艺较为简单，但多晶薄膜存在大量缺陷且结构稳定性较差。相比之下，单晶钙钛矿薄膜无晶界缺陷极少，因此具备更加优异的电荷传输性能和稳定性，但该类薄膜的制备工艺极具挑战性（薄膜成核、形貌和组分难以控制），因此在制备工艺上实现突破是单晶钙钛矿电池商业化应用的关键因素。由加州大学圣迭戈分校 Sheng Xu 教授课题组牵头的国际联合研究团基于商业化的半导体平板印刷工艺开发出新的制备方法，成功在柔性衬底上制备出了厚度精确可控的大面积（0.25 厘米^2）柔性单晶钙钛矿薄膜，相应电池器件获得了 19%的高效率，且具备优异的机械柔韧性和长程稳定性，表现出良好的商业化应用潜力。相关研究于 2020 年 7 月 29 日发表在《自然》上。（郭楷模）

2. 美国学者研制出首款室温液态金属电池

美国得克萨斯大学奥斯汀分校开发出一种兼具固态和液态电池优点的新型室温全液态金属电池，可储存更多能量，稳定性更强，且柔韧性更好。该电池以钠钾合金为阳极、镓基合金为阴极，这些金属电极可在 20℃环境下保持液化状态，这是液态金属电池当前最低的工作温度，显著低于液态金属电池通常所需的 240℃的高温。与当前常用的固态锂离子电池相比，该液态金属电池可提供更多电量，充电速度也更快。由于含有液态成分，可根据所需功率自由地"放大"或"缩小"电池体积。然而，由于镓价格较高，寻找性能相近、成本低廉的替代材料成为重要挑战。相关研究于 2020 年 6 月

17日发表在《先进材料》上。（万勇）

2020年8月

1. 中国科学家构建全球首个转化效率突破20%的CO_2还原人工光合系统

现有采用CO_2电还原活性最高的金催化体系的人工光合系统，其太阳能到燃料（CO_2还原为燃料）的最高转换效率还不到18%，而太阳能到氢能转化最高效率已达30%，因此亟须一系列的研发突破来进一步提升其转化效率。上海科技大学林柏霖教授研究团队开创性地在纳米多孔聚丙烯薄膜上负载一层多孔银（Ag）薄膜形成复合薄膜气体扩散电极，得益于其独特的几何结构，该催化电极突破了三相界面扩散极限的限制，电催化活性显著增强，实现了在极低的过电位下高活性、高选择性和高稳定性的CO_2催化还原，且基于该电极的人工光合系统实现了最高瞬态效率20.4%，平均转换效率20.1%，创造了太阳能到燃料（CO_2还原制燃料）转化效率世界纪录，对太阳能制燃料的商业化发展具有重要的推动作用。相关研究于2020年8月5日发表在《材料化学学报A辑》上。（郭楷模）

2. 德国科学家全球首次实现空间环境钙钛矿和有机太阳能电池性能测试

卫星太阳能电池板长期以来一直采用硬基板的晶硅太阳能电池，但其质量能量密度较小为1～3瓦/克，且制备成本较高。相比之下，新生代钙钛矿和有机等薄膜太阳能电池制备成本低廉，且具备轻量化和良好机械柔韧性，其质量能量密度远高于晶硅电池分别可达29瓦/克和10瓦/克。慕尼黑工业大学Peter Müller-Buschbaum教授研究团队实现全球首次在空间环境条件中对钙钛矿太阳能电池、有机太阳能电池性能和能源输出情况研究，即在亚轨道火箭飞行过程中进行原位表征测试，结果显示其功率分别达到14毫瓦/厘米^{2}和7毫瓦/厘米^2，证明上述薄膜太阳能电池在漫射辐射环境中也可有效运行。上述电池应用于卫星火箭等太空设备既能提升设备质量性能，还能降低成本，展现出广阔的太空领域应用潜力。而传统晶硅太阳能电池在没有直射光

时便停止工作。相关研究于 2020 年 8 月 12 日发表在《焦耳》上。(汤匀　郭楷模)

2020 年 10 月

1. 中国科学家开发出效率首破 20% 的大面积全钙钛矿叠层电池

全钙钛矿叠层电池在成本、制备工艺上优势显著，且具备良好的机械柔韧性，可应用于各种复杂几何表面结构，应用范围更广。窄带隙铅锡 (Pb-Sn) 混合钙钛矿薄膜电池是全钙钛矿串联电池良好的子电池选项，但该薄膜存在表面晶界缺陷且锡离子存在易于被氧化问题（Sn^{2+} 氧化 Sn^{4+})，导致采用该薄膜电池的效率和稳定性不甚理想。由南京大学谭海仁教授课题牵头的国际联合研究团队通过在 Pb-Sn 混合薄膜中加入双极性抗氧化剂，成功实现了对其表面晶界缺陷的钝化和 Sn^{2+} 氧化问题的有效抑制。实验制备了大面积全钙钛矿双结串联电池，器件转化效率首次突破了 20%，是迄今面积大于 10 厘米^2 钙钛矿电池（无论单、双结）的效率最高值，创造了该类型电池的世界纪录。而在 54～60℃ 条件下连续工作 500 小时后，仍能保持其 88% 的初始性能，表现出良好的长程稳定性，证明该电池具备产业化应用的潜力。相关研究于 2020 年 10 月 5 日发表在《焦耳》上。(郭楷模)

2. 美国科学家开发出双金属异质结双功能电催化剂实现高效海水电解制氢

传统高性能的电解水产氢催化剂因主要基于铂等贵金属材料，具有资源稀少、价格昂贵等缺点，不利于氢能的规模化应用。美国休斯敦大学 Zhifeng Ren 教授课组通过"原位生长—离子交换—磷化"三步合成方法制备了双金属异质磷化物，具备了阴极析氢反应（HER）和阳极析氧反应（OER）双功能的催化特性，得益于独特的异质结构，实现了对海水的高效稳定全分解产氢。气体产物测试表明，在 100 毫安的电流下，催化剂具有接近 100% 的法拉第效率，进一步证明其作为电解海水催化剂不仅具有高稳定性，同时具有

高转化效率。相关研究于2020年10月27日发表在《先进功能材料》上。（郭楷模）

2020年11月

1. 英国科学家全球首次实现对钙钛矿薄膜的原子尺度表征

由于多晶的有机无机杂化金属卤化物钙钛矿薄膜中含有有机成分，其对电子束的能量较为敏感，传统的透射电镜电子束能量过高会破坏钙钛矿相结构。因此亟须利用先进成像技术实现对多晶杂化金属卤化物钙钛矿薄膜纳米（甚至原子）尺度的高分辨表征，以探明其潜在的工作机制，为实验的进一步发展提供科学依据。由牛津大学Laura M. Herz教授课题组牵头的联合研究团队利用低剂量低角度环形暗场扫描透射显微镜（LAADF-STEM）成像技术，首次实现了对甲脒碘化铅（FAPbI$_3$）钙钛矿薄膜原子尺度的高分辨成像，系统观测研究了薄膜的晶界、缺陷、分解等形成过程和机理，为人们深入理解钙钛矿电池工作机制积累了关键的理论知识。相关研究于2020年10月30日发表在《科学》上。（郭楷模）

2. 瑞士科学家开发全球首个实现4伏工作电压的全固态钠离子电池

相比锂离子电池，全固态电池具有更高的操作安全性和更高的能量和功率密度。由于传统锂离子电池在能量密度、安全性方面的局限性，研发新一代动力电池成为行业关注焦点。然而全固态电池存在界面稳定性问题，即在运行过程中电解质和电极的体积会发生变化，导致两者接触表面出现分离，从而使电池性能衰退。因此设计一种高性能固体电解质以满足高离子导电性和正负极界面稳定性的要求是该类电池研究热点。由瑞士联邦材料科学与技术实验室Arndt Remhof教授牵头的联合研究团队利用界面工程技术成功地在氢硼酸盐基全固态电解质（Na$_4$(CB$_{11}$H$_{12}$)$_2$(B$_{12}$H$_{12}$)）和钠离子基正极（Na$_3$(VOPO$_4$)$_2$）材料之间形成了钝化界面层，保持了电极和电解质之间接触界面的稳定性，首次实现在室温下4伏高工作电压全固态电池的稳定运行。相关研究于2020年11月6日发表在《科学》上。（郭楷模）

2020 年 12 月

1. 德国亥姆霍兹联合会科学家制备出 29.15% 转换效率的钙钛矿-晶硅双结叠层太阳能电池刷新世界纪录

受限于固有的带隙问题,单结电池效率存在 S-Q 效率极限(约 32%)。而将基于不同带隙(光谱响应范围不同)光敏材料的太阳能电池进行串联构建叠层太阳能电池被认为是电池效率突破单结电池 S-Q 效率极限强有力的技术路径。由德国亥姆霍兹联合会 Steve Albrecht 教授课题组牵头的国际联合研究团队设计开发了一种自组装的甲基取代咔唑单分子层材料 Me-4PACz,作为空穴接触层覆盖在空穴层表面,一方面该接触层增强了空穴的抽取效率,另一方面起到了界面钝化作用,从而有效地抑制了界面非辐射复合,提升了开路电压和填充因子,进而增强了电池性能。在此基础上制备了钙钛矿-晶硅双结叠层太阳能电池,1 厘米^2 有效辐照面积器件获得高达 29.15% 的认证效率,刷新了此前牛津光伏公司创造的 28% 的世界纪录。研究人员进一步探索了电池的长程稳定性,在未封装的情况下电池运行 300 小时后仍可保持 95% 初始效率,呈现出优异的稳定性。相关研究于 2020 年 12 月 11 日发表在《自然》上。(郭楷模)

2. 美国科学家首次揭露锂电池锂沉积的热力学作用机制

美国斯坦福大学的 Yi Cui 教授课题组首次揭露了热力学对石墨表面锂非均匀沉积的作用机制,即锂离子电池内部的温度不均一性会导致石墨负极部分区域的锂沉积电位和嵌锂电位偏离平衡电极电位,进而在 0 伏(vs Li/Li$^+$)以上的电位发生锂金属的析出沉积。这种由热力学因素引起的欠电位非均匀锂沉积现象很好地解释了为什么慢充条件下石墨负极表面同样会出现锂沉积现象。该工作有助于更好地理解锂离子电池循环过程中容量衰减和电池失效的根本原因,为设计开发高性能、长循环寿命的锂离子电池积累了关键科学理论。相关研究于 2020 年 11 月 24 日发表在《美国国家科学院院刊》上。(郭楷模)

地球科学领域

2020年2月

1. **瑞士与意大利科学家合作发现近3000米深的地热钻探未引发不受控制的地震活动**

包括瑞士在内的一些国家已在利用地热能从1500米以浅的浅井中产生热量,但若要发电,必须进行更深层次的钻探,而保持深层井场的稳定性越来越困难且可能引发地震。意大利拉德雷罗(Larderello)地热田生产的地热电力占世界的10%,其钻探至约3000米时,发现了一个以地震反射层为标志的地质层,科学家认为在这里可能发现可产生大量可再生能源的超临界流体。瑞士日内瓦大学、意大利佛罗伦萨大学、意大利国家研究理事会合作研究与寻找超临界流体的地热钻探有关的地震活动,在拉德雷罗周围8千米半径内设置8个地震台站来区分自然地震活动和钻井引起的非常微弱的地震事件,因在约2500米深处温度升高超过500℃而不得不停止作业,但结果显示这一次钻探只造成了最小的地震干扰。该技术正处于可掌握地热能的边缘,将为新的、无污染的热电资源铺平道路。(赵纪东)

2. **瑞士日内瓦大学新研究将为从斑岩型矿床充分开采金和铜提供重要依据**

斑岩型矿床是铜和金的重要来源,全球75%的天然铜和25%的天然金产自斑岩型矿床。科学家试图通过研究在斑岩型矿床形成过程中铜和金的矿化积累特性,寻找从矿床中开采的铜和金的数量之间的相关性。通过利用一系列统计模型证明了影响铜和金数量的是金属沉淀的有效性,即关键在于两者矿化时间不同,成矿时间越长矿床越深,铜含量就越多,矿床越浅则就越富含金。为使矿化尽可能长，矿床须离地表 3 千米深，以保证矿化所需的温度和较长的岩浆寿命。研究发现在富含铜的深层矿床中，只有不到 1%的金被捕获，而在深度为 3 千米的矿床中，这一比率上升到 5%，说明火山喷发使得超过 95%的金流失到大气中，这些流失的金由于发生液体和蒸汽分离从而容易在浅层沉积物中被保留。该研究不仅首次明确区分了斑岩铜矿和金矿，而且解释了其形成机理。这将为矿产勘探行业如何勘探并最大限度开采铜和金提供重要指导。（张树良）

基础交叉前沿

2020年1月

1. 中国与美国科学家首次证实存在二维冰并揭示其生长机制

近百年来，人类发现了冰的 18 种三维结构，其中最常见的就是六角形的冰相，如飘落的雪花、解暑的冰块、南极的厚冰层。但自然界是否有稳定存在的二维冰，一直缺乏确切实验证据。北京大学、美国内布拉斯加大学林肯分校以及中国科学院的研究团队，利用高分辨 qPlus 型原子力显微镜技术，首次在实验上证实了二维冰的存在，并以原子级分辨率拍到二维冰的形成过程，揭示了其特殊的生长机制。结果表明，二维冰由两层六角冰无旋转堆叠而成，两层之间靠氢键连接，每个水分子与同一层的水分子形成三个氢键，与上下层的水分子形成一个氢键，因此所有的氢键都被饱和，结构非常稳定，是一种可以独立存在的自饱和二维冰。二维冰的应用前景广阔，可以根据二维冰的结构更有针对性地设计和研发防结冰材料，同时为高温超导电性、深紫外探测、冷冻电镜成像等研究提供全新平台。相关研究于 2020 年 1 月 2 日发表在《自然》上。（王海名）

2020年3月

1. 中国科学家在锡烯超导中发现新伊辛配对机制

清华大学张定等在 2018 年首次发现灰锡薄膜（锡烯）具有超导电性，其面内上临界磁场超过了常规超导体的上限，即所谓的泡利极限，且在温度逼近绝对零度时仍无饱和迹象，这是典型的伊辛超导行为。由于锡烯具有中心反演对称性，这些行为不能用现有的伊辛超导理论解释。张定和北京量子信息科学研究院院长薛其坤院士领导的中德合作团队首次在具有高对称性的材料锡烯薄膜中观测到了数倍于理论预期的临界磁场，并清晰地观测到了温度逼近绝对零度时临界磁场的发散行为，给出了伊辛超导的实验证据。通过理论与实验的紧密结合，研究人员最终提出了由自旋轨道耦合与材料对称性共同作用的新一类伊辛配对机制，即第二类伊辛配对机制。该工作不但为伊辛超导的存在提供了实验证据，也拓宽了人们寻找伊辛超导的材料范围。相关研究于 2020 年 3 月 13 日发表在《科学》上。（王海名）

2. 中国科学家首次发现铁磁量子临界点证据

随着温度的升高，磁性材料通常会在某一温度发生磁性相变，导致材料失去磁性，而铁磁材料是否存在量子临界点尚未找到其存在的确凿证据。浙江大学袁辉球团队等首次在纯净的重费米子化合物 $CeRh_6Ge_4$ 中发现铁磁量子临界点，并观察到奇异金属行为，打破了普遍认为的铁磁量子临界点不存在的传统观念，并将奇异金属行为拓展到铁磁量子临界材料中。这是首次在一个纯净的铁磁材料体系中发现量子临界点存在的确凿实验证据，并且观察到了与高温超导体相似的奇异金属行为：当温度趋于绝对零度时，低温电阻随温度线性变化，比热系数随温度对数发散。这些发现为研究铁磁量子相变、揭示长期困惑人们的奇异金属行为开辟了新的方向。相关研究于 2020 年 3 月 5 日发表在《自然》上。（王海名）

2020 年 4 月

1. 国际团队研究显示正反中微子行为不同，或可解释宇宙为何由物质主导

理论认为约 138 亿年前的宇宙大爆炸产生了同样数量的正反物质。数量相同的正反物质相遇会彼此湮灭，仅留下光子和暗物质。而今宇宙似乎由物质主导，"正反物质不对称"是自然界最大的谜团之一。中微子分为电子型中微子、缪子型中微子和陶子型中微子三种类型及其相应的反中微子。由 357 名国际专家参与的日本 T2K 中微子合作组基于日本超级神冈探测器，历

时近 10 年从近 1021 次质子打靶产生的中微子中检测到 90 个电子型中微子和 15 个电子型反中微子，表明缪子型中微子转变成电子型中微子的概率高于缪子型反中微子转变成电子型反中微子的概率。该结论尚未达到可被称为"发现"的水平，但或有助于阐明现在宇宙由物质而非反物质主导的原因。未来将有 3 款中微子探测器上线帮助物理学家进一步研究：中国"江门中微子实验"将率先于 2022 年开始采集数据；美国"地下中微子实验"和日本"顶级神冈"实验分别拟于 2025 年、2027 年启动。相关研究于 2020 年 4 月 15 日在《自然》上发表。（王海名）

2. 中国科学家创超快电子衍射时间分辨率新纪录

拍摄超高时间分辨的原子电影是科学家的梦想，超快电子衍射被认为是实现方法之一。上海交通大学物理与天文学院向导教授和张杰院士领导的课题组与上海科技大学万唯实教授合作，将加速器领域的双偏转消色差技术与激光领域啁啾脉冲放大压缩技术结合，在国际上首次实现无时间抖动电子束脉宽压缩，对 1 小时数据平均后，获得包括电子束脉宽和时间抖动卷积后的结果为 40 飞秒，首次突破 50 飞秒的分辨率障碍，将美国同行保持多年的分辨率世界纪录提高了近 3 倍。在实现优于 50 飞秒分辨率后，研究人员正在进一步优化设施中的各项子系统，预期将来能获得更高的时间分辨率，并有望使许多原来认为不可分辨的超快物理或者化学过程成为可能。相关研究于 2020 年 3 月 31 日发表在《物理评论快报》上。

3. 中国与美国科学家合作实现无反射镜下单向辐射

单向辐射作为研制大规模光子集成和光子芯片的关键技术之一，广泛应用于高性能光栅耦合器、高能效激光器及激光雷达光学天线等，目前大多通过分布式布拉格光栅反射镜、金属反射镜等镜面反射实现。然而，片上集成时，反射镜不仅体积大、结构复杂、加工难度高，还会引入额外的损耗和色散。针对这一集成光子器件研究中亟待解决的关键问题，北京大学信息科学技术学院彭超课题组与麻省理工学院、宾夕法尼亚大学等学者合作，从拓扑光子学视角提出一种在单层硅基板上不依靠反射镜而实现定向辐射的新方法。联合课题组利用自主发展的倾斜刻蚀工艺制备样品，实验上观测到非对称辐射比高达 27.7 分贝。这就意味着超过 99.8%的光子能量朝一侧定向辐射，较传统设计提高了 1~2 个数量级，从而证明单向辐射导模共振态的有效性和优越性。该技术有望显著降低片上光端口的插入损耗，大幅推动高密度光互连和光子芯片技术的发展。相关研究于 2020 年 4 月 22 日发表在《自然》上。

2020 年 5 月

1. 中国与美国科学家首次实现分子与原子纠缠的混合量子系统

中国科学院微观磁共振重点实验室林毅恒教授与美国国家标准技术研究所合作基于不兼容的硬件设计和工作频率，通过连接量子比特，首次实现单原子和单分子之间的量子纠缠态。研究人员将钙原子离子的两个能级与氢化钙分子离子的两个不同的旋转状态对缠结在一起，并采用不同强度、不同方向、不同脉冲序列的蓝光和红外激光束的特定公式对离子的量子态进行冷却、纠缠和测量。通过两组分子的旋转特性证实原子离子和分子离子之间存在纠缠，且显示分子中存在大量可供选择的量子比特频率，或是 13.4 千赫低能量，或是 8550 亿赫高能量，并可在低能对量子比特实现 87%的纠缠，高能对实现 76%的纠缠。该研究增强了在量子水平上对分子基本性能的控制，有望加速创建大规模量子计算机和网络。相关研究于 2020 年 5 月 20 日发表在《自然》上。（唐川）

2. 中国科学家发现最简单化学反应中奇特量子干涉现象

中国科学院大连化学物理研究所分子反应动力学国家重点实验室杨学明院士和张东辉院士团队，对所有化学反应中最简单的氢原子加氢分子的同位素（H+HD → H_2+D）反应进行研究，该体系只涉及三个电子，因此比较容易精确计算出这三个原子在不同构型时的相互作用力。团队早期观察到反应产物 H_2 的多少会随碰撞能而呈现特别有规律的振荡，通过理论结合实验对该现象进行详细研究发现了一种不常见的量子干涉效应，并且利用这一量子干涉效应首次揭示了化学反应中远低于锥形交叉点的几何相位效应。通过这一量子干涉现象，在远低于反应的锥形交叉点的能量可以探测到几何相位效应，再次揭示了原子分子因碰撞而发生化学反应过程的量子性，这对研究几何相位效应在化学反应中的影响有重要学术意义。相关研究于 2020 年 5 月 15 日发表在《科学》上。（王海名）

2020 年 6 月

1. 美国国际空间站冷原子实验室首次实现玻色-爱因斯坦凝聚

玻色-爱因斯坦凝聚是玻色子（指遵循玻色-爱因斯坦统计，自旋量子数为整数的粒子）在冷却到接近绝对零度时所呈现出的一种物质状态，横跨量子力学支配的微观世界和经典物理支配的宏观世界，有望揭示暗能量的秘密。但该凝聚非常脆弱，与外部最轻微的相互作用就足以使它们升温到超过凝聚温度阈值。在地球实验室中，玻色-爱因斯坦凝聚通常在消散前持续几毫秒。而美国国家航空航天局喷气推进实验室 Robert Thompson 团队启动并成功运行位于国际空间站的冷原子实验室，在微重力条件下实现了玻色-爱因斯坦凝聚并持续超过一秒钟，同时还测量了它们与在地球上观测到的玻色-爱因斯坦凝聚之间的差异。此外，微重力条件下原子可通过更微弱的磁场来操纵，其冷却速度可以更快，成像的清晰度可以更高。此次的研究结果表明，空间微重力环境将帮助人类更好地探索这种奇异物质状态，为研究量子气体和原子干涉创造新机会，同时也为人类未来在空间中开展进一步任务奠定了基础。相关研究于 2020 年 6 月 11 日发表在《自然》上。（王海名）

2. 中国科学家将微波测量灵敏度提高 1000 倍

微波是人类观察世界的另一只"眼睛"，利用微波遥感技术可以测绘人类难以涉足地区的地形地貌，探索广袤神秘的宇宙太空。山西大学激光光谱研究所团队提出的基于可控原子体系的微波超外差测量新原理和新技术，从根本上避免了经典微波测量方法中自由电子随机热噪声的影响。研究突破微波量子测量的场强和极化测量局限，实现了利用里德堡原子对微波电场相位和频率的测量。特别值得一提的是，研究团队还在国际上首次实现里德堡原子微波超外差接收机样机，极大地提升了微波电场场强的探测灵敏度，微波测量灵敏度达 $55\text{nV}/(\text{cm}\cdot\text{Hz}^{1/2})$，优于之前国际最高水平 1000 倍，最小可探测微波场强约 400pV/cm，优于之前国际最高水平 10 000 倍。该项研究成果极大地推动了微波电场精密测量领域的发展，在国防安全、微波通信、量子计量、电子信息等领域具有重要的应用价值。相关研究于 2020 年 6 月 1 日发表在《自然-物理学》上。（王海名）

2020 年 9 月

1. 欧洲科学家发现"反转浮力"现象

在重力的作用下，烧瓶等容器中的液体通常会落至容器底部，但是在特定情况下，垂直振动液体可以浮于如空气层等低密层之上。法国巴黎高等物理化工学院、巴黎文理研究大学、法国国家科学研究中心、劳厄-朗之万研究所科学家团队在理论上进行预测并在实验中证明，这种垂直振动还可使浮力在悬浮液体的下层发生反转——如同重力倒转。在实验中，他们向容器内注入硅油或甘油等液体，接着垂直振动容器，将空气注入容器底部，直到液体开始悬浮。像模型船这样的物体，便可在悬浮液体的下表面反向漂浮。研究人员的观察结果违反了阿基米德原理，即浸在液体中的物体受到竖直向上的浮力，其大小等于物体所排开液体的重力。这一发现挑战了人类对"液体-空气界面"的直觉理解，有助于未来进一步研究液体边界行为，并对流体材料研究领域具有重要的现实意义。相关研究于 2020 年 9 月 2 日发表在《自然》上。（王海名）

2020 年 10 月

1. 中国科学家首次实现单个分子的相干合成

操控原子-分子体系的所有自由度，一直以来是量子体系调控的追求。中国科学院精密测量科学与技术创新研究院研究团队在实验室中利用微波将光阱中一对超冷异核原子相干合成单个超冷分子，在国际上首次实现单个分子的相干合成。这项工作标志着对原子之间核间距自由度的相干控制，开启了原子-分子体系所有自由度全面相干操控的研究大门。为基元化学反应过程相干控制、量子少体束缚态的相干合成及其量子调控提供了可能性。以相干的方式操控量子少体束缚态系统的内外态将对化学物理、核物理以及粒子物理中的少体问题的研究发挥独特的促进作用，具有潜在的重要科学价值。研究工作由该研究团队联合包括维也纳工业大学、北京计算科学研究中心、清华大学、上海交通大学、巴黎萨克雷大学等国内外机构的研究人员共同完成。相关研究于 2020 年 9 月 25 日发表在《科学》上。（王海名）

2020 年 11 月

1. 中外学者开发出可求解施温格方程的超冷原子量子模拟器

中国科学技术大学与德国海德堡大学、意大利特伦托大学研究人员联合取得了利用规模化量子计算和量子模拟方法求解复杂物理问题的重要突破，开发了一种专用的量子计算机，即由 71 个格点的超冷原子光晶格组成的量子模拟器，实现了对量子电动力学方程施温格模型（Schwinger model）的成功模拟。此前的研究中都无法观测规范场理论最基本的特性——局域规范不变性。中国科学技术大学研究团队通过操控束缚在其中的超冷原子，从实验上观测到了局域规范不变量，首次使用微观量子调控手段在量子多体系统中验证了描述电荷与电场关系的高斯定理。相关研究于 2020 年 11 月 18 日发表在《自然》上。（王立娜）

2. 中国数学家在微分几何学领域取得重大突破

微分几何学起源于 17 世纪，主要用微积分方法研究空间的几何性质，对物理学、天文学、工程学等产生巨大推动作用。"里奇流"诞生于 20 世纪 80 年代，是一种描述空间演化的微分几何学研究工具。中国科学技术大学教授陈秀雄与王兵团队长期研究微分几何中"里奇流"的收敛性，运用新思想和新方法，在国际上率先证明了"哈密尔顿-田"和"偏零阶估计"这两个困扰数学界 20 多年的核心猜想。研究耗时 5 年，论文篇幅长达 120 多页，从投稿到正式发表耗时 6 年。相关研究于 2020 年 9 月 5 日发表在《微分几何学杂志》上。（王海名）

2020 年 12 月

1. 中国科学家在自然条件下发现+1 价钙离子二维晶体

迄今自然条件下钙离子的唯一已知价态是+2，相对应的所有种类钙离子晶体都没有磁性且呈现绝缘性。西安交通大学物理学院张磊、张朋、张胜利教授团队联合上海大学、华东理工大学、中国科学院上海应用物理研究所、浙江农林大学、华东师范大学和厦门大学相关团队，基于冷冻透射电子显微镜技术，在还原氧化石墨烯（rGO）膜上直接观察到了自然环境下生成的二维氯化钙（CaCl）晶体，其中钙离子的价态为+1。他们的相关理论和实验同时表明，这些二维 CaCl 晶体具有室温铁磁性、金属性、类压电性，可形成石墨烯-CaCl 异质结，且具备显著的储氢和释氢能力。值得强调的是，CaCl 晶体表现出室温铁磁性，这一发现打破了人们普遍认为的主族金属元素不会具有室温铁磁性的传统观念，并可以预期其他金属元素也可通过形成类似的反常二维晶体而具有室温铁磁性。相关研究于 2020 年 11 月 7 日发表在《国家科学评论》上。（王海名）

材料制造领域

2020 年 1 月

1. 中国与美国科学家铁电材料研究取得新突破

铁电材料可实现电-声信号转换，广泛用于超声、电子、自控、压电器件等领域。常见的铁电材料由于存在大量畴壁和晶界，一般在可见光波段不透明，使得将可见光耦合到高性能压电器件成为一大挑战。西安交通大学李飞教授和徐卓教授、美国宾夕法尼亚州立大学陈龙庆等科学家合作，借助交变电场极化铁电晶体材料，完全消除了对光有散射效应的铁电畴壁，制备出的铁电晶体材料兼具较高的压电系数、电光系数和透光率。制得的透明压电晶体可助力设计和开发声光电多功能耦合器件。通过相场模拟和原位实验表征，研究人员发现降低畴壁密度或增大电畴尺寸，可大幅提升晶体的压电和介电性能，颠覆了长久以来形成的高畴壁密度才能产生高压电效应的传统认知，为压电材料设计提供了新思路。相关研究于 2020 年 1 月 16 日发表在《自然》上。（万勇）

2020 年 2 月

1. 中国科学家开发出快速降解白色污染新方法

废旧塑料等白色垃圾的处理主要依靠垃圾填埋和焚烧，自然降解时间长，而高温催化降解形成燃料的方法成本高企，难以大规模应用。中国科学技术大学谢毅院士和孙有福教授率领的研究团队通过模拟自然环境，基于光诱导碳—碳键裂解和偶联机理，实现了废旧塑料高选择性地转化为乙酸等多碳燃料。该方法不需加入其他牺牲剂，将主要成分为聚乙烯（PE）、聚丙烯（PP）和氯乙烯的一次性塑料袋、餐盒和保鲜膜等在光催化剂作用下，把其中的碳—碳键氧化裂解成二氧化碳，再通过光诱导碳—碳键偶联反应，还原成为乙酸，为解决白色污染开辟了新的途径。这三种塑料完全转化为二氧化碳仅分别需耗时 40 小时、60 小时和 90 小时，生成乙酸的速率约 42 微克/（克催化剂·小时）。相关研究于 2020 年 1 月 31 日发表在《德国应用化学》上。（万勇）

2020 年 3 月

1. 中国科学家在大面积晶圆衬底成功外延生长单晶薄膜

六方氮化硼（hBN）作为超薄二维半导体层状材料能够有效扩展集成电路晶体管的摩尔定律，但在晶圆上实现可靠的单晶 hBN 薄膜生长是目前工业上必须进行攻关的技术难点，且对大面积单层薄膜结构单晶性质的表征和确认也是二维材料研究中一个公认难题。中国科学院大连化学物理研究所傅强团队与台湾积体电路制造股份有限公司 Lain-Jong Li 团队、台湾交通大学 Wen-Hao Chang 团队、美国莱斯大学 B. I. Yakobson 团队、北京大学张艳峰团队合作，在蓝宝石基底上生长表面取向为（111）的无晶界单晶铜薄膜，以此作为衬底进一步制备出完全有序的六方氮化硼晶圆片，并采用实验室自行研制的深紫外激光 PEEM/LEEM 装备，对近百个微米尺寸的微区进行结构分析，确认了单层薄膜的单晶特性。该研究成果为实现新型二维电子器件奠定了基础，是半导体领域的一个里程碑事件。相关研究于 2020 年 3 月 4 日发表在《自然》上。（张超星）

2. 中国科学家提出用剪切促进晶体生长新法

北京理工大学化学与化工学院孙建科教授与韩国基础科学研究院合作，提出了利用剪切驱动的封闭系统恒温结晶方法，突破了人们对传统晶体生长机理的认知，发现在聚离子液体（PIL，一类聚电解质材料）存在的环境中，不断地搅拌会让晶体生长得更快、更大。该方法以小分子均苯三甲酸结晶为例，在咪唑类聚离子液体存在下，经过 10 分钟的搅拌，均苯三甲酸晶体的平均尺寸可达到 440 微米，较相同条件下不搅拌的体系获得的晶体平均尺寸增长了 171 倍。该方法远快于传统的室温挥发方法，具有很好的普适性，对无机、有机、无机-有机杂化晶体，甚至一些蛋白质晶体都具备促进生长的效果。该方法还能有效提升多孔晶态材料的比表面积，例如有机多孔分子笼、金属-有机框架以及共价有机框架等。这一突破为简单、高效合成高质量的单晶提供了新思路。相关研究于 2020 年 3 月 4 日发表在《自然》上。（万勇　王海名）

3. 美国科学家首次在陨石中发现超导材料

加州大学圣迭戈分校、美国布鲁克海文国家实验室的研究人员在两块不同的陨石中发现了超导材料，这是超导材料在太空中形成的第一个证据。为寻找陨石样品中的超导现象，研究人员利用磁场调制微波光谱技术，对来自 15 种不同陨石的碎片进行详细研究。测量结果表明其中两块陨石内含微量的来自外太空的超导微粒。进一步分析表明，超导现象可能源自其中铅、铟和锡的合金。由于人类掌握陨石的样本并不丰富，因此未来可能会从太空环境发现更多的超导材料。这一发现的重要意义不仅在于它是罕见的天然形式的超导材料，还为人类寻找室温超导材料点燃了希望。相关研究于 2020 年 3 月 23 日发表在《美国国家科学院院刊》上。（王海名）

4. 美国学者首次实现导电聚合物 3D 打印

美国麻省理工学院赵选贺教授率领的研究团队研制出一种导电聚合物墨水，首次实现了导电聚合物微结构的高分辨、高通量、快速直接 3D 打印，在精度、成本和加工时间等方面较传统工艺有显著改善，为柔性电子、可穿戴/植入设备等器件定制及推广提供了新策略。该导电聚合物由聚（3,4-乙烯二氧噻吩）和聚苯乙烯磺酸盐组成。研究人员通过冷冻、干燥处理水溶液，得到纳米纤维等有效成分，再与水和二甲基亚砜组成的溶剂混合，获得各种浓度的导电聚合物墨水。可打印出高深宽比、悬垂等三维结构，能在干燥态和水凝胶态之间相互转化，且不会发生微结构的显著变化，具有良好的长期稳定性。该研究成果实现了柔性高精度电子电路的程序化、高通量制造，可轻易点亮 LED 灯，并在弯折扭曲等力作用下保持功能。相关研究于 2020 年

3月30日发表在《自然-通讯》上。（万勇）

2020 年 4 月

1. 中国科学家首次在半导体材料中发现"光挠曲电"效应

南昌大学舒龙龙研究团队对卤化铅钙钛矿这一类光伏半导体材料进行弯曲处理，首次实现了"挠曲电"效应（由梯度应变产生的电极化效应，是近年逐渐得到发展、具有重要传感与驱动应用前景的新型机电耦合效应）与光伏效应的完美结合，可进行光机电多物理场耦合，同时收集环境中的机械能和光能。该研究是物理理论原创，首次发现卤化钙钛矿半导体材料具有十分特殊的"光挠曲电"效应。在光照作用下其挠曲电系数得到极大增强，最高可达 2000μC/m，这是当前所有材料中挠曲电系数值之最，为光传感、光探测器件应用提供了新思路。相关研究于 2020 年 4 月 20 日发表在《自然-材料》上。（万勇　吴晓燕）

2. 法国科学家研发可高效分解塑料瓶的酶

聚对苯二甲酸乙二醇酯（PET）是常见的塑料饮水瓶的主要成分，会引发严重的环境污染问题。2012 年，日本大阪大学研究人员发现了一种叶枝堆肥角质酶（LLC），可将 PET 分解为聚合单体，但高温活性差、缺乏实用性。法国图卢兹大学 A. Marty 等科学家分析了 LLC 的晶体结构，确定其关键氨基酸，对原始 LCC 进行靶向突变，加入二硫化物桥提高其高温稳定性。通过对 209 种突变酶进行筛选和测定降解活性，最终找到高活性、热稳定性的突变。改进后的 LLC 可在 72℃高效分解 PET，10 小时内将 90%的 PET 分解为单体，效率超过了迄今所有相关研究成果。回收的单体可重新用于生产 PET，性能与普通 PET 相同，有助于促进循环经济。相关研究于 2020 年 4 月 8 日发表在《自然》上。（边文越）

3. 多国科学家联合开发出变革性的发光硅锗合金纳米线

荷兰埃因霍芬理工大学、德国耶拿大学和慕尼黑大学、奥地利林茨大学的科学家联合开发出一种具有优异光电性能、能发光的锗和硅锗合金直接带隙半导体纳米线。传统硅合金制备方法通过交替使用不同成分的原子层来改变原子势。这里采用交替进行锗和硅锗合金两种类型的原子堆叠方式，制备出六方晶格的直接带隙硅锗合金。材料质量显著提高，已实现几乎可与磷化铟和砷化镓相媲美的光学性能，目前正在研究将该材料研制成硅基激光器并集成到电子芯片中。这将推动主流硅电子器件与光子器件紧密集成，为片上光通信和基于光谱学的平价化学传感器带来广阔的发展前景，且有望引发硅技术的第二次革命——硅光子学，为与互补金属氧化物半导体技术兼容的硅基光子芯片发展铺平了道路。这项研究得到欧盟"硅激光器"（SiLAS）项目的资助。相关研究于 2020 年 4 月 8 日发表在《自然》上。（王立娜）

4. 比利时科学家开发出将生物质催化转化为高价值化学品的新工艺

将生物质转化为燃料和高价值化学品，既有利于解决生物质废弃物污染问题，又具备了良好的经济价值，是化工和能源产业未来发展的重点方向。但目前几乎没有直接使用木质素生物质实现高产量高经济效益的转化案例，该问题是生物质精炼实现规模化生产的关键所在。由比利时鲁汶大学 Bert F. Sels 教授课题组牵头的联合团队开发了一种经济高效的综合生物精炼工艺，基于低成本的非贵金属催化剂将木质素全面高效转化为高价值化学品，不留残渣。基于投放的原料质量计算，木质素的整体转化率高达 78wt%的质量百分比。技术经济分析和生命周期评估都表明新工艺具有极高的经济可行性、技术可行性以及可持续性，表现出巨大的规模化工业应用潜力，不仅有助于解决生物质废弃物污染问题，对化工和能源产业（生物质催化转化为化工原料或燃料）发展也具有良好的推动作用。相关研究于 2020 年 3 月 20 日发表在《科学》上。（郭楷模）

2020 年 5 月

1. 美国麻省理工学院"魔角石墨烯"研究取得新突破

麻省理工学院 Pablo Jarillo-Herrero 团队曾于 2018 年在《自然》连发的两篇文章，第一作者均为毕业于中国科学技术大学少年班的曹原。研究显示，当平行的两层石墨烯扭转特定的"魔法角度"（1.1），可引发超导效应。该发现被认为是寻找室温超导体十分重要的一步,并开辟了一个新型研究方向:转角电子学。该团队最近发表有关"魔角石墨烯"的新研究进展,完善了相关理论和实验研究。研究人员将魔角特性应用于其他二维材料体系,以双层-双层石墨烯为研究对象,并制作了双栅极高迁移率的器件,研究了扭转角度、外加电位移场和磁场对性质的影响。此外,研究人员以六方氮化硼封装的魔角双层石墨烯为研究对象,借助纳米针尖扫描超导量子干涉装置,探究了扭曲角的无序问题。相关研究于 2020 年 5 月 6 日发表在《自然》上。(万勇)

2. 中国与美国科学家联合开发高强高韧超级钢创世界纪录

中国香港大学机械工程系黄明欣教授和美国劳伦斯·伯克利国家实验室 Robert O. Ritchie 教授合作领导的科研团队,成功突破超高强钢的屈服强度-韧性组合极限,在高端钢材要求的高强度(屈服强度约 2 吉帕)、延展性(均匀延伸率 19%)和韧性(102 兆帕·米$^{1/2}$)三个重要指标方面均达到史无前例的高水平,同时兼具低成本优势。研究团队发现该超级钢具有非常独特的断裂方式,在主裂纹下方形成很多微小裂纹,这些微小裂纹能有效吸收由外力引起的能量,从而大幅提高钢材的断裂韧性,远高于目前使用的钢材料。开创性地提出高屈服强度诱发晶界分层开裂增韧新机制,由此超高强钢铁材料断裂韧性的大幅提升。该钢不但解决了强度和韧性之间的矛盾,还具有制造方法简单及低成本等优势。可通过轧制与热处理等工业界广泛使用的加工方法制造,无须额外的复杂工序。相关研究于 2020 年 5 月 7 日发表在《科学》上。(冯瑞华)

3. 加拿大科学家开发机器学习技术助力高性能 CO_2 电催化剂快速研发

利用可再生能源驱动电催化 CO_2 还原成燃料或高价值化学品,既能有效减少温室气体,又能解决能源问题。受限于催化剂的性能,目前的 CO_2 催化转化效率和产率不高,因此开发更加高效的 CO_2 催化剂是该领域的研究热点。加拿大多伦多大学 Edward H. Sargent 教授课题组牵头的国际联合研究团队将密度泛函理论(DFT)计算和机器学习技术相互结合开发出材料筛选框架系统，实现了在 244 种不同的含铜金属间化合物晶体中快速筛选出高性能的铜-铝合金电催化剂，实现了 CO_2 到乙烯（C_2H_4）高效催化还原，且获得了迄今报道的最高法拉第效率（80%），为研发高性能的 CO_2 电催化剂开辟了新路径。相关研究于 2020 年 5 月 13 日发表在《自然》上。（郭楷模）

2020 年 6 月

1. 中国与加拿大科学家首次制备出褶层聚合氮

聚合氮是一种高能密度材料，这是由于其中的氮原子之间是单键相连，这与氮气分子的三键有较大的键能差，转化为后者可释放出巨大的能量。北京高压科学研究中心毛河光院士等人与加拿大萨斯喀彻温大学组成的国际合作团队利用激光加温金刚石对顶砧技术，在 150 万大气压和 2200 开尔文高温的极端条件下，首次制备出一种具有褶皱蜂窝层状结构的聚合氮：褶层聚合氮。研究人员通过超高压单晶 X 射线衍射、微区拉曼光谱原位测量，并结合理论计算，确认了聚合氮的晶体结构。该发现为进一步发展氮基二维材料和高能量密度聚合氮奠定了基础。相关研究于 2020 年 6 月 3 日发表在《科学进展》上。（万勇）

2. 加拿大科学家开发电化学制环氧乙烷新路线

环氧乙烷是重要的大宗化工原料，年产量约 2000 万吨，主要用于生产聚酯塑料。目前，工业使用银催化氧化法生产环氧乙烷，不仅反应条件较为苛刻（温度 200～300℃、压力 1～3 兆帕），且排放大量二氧化碳，环保性较差。加拿大多伦多大学 Edward H. Sargent 教授设计出一条电化学合成环氧乙烷的新路线，可在室温条件下，通过电解反应将乙烯转化为环氧乙烷。其主要创新之处在于利用氯离子作为氧化还原介体，避免原料乙烯被氧化为二氧化碳。在 1 安/厘米^2 的高电流密度条件下，该路线法拉第效率约 70%，环氧乙烷选择性达 97%。在 300 毫安/厘米^2 电流密度下运行 100 小时，法拉第效率始终保持在 71%左右。该路线可与电化学二氧化碳制乙烯路线相结合，直接将二氧化碳转化为环氧乙烷，也可用于制备环氧丙烷。相关研究于 2020 年 6 月 12 日发表在《科学》上。（边文越）

2020年7月

1. 英国学者研制出"机器人化学家"

英国利物浦大学 Andrew Cooper 教授率领的研究团队研制出一款"人工智能化学家",在8天时间里独立完成了668个实验,并研发出一种全新的化学催化剂,人类需要几个月的时间才能完成这些工作。该机器人身高1.75米,每天可工作21.5小时,仅暂停充电即可。研究团队对一款常用于汽车装配线的移动机器人进行改造后,即可在湿化学实验室内和科研人员一起工作,并使用相同的仪器。该机器人采用激光扫描和触觉反馈相结合的方式实现定位,且没有采用视觉系统。可在完全黑暗的环境下进行实验,这有助于进行光敏光化学反应。不同于许多只能配发液体的自动化系统,该机器人能以较高的准确性和可重复性,称量固体、分配液体、从容器中排除空气、进行催化反应以及称量反应产物等,扩大了在材料研究中的实用性。相关研究于2020年7月8日发表在《自然》上。(万勇　边文越)

2020年9月

1. 德国学者制备出超轻共价有机框架/石墨烯气凝胶

德国柏林工业大学 Arne Thomas 教授率领的研究团队通过绿色合成方法,在低温环境中自组装制备得到共价有机框架材料(covalent organic frameworks,COFs)与氧化石墨烯组成的气凝胶,其由于分层多孔结构、超低密度、良好机械强度和增强的导电性,在环境、能源等领域具有广阔的应用前景。该气凝胶密度约为7.0毫克/厘米^2,可置于树叶上。表征结果显示,该材料具有良好的柔韧性,应力释放后可完全恢复至原始形状。吸附实验表明,该气凝胶对不同溶剂的吸附量为自身重量的98~240倍,优于其他众多的吸附剂。电化学测试显示,该复合材料的三维结构利于电荷的快速转移和离子向氧化还原活性位点扩散。经过5000次循环后,电容保持率可达96%,循环稳定性极佳。相关研究于2020年9月18日发表在《自然-通讯》上。(万勇)

2020 年 11 月

1. 韩国科学家开发出使用寿命延长 20 倍的稀土-铂合金催化剂

脱氢是石化工业制造丙烯的重要工艺。目前使用的铂-锡（Pt-Sn）双金属催化剂已问世近 30 年，业内始终未能找到改善催化剂积炭失效问题的可行办法。此前大量研究认为，稀土氧化物结构稳定，不能通过加热氢化反应与铂形成合金。韩国科学技术院的研究团队使用介孔沸石成功制备稀土-铂合金纳米颗粒。研究中使用了孔径低于 0.55 纳米且具有均匀和连续空间结构的介孔沸石作为制备催化剂的载体。稀土镧（La）和钇（Y）的加入大幅度改善了铂在分子筛中的分散性，同目前广泛使用的多孔氧化铝负载 Pt-Sn 双金属催化剂相比，其丙烯脱氢工艺催化活性提高了 10 倍以上，使用寿命延长了 20 倍以上。相关研究于 2020 年 11 月 23 日发表在《自然》上。（万勇）

2. 美国与加拿大科学家开发出无须低温环境的太赫兹激光器

紧凑型芯片激光器已经征服了从紫外到红外的大部分电磁频谱，但仍有一个关键区域未被"驯服"，即位于红外和微波之间的太赫兹波段。工程师渴望找到一种现成的能穿透不透明物体并探测其内部化学指纹的太赫兹辐射源。但是现有的紧凑型太赫兹激光器只能在超低温下工作。美国麻省理工学院和加拿大滑铁卢大学联合团队研究发现，在较高温度下，电子会一次跃过多层材料间的势垒，通过更精确地调整激光器材料的层状结构（某些层只有 7 个原子厚），可使电子在足够高温度下工作，这一温度足以用标准的紧凑型热电制冷器实现。基于该原理，研究团队开发出了无须超低温环境的太赫兹激光器。该太赫兹激光器仅为米粒大小，其工作温度为 $-23\,^\circ\mathrm{C}$，其配套的插入式冷却器也仅有饼干大小。未来的室温太赫兹成像设备可以在不进行活检的情况下区分皮肤癌和正常组织，也可以检视乘客和货物中隐藏的爆炸物、非法药品等。相关研究于 2020 年 11 月 2 日发表在《自然-光子学》上。（王海名）

2020 年 12 月

1. 英国学者研制出最为耐用、轻薄的有机发光二极管

有机发光二极管（OLED）在轻薄和耐用性方面，往往不可兼得。英国圣安德鲁斯大学 Malte Gather 教授率领的研究团队研制出迄今最耐用、最轻、最薄的 OLED，不仅有望变革未来手机和平板电脑的设计，还可推动脑科学的发展。研究人员利用有机电致发光分子、金属氧化物和具有生物兼容性的聚合物保护层，制得的 OLED 与家居日常使用的保鲜膜一样轻薄。在耐用性方面，先前的超薄 OLED 在空气和潮湿环境中很不稳定，而此次得到的 OLED 可在水中放置几周时间，甚至可放在溶剂和气体等离子体中。在另一项研究中，研究人员通过该微型 OLED 发出的光，并结合光遗传学神经科学方法，对苍蝇幼虫的感觉神经元进行开闭，从而以高度可控的方式引导幼虫向前或向后爬行。这为制造可植入脊椎动物大脑的光源，更深入研究其功能提供了新的思路。相关研究于 2020 年 12 月 7 日发表在《自然-通讯》上。（万勇）

第五篇
全球重点研发企业创新动态

能 源 领 域

2020年1月

1. 美国1366太阳能科技公司再融资1800万美元开展低成本硅片技术研究

其直接硅片（direct wafer）工艺可通过熔融硅原料直接生成硅晶圆外延片。且只需一道工序，减少硅锭切割等流程，降低硅消耗并保持晶圆的稳定性。每片成本仅为0.19美元，若熔炉能一次生产多个晶圆，成本甚至可降至0.15美元以下。（罗剑钊）

2. 美国IBM公司开发出不含重金属的新一代电池技术

该新型电池技术可利用从海水中直接提取的专有材料制备无钴和无镍的阴极材料及安全液体电解质，可抑制充电过程中的锂金属结晶，从而降低电池可燃性和故障风险。优化后的电池生命周期更长且更稳定，功率密度超过10 000瓦/升，可满足智能电网应用和能源基础设施的要求。IBM公司已与梅赛德斯-奔驰北美研发中心、Central Glass和Sidus联手加速其商业化。（张乐）

3. 日本川崎重工全球首艘液态氢运输船下水

该船全长116米、宽19米，约8000吨，采用真空穹顶、双层不锈钢绝热壳体、绝热支撑结构等特殊设计，并获日本船级社认证。搭载的储氢罐由日本播磨工厂建造，可储存1250米^{3}的液化氢，需保持-253℃的超低温，对船舶及搭载的储运系统都提出了严苛要求。川崎重工、岩谷产业、电力开发有限公司和壳牌日本4家企业成立了无二氧化碳氢能源供应链技术研究协会（HySTRA），目标是研发制氢、运输、储存和用氢所需技术，最终打通氢能源产业链技术瓶颈并实现无碳清洁社会。（罗剑钊）

2020 年 2 月

1. 日本京瓷公司联合美国半固态电池研发公司 24M 开发出全球首个半固态锂电池储能系统

京瓷发布的住宅储能系统 Enerezza 采用了 24M 公司的半固态电极制造工艺生产的半固态锂电池，其容量分别为 5.0 千瓦·时、10.0 千瓦·时和 15.0 千瓦·时。该工艺不使用黏合剂，而是将电解质与活性材料混合形成独特的黏土状浆料。由于无须大量使用惰性材料并减少了干燥、溶剂回收、压延和电解质填充等资本密集型工艺，制造成本可降低 50%。（罗剑钊）

2. 美国 Real Graphene 公司为智能手机研发石墨烯电池可 20 分钟充满并即将商用

该电池容量为 3000 毫安时使用 60 瓦的充电器可在 20 分钟内充满，比当前同等容量手机电池的充电时间节省多达一个小时。尽管目前成本比常规电池平均高 30%，其充放电循环可达到 1500 次具有耐用特性，而普通电池一般为 300～500 次。Real Graphene 目前正与制造商和移动电源公司谈判以获取更多订单，按照目前进展，可能需要一年才能进行大规模生产。（刘少芳）

3. 中国科学院大连化学物理研究所与大连连城数控机器股份有限公司合作研发出光伏单晶炉氩气净化回收技术

研究人员研发出高活性、高稳定性的相关催化技术并开发出成套工艺技术及其装备，可有效消除单晶炉氩气尾气中多种杂质。净化后的氩气杂质浓度低于 0.5ppm，远优于光伏晶硅生产过程的 PV6-1110 氩气行业标准（杂质浓度<10ppm）。在实际工况条件下能同时满足 4～6 台单晶炉氩气尾气净化要求，将大幅度减少晶硅制造过程中高纯氩气的消耗量，帮助光伏企业克服氩气供给波动的影响。（罗剑钊）

4. 日本新能源产业技术综合开发机构（NEDO）与大崎 CoolGen 公司共同启动二氧化碳分离回收型吹氧煤气化联合循环发电实证试验

该实证项目假想对象是 1500℃级具有整体煤气化联合循环发电系统（IGCC）商用发电厂，目标是从其气化气体中分离并回收 90%的二氧化碳，同时实现与目前最先进的煤粉火力发电方式等同的 40%的送电端效率（高位发热量标准）。将在设备中安装二氧化碳分离回收设备，验证系统的基本性能及发电厂的运转效率、可靠性和经济效益等。在日本国内外普及该技术将大大削减全球的二氧化碳排放量，以应对地球变暖问题。（罗剑钊）

2020 年 3 月

1. 日本新能源产业技术综合开发机构和松下公司实现最大面积的钙钛矿太阳能电池组件全球最高转换效率

在日本新能源产业技术综合开发机构项目支持下，松下公司开发出一种使用玻璃基板的轻型技术和一种基于喷墨法的大面积涂覆方法。通过改进钙钛矿前体组分以适用于喷墨涂料，并控制钙钛矿油墨的浓度、涂布量和涂布速度，制备出大面积钙钛矿太阳能电池组件（孔径面积 802 厘米^2：长 30 厘米、宽 30 厘米、厚 2 毫米），并实现全球最高的能源转换效率 16.09%。双方将继续改进钙钛矿层材料，以实现媲美晶体硅太阳能电池的高效率。（张乐）

2. 瑞典可再生能源存储公司 Azelio 开发出突破性储能系统

其在世界最大的太阳能发电厂 Noor 太阳能发电站集成了独特的储能系统，可将再生铝基材料加热到 600℃的液态，以最大程度提高能量密度，并能长时间存储能量，而不会降解铝。热能通过传热流体传递到斯特林发动机，通过运行发电机按需发电。较柴油可降低一半电力成本，对柴油的依赖度降低 95%，且可全天候提供清洁和可持续的电力。（王友转）

3. 中国天合光能使用标准产业化设备制备的 PERC 电池效率达 23.39%

这是经 ISO/IEC 17025 国际认证的效率最高的产业化 PERC 电池，面积为 252.2 厘米^2，具有 9 根主栅、双面发电结构。相较于已量产电池，优化了正面的减反膜工艺,提升了陷光效应。由德国 ISFH CalLab 使用全面积光照(包含了正面栅线遮光部分)和背面整面铜板接触测试方法进行测试认证。测试电池裸片时是在空气中,而实际应用将会封装在组件内。(王友转)

2020 年 4 月

1. 美国通用汽车公司发布全新 Ultium 电池系统

该电池系统的第三代电动车平台灵活性高,采用模块化开发方式,电芯在竖直方向和水平方向上均可排布,支持家用充电和直流快充,电池组可兼容 50~200 千瓦·时的容量以匹配不同车型,支持最大 350 千瓦的充电功率,续航里程可高达 640 千米,百千米加速仅 3 秒。大部分车型将配备 400 伏电池包以及 200 千瓦的快充能力。电动皮卡将配备 800 伏电池包以及 350 千瓦的快充能力。(罗剑钊)

2. 美国特斯拉计划在夏威夷部署全球最大电池储能系统

特斯拉计划在夏威夷一个岛上部署全球最大的电池储能系统,包括 244 个 Megapack 巨型电池,一个 Megapack 电池拥有高达 3 兆瓦·时的存储容量和 1.5 兆瓦·时的换流器。该项目电池计划容量 810 兆瓦·时,耗资 2 亿~3 亿美元,可取代污染严重、效率低下的发电装置。夏威夷电力公司已发布特斯拉项目的环境评估草案。(罗剑钊)

3. 美国新能源公司 Standard Hydrogen 推出突破性技术将垃圾转化成氢能源

该技术最初是基于高效低成本处理石油和天然气行业排放的有毒硫化氢,将其转化成高纯度的氢气和硫黄而研发的。后期研发过程中发现可将塑料、轮胎、纸张、木材、床垫、腐烂食物、衣物等生活垃圾转化成硫化氢,然后,公司利用自身专利技术将硫化氢高效、环保地转化成清洁的氢能源,可减少垃圾填埋场废物,保护土地和水资源。(罗剑钊)

4. 中国深圳黑晶光电科技有限公司研发的串联型钙钛矿/PERC 叠层电池效率达 24.5%

深圳黑晶光电科技有限公司于 2020 年 3 月在钙钛矿/PERC 叠层电池领域上取得突破，实现了 24.5%的光电转换效率，再一次刷新了该技术的纪录。PERC 叠层异质结技术将晶体硅太阳能电池的元件与薄膜技术结合，但效率却与现有的 N 型晶硅电池相当。堆叠一个电池可以将硅太阳能电池的效率从 25%提升至 35%，而堆叠两个电池则可以提升效率至 40%以上。（罗剑钊）

2020 年 5 月

1. 澳大利亚清洁能源金融公司（CEFC）投资 3 亿澳元推动绿色氢能商业化

主要用于支持清洁、创新、安全且有竞争力的氢行业的发展。将优先考虑澳大利亚《国家氢能战略》目标，并重点关注推进制氢项目，发展出口和国内氢供应链，包括氢出口行业基础设施；建立氢能中心；其他有助于建立国内氢需求的项目。此次 CEFC 的资助将有助于推动电解制氢技术的大规模部署，加速氢能行业的发展，为寻求加速氢能开发的研发人员提供资金支持，辅助澳大利亚国家氢能战略的实施。（王友转）

2. 瑞典工业气体供应商林德气体（Linde）公司和特钢制造商奥沃科（Ovako）集团合作率先使用氢气加热钢铁

双方合作在 Ovako 的瑞典 Hofors 钢铁厂中进行了一次轧制之前用氢气加热钢的全面测试，证明了氢气加热不会对钢的质量产生影响，这是世界范围内首次实现该类型试验，将为钢铁行业带来重大突破。双方在制钢领域合作多年，以寻找能够减少对环境产生负面影响但能保持或改善产品质量的解决方案。（王友转）

3. 德国船舶管理公司 Minship 采用散货船生物燃料试航以减少二氧化碳排放

其托管船队中的一艘散货船 M/V Trudy 已在鹿特丹港成功加装了由荷

兰 GoodFuels 公司提供的第二代可持续生物燃料油 MR1-100，由废物或残渣制成。将其作为唯一燃料后，与燃烧传统运输燃料相比，该散货船将减少多达 90% 的二氧化碳排放。该公司还计划在其托管的其他船只上进行更多试验，以期使生物燃料成为其托管船队传统运输燃料的真正替代品，以减少碳足迹。（王友转）

2020 年 6 月

1. 荷兰初创公司 Solar Visuals 联合荷兰国家应用科学研究院（TNO）开发彩色仿真外墙太阳能电池板

该电池面板安装在荷兰建筑集团 BAM 公司的总部大楼上，可被设计成任何尺寸或颜色。具有由大量半透明"小点"组成的彩色层，此"小点"基于背接触金属缠绕（MWT）技术，将彩色圆点材料与电池正面金属层重叠，比玻璃光泽度低且具有表面纹理，可使其具有艺术化外观。每个面板有 60 个钝化发射极和背面电池 PERC，输出功率峰值达 220 瓦，最大系统电压 1000 伏，转换效率为 13%，是尺寸相似的 60 电芯 PERC 模块效率的 70%。目前仍处于小批量生产状态。（罗剑钊）

2. 中国台湾微电集团（Micro Technology）采用区块链技术使太阳能发电运营更透明

太阳能发电面板寿命约 25 年，要让太阳能发电厂稳定运行并最大化投资效益，发电厂运维与现金流管控最为关键。中国台湾微电集团推出全新运营模式，采用区块链技术和物联网技术，将太阳能发电数据、发电厂运营现金流数据等公开化，让消费者可通过应用程序实时查看相关数据，提高公众参与度，促进太阳能发电行业发展。（罗剑钊）

3. 日本开发出有助于节能的氮化镓单晶基板量产法

日本东北大学多元物质科学研究所秩父重英教授等人与日本制钢所和三菱化学公司合作，成功开发出可量产、几乎无曲翘、直径 2 英寸以上的大口径高纯度氮化镓（GaN）单晶基板的低压酸性氨热（LPAAT）法，通过实现低压晶体生长,能以相对较小的晶体生长炉量产大型晶体。用银涂覆晶体生长炉的内壁,可减少意外混入的铁和镍等杂质,实现了优异的结晶性和高纯度。计划在大型晶体生长炉中应用 LPAAT 技术制备 4 英寸以上大口径 GaN 基板。(罗剑钊)

2020 年 7 月

1. 法国 Nawa Technologies 公司开发的超级电容器 NawaCap 将带来物联网设备革命

物联网设备因不断重复的功率突发传输容易消耗电池寿命,导致电池故障或电路装置发热问题。NawaCap 基于碳材料,可回收且对环境友好。可包装成小型扁平电池,能承受从深海到高空的极端温度和恶劣环境,可与物联网传感器功率相匹配,能应对高电流峰值,使用寿命长,无须频繁更换。未来还可用于包括电动工具和自动引导车辆等电气系统。(王友转)

2. 日本新能源产业技术综合开发机构和夏普开发出纯电动汽车用光伏电池板

日本新能源产业技术综合开发机构基于 Ⅲ～Ⅴ 化合物三结型光伏电池技术实现 31.17% 的转换效率,开发出全球最高水平高效率光伏电池模块。双方利用该技术制作出纯电动汽车用光伏电池板,实现了 1 千瓦以上的额定发电量,按照行驶距离和行驶时间等使用方式的不同,甚至可以全年无须外部电源充电。该电池单元是厚度仅约 0.03 毫米薄膜,可根据车身的曲面形状高效率匹配。(王友转)

3. 全球首个用于轨道牵引系统的光伏电厂在印度投产

印度巴拉特重型电力有限公司(BHEL)在印度中央邦比纳的印度铁路投产 1.7 兆瓦的太阳能光伏发电厂,成为全球首个用于轨道牵引系统的太阳能光伏电厂。该项目由 BHEL 和印度铁路公司共同开发,旨在将土地储备转变为专属的光伏电站,以在没有公用事业支持的情况下直接为铁路的牵引系统供电,目前已实现将单相 25 千伏电源直接输入印度铁路的牵引变电站。(王友转)

2020 年 8 月

1. 法国公司计划在盐穴启动容量为 1.5 吉瓦·时的储氢项目

法国氢能源公司 HDF（Hydrogène de France）与燃气网络运营公司 Teréga 联合计划于 2022 年始耗资 1350 万欧元在法国新阿基坦大区西南部一个废弃盐穴中启动储氢试点项目 HyGéo。德国 Jülich 能源与气候研究所的研究表明，盐穴储氢具有高效、灵活的特点，欧洲的盐穴储氢能力达到 84.8 皮瓦·时。HyGéo 项目的盐穴此前被法国道达尔公司用于丙烷储存，预计其储氢容量规模 1.5 吉瓦·时，计划于 2024 年投入商业运营。（罗剑钊）

2. 德国航空航天中心（DLR）与德国航空发动机制造商 MTU 公司联合研发航空燃料电池推进系统

双方计划在未来几年中为 Dornier 228 飞机配备和测试燃料电池和单侧电动螺旋桨驱动器，功率级别超过 500 千瓦。该项目由 DLR 管理，MTU 提供并运营测试飞机，DLR 还负责传动系统的集成和鉴定，预计 2026 年开始进行首次飞行试验。（罗剑钊）

3. 全球首次干式低排放氢燃气轮机实证试验在日本取得成功

日本新能源产业技术综合开发机构、川崎重工和大林组就采用川崎重工开发的"微混合燃烧"干式低氮氧化物（NO_x）氢燃气轮机在神户市 Port Island 成功实现全球首次技术实证试验，并组合使用该氢燃气轮机和废热回收锅炉的热电联产系统以蒸汽或热水的方式向周边公共设施供应约 1100 千瓦的电力和约 2800 千瓦的热能。该技术比传统水喷射方式发电效率更高，且可降低 NO_x 的排放量，但存在抑制火焰回流的同时使燃烧稳定的难题。（罗剑钊）

2020 年 9 月

1. 美国 EnerVenue 公司启动 1200 万美元融资拟将金属氢电池推向市场

该金属氢电池可为国际空间站和哈勃太空望远镜供电，使用寿命达 30

年以上，在经历 3 万多个循环后仍不会发生退化，具有出色的过充电、过放电和深度循环功能，每千瓦·时的成本低至 1 美分。该电池可成为低成本、免维护的锂离子电池替代品。该电池已在轨道航天器中完成 2 亿个小时的工作，实现了 10 万个充电/放电循环。（王友转）

2. 德国马勒公司推出用于燃料电池的新型模块化空气过滤器理念

该公司开发出两种用于燃料电池的标准化空气过滤器解决方案。可用于功率为 25～50 千瓦或 80～120 千瓦的燃料电池，能防止有害气体和杂质进入，在车辆整个生命周期中确保燃料电池正常工作。进入电池的有害气体越少，需要的催化剂材料铂就越少，大大降低其制造成本。且开发者可使用现成通用组件，无须每次对不同车型重新设计，大幅缩短燃料电池的开发时间。（王友转）

3. 瑞典 SSAB、LKAB 和 Vattenfall 三家公司成立合资公司 HYBRIT 启动全球首个"零排放"钢厂

该钢厂为全球首个无化石海绵铁试点工厂，在瑞典能源署资助下打造世界上第一个从矿山到成品钢的无化石钢铁制造价值链。HYBRIT 技术将在使用氢气直接还原铁矿石中的多个阶段进行测试，氢气由试点工厂中使用无化石电能电解水来产生。旨在消除炼钢中的二氧化碳排放，减少碳足迹，进而彻底改变整个钢铁行业，实现净零排放。（王友转）

2020 年 10 月

1. 荷兰快速充电公司 Fastned、Seed&Greet 面包店与美国特斯拉联合建设的德国最大的快速充电中心正式开放

充电中心位于杜塞尔多夫附近的 A3 和 A46 高速公路的交叉路口，共配备 20 个特斯拉 V3 Superchargers 超级充电站、8 个 Fastned 300 千瓦快速充电桩以及一个可供休憩娱乐的咖啡厅。Fastned 充电站配备大型太阳能屋顶，由太阳能和风能供电，最大功率可达 300 千瓦，15 分钟快充可续航 300 英里[①]。

---

① 1 英里≈1.6 千米²。

Fastned 公司表示，未来 Fastned 充电桩数量将继续扩展，实现 22 辆汽车同时充电。（罗剑钊）

2. **日本三菱电力联合美国 Entergy 公司研发新能源储能技术**

双方将联合开发新能源储能技术减少碳排放。三菱电力在得克萨斯州开建 200 兆瓦的锂离子电池存储项目。此次合作，Entergy 将采用三菱电力的系统实现能源储存。此外，双方还将共同研发绿色氢储能电池系统、有储能功能的核能电解设备，以及氢动力燃气轮机、燃气循环设施。（罗剑钊）

3. **德国弗劳恩霍夫太阳能系统研究所（ISE）联合 PULSAR、Soliton、RENA、ROWO 四家公司开发出激光烧蚀太阳能电池触点工艺 LTF**

太阳能电池触点是太阳能电池面板表面与电芯之间电流传输的金属导线。与传统工艺相比，ISE 项目组新开发全自动卷对卷激光转移和烧蚀系统具有两个优势：一是触点金属材料选择灵活性更大，可使用铝、钛或铋代替镍；二是低温工艺可以保护对温度敏感性高的太阳能电池。（罗剑钊）

2020 年 11 月

1. **日本九州大学与纳米薄膜公司（Nano Membrane）利用分离膜从大气中回收二氧化碳**

利用最先进的高分子分离膜性能，能通过多级膜分离技术，将空气中的二氧化碳（0.04%）最高浓缩 40%，并且无须像空气过滤器那样选择场所，因而能以各种尺寸和规模导入，有望成为新概念的二氧化碳回收技术，即"泛在二氧化碳回收"。该技术能将二氧化碳作为资源循环利用，可能会成为创造循环型经济的现实手段。目前该技术被日本内阁府主导的新研究项目"登月型研究开发事业"采纳，正推进实用化研究。（王友转）

2. **德国光伏制造商 Solarwatt 研制 Vision 60M 结构太阳能电池板成为首个获得德国通用建筑批准的标准光伏组件**

该结构的太阳能电池板成为唯一具有规范建筑产品认证的标准尺寸光

伏模块，可在德国的私人和公共场所不受限制地使用。Vision 60M 结构非常适合高架安装，例如在多层停车场、加油站、车棚和阳台屋顶中。巴伐利亚顶级汽车供应商 Dräxlmaier 使用该结构用于建造停车库车顶进行光伏组件发电，预计每年可减排约 560 吨二氧化碳。（王友转）

3. 德国太阳能跟踪系统全球供应商 Ideematec 推出 Horizon L：Tec 太阳能跟踪器

该技术具有获得专利的锁定技术，可将模块固定在适当的位置，以防止因高风速引起的扭振。Horizon L：Tec 长 190 米，是全球市场上最长的太阳能跟踪器，建立在 Ideematec 独特的解耦驱动技术的基础上，所需的变速箱和电机比传统跟踪器少 3/4，大大减少了安装时间和维护成本，同时提高了整体系统效率。（王友转）

2020 年 12 月

1. 英国打造全球首个"绿氢"供热项目

英国能源监管机构 Ofgem 宣布为 H100 Fife 可再生能源制氢供热示范项目提供 1800 万英镑的资金支持，苏格兰政府将另追加 690 万英镑的资助。通过当地海上风力涡轮机提供所需电力，以水为原料制氢后通过现有管道输送到居民房屋中，无须更换散热器或水管之类的东西。该"绿氢"将输送至 Fife 小镇约 300 户居民家中，用户仅支付与天然气相同的费用。（陆周贵）

2. 日本东芝公司开发出不易燃、安全性更高的新型水系锂离子原型电池 SCiB

该电池可在−30℃的环境中工作，使用不可燃的钛酸锂代替普通的石墨负极材料可保护电池不受冲击和振动的影响，还研发出一种水溶液类电解液，可确保在安装位置着火时的安全性。通过采用锂盐浓度高的高浓度电解液与固体电解质隔膜的组合，防止氢离子（水分子）从正极侧向负极侧移动，从而抑制了水溶液的电解反应。该电池实现了 2000 次以上的充放电寿命，是现有技术的 10 倍，电压可达 2.4 伏。（张乐）

3. 德国西门子旗下子公司 Kaco New Energy 推出两款用于大型光伏项目的组串型逆变器

这两款无变压器设计的逆变器被命名为 blueplanet 155 TL3 和 165 TL3，额定输出功率分别为 155 千瓦和 165 千瓦。均采用碳化硅晶体管设计，可为逆变器提供 2 千瓦/千克的超高功率密度。最大功率点跟踪（MPPT）电压范围分别为 875～1300 伏和 960～1300 伏，最大输入电流均为 183 安，最大短路电流 300 安。且均具有 IP66 防护等级，内部设计了一个温控冷却风扇，可用于海拔 3000 米以上的光伏项目。（陆周贵）

材 料 领 域

2020 年 1 月

1. 美国 LeMond Carbon 公司的碳纤维快速氧化生产工艺通过必维国际审核

审核在澳大利亚迪肯大学 Carbon Nexus 工厂的试验线上进行,证明纤维丝束的拉伸模量超过 270 吉帕,拉伸强度超过 3500 兆帕。LeMond Carbon 公司和迪肯大学合作将这一创新技术商业化,与标准聚丙烯腈基碳纤维相比,可将每千克产量的成本支出和能耗分别降低 75%和 70%。(刘少芳)

2. 日本信越化学公司研发出 5G 用石英布和热固性超低介电树脂

适用于 5G 高频通信的电子设备、印刷电路板、IC 基板、天线和雷达球罩。SQX 系列石英布由极细的石英丝组成,厚度小于 20 微米,介电常数小于 3.7,损耗因数小于 0.001,线性膨胀系数小于 1ppm/℃,可降低传输损耗并满足更薄层压电路板的新需求。SLK 系列热固性超低介电树脂在 10~80 吉赫的高频段介电常数小于 2.5,介电损耗因子小于 0.0025,因具有低吸水性且对低粗糙度铜箔的黏合强度高,因此适用于柔性覆铜板(FCCL)和黏合剂。(刘少芳 刘敏)

3. 日本东丽公司为 5G 电路板制造出兼顾介电特性和尺寸热稳定性的聚苯硫醚(PPS)膜

该薄膜在保持出色的介电特性、阻燃性和化学稳定性的同时,显著提高了耐热性且抗变形。经测试,其在 250℃不会变形,耐热性比传统同类聚合物高 40℃,且在其熔点附近尺寸稳定。应用于 5G 柔性印刷电路中将减少高频通信设备的传输损耗，并有助于在温度和湿度全范围内保持高速通信的稳定性。未来有望应用于包括智能手机的柔性电路板市场、车辆和基站等领域。（刘少芳）

4. 日本 JFE 钢铁公司开发出兼具出色淬透性和可压缩性的无镍合金钢粉 FM800

其在网带炉中烧结时具有 800 兆帕级别的抗拉强度，适用于粉末冶金领域，是由 3%铜和 1.3%钼混合而成的预合金钢粉。JFE 通过控制生产过程成功实现了更高的可压缩性，并减少了对无镍合金钢粉进行渗碳热处理的步骤，提升产品质量的同时降低成本。有望被用于制造汽车和建筑设备部件。（刘少芳）

2020 年 2 月

1. 日本东丽公司研发出可改革 3D 打印技术的球形聚酰胺颗粒

该技术利用聚酰胺聚合作用，可在高温条件下将低熔点的聚酰胺 12 与高熔点的聚酰胺 6 和聚酰胺 66 直接制成真正的球形颗粒，同时将平均粒径控制在几微米至几百微米之间，颗粒尺寸均匀。经 3D 打印试验证实，其模制品具有出色的耐热性且强度高。东丽将继续扩大试验范围，将其应用于汽车和其他零件。（刘少芳）

2. 德国 Premium AEROTEC 公司开发出质轻结构的碳纤维增强聚合物（CFRP）和金属混合连接技术

该技术可通过增材制造实现无须螺栓或紧固件即可连接不同材料，制造和组装过程快速且自动化。利用该技术在不到 5 个月内开发并制造出一种飞机减速板结构演示器，其机械性能测试证实接头载荷传递能力与铆钉、螺栓相近。该技术可应用于需在点和面之间传递载荷的任何地方。（刘少芳）

3. 意大利 CRP Technology 公司推出用于 3D 打印的阻燃玻璃纤维增强材料 Windform FR2

Windform FR2 是一种基于聚酰胺的阻燃玻璃纤维增强材料，不含卤素，具有出色的耐磨性和良好的耐热性且不导电,并成功通过了《联邦航空条例》(FAR 25.853)的 12 秒垂直、15 秒水平可燃性测试以及 45°倾斜本生灯测试和烟密度测试。由于其阻燃及绝缘特性,适用于飞机、航空航天、汽车部件等领域。(刘少芳)

4. 英国萨里大学和空中客车集团联合研发出新型纳米复合材料可增强航天器的有效载荷

碳纤维增强聚合物(CFRP)常用于太空任务,但其吸水性影响结构的稳定性和完整性,研究人员开发出一种坚固的多层纳米屏障与 CFRP 结合,无须多步烘干工艺,即可为未来太空飞行任务构建高精密仪器结构。与目前太空飞行任务中使用的几十微米厚的涂层相比,新纳米屏障的厚度仅为亚微米级别,且对表面的应力和污染不敏感,即使经过多次热循环也能保持其完整性,降低在太空任务中使用 CFRP 的成本和危险性。(刘少芳)

2020 年 3 月

1. 德国 KRAIBURG TPE 公司开发密度极低的热塑性弹性体

该公司利用创新热塑性弹性体(TPE)技术和 3M 公司低密度(0.7~0.9 克/厘米^3)玻璃泡材料,通过现有注射成型机和挤出机生产出超轻量级薄壁模型制品。其空心玻璃泡由化学性能稳定、不溶于水的硼硅酸盐玻璃制成,可在 TPE 基体中均匀分布,有助于提高尺寸稳定性。产品外观质量良好,可承受机械载荷,且具有优秀的压缩集值,生产废料可直接回收利用,可满足汽车制造、电动工具和其他各种应用领域不断增长的需求。(黄怡淳)

2. 沙特阿拉伯 SABIC 公司推出新型 LNP ELCRES CRX 聚碳酸酯共聚物

其利用独特的共聚物技术,超越了医疗设备中使用的如 PC/ABS 和 PC/PBT 共混物等现有材料的性能,不仅与市场上酒精、过氧化物和季铵化合物等最强效的消毒剂有较好兼容性,而且还具有良好的机械性能。且产品原料已针对有限的生物相容性(例如细胞毒性)进行了预筛选,并包含阻燃等级高达 UL V0 的 1.5 毫米厚的阻燃材料。解决了高腐蚀性化学消毒剂对医疗设备部件和设备外壳中的聚合物的不良作用。（黄怡淳）

3. 日本积水化学和住友化学公司将共同开发以垃圾为原料的聚烯烃制造技术

该合作将结合积水化学开发的"垃圾"整体转化为"乙醇"生产技术，以及住友化学公司的聚烯烃生产技术和知识，从乙醇生产出塑料等有机化学材料。旨在完成以"垃圾"为原料生产聚烯烃的循环经济模式，减少新的化石资源使用量和焚烧垃圾产生的二氧化碳排放量，为社会可持续发展做出贡献。（徐玉霞　黄怡淳）

4. 日本金泽工业大学和三荣工业公司开发出具有优异机械性能和导电性的热塑性碳纤维复合材料

通过开发出一种具有优异的界面黏结性的全同立构聚丙烯聚丙烯酸酯共聚物（iPP-PAA）增容剂，克服了传统增溶剂导致复合材料界面黏合性不充分、导电性不足等问题，使碳纤维和树脂通过平面黏合，并制造具有高比强度和高比弹性率、优异导电性的复合材料。碳纤维为 0.1～50 毫米长的短纤维，可保持复合材料的刚性并提高注射成形和挤压成形等的成形性。未来可用于高机械性能要求的汽车和飞机部件以及建筑材料，以及有高抗静电性能要求的半导体等精密零件的成形领域。（徐玉霞　黄怡淳）

2020 年 4 月

1. 英国 Trelleborg Applied Technology 公司研发的石墨烯纳米管改性聚合物解决风电场雷达信号干扰问题

该公司运用石墨烯纳米管制备能够吸收超过 99%入射雷达波的纳米复合材料，使其包覆的物体"隐身"，且还能使新材料变得非常薄，可将原本几厘米厚的材料减至几毫米，从而获得超轻量纳米聚合物。这种新型吸收材料可用于对电磁干扰和射频的杂散发射有严格要求的产品，如通信、汽车、

电子和天线解决方案等。（刘少芳）

2. 日本推出长期储存也不会沉淀的高稳定性磁流变液体，有望用于机器人等机电控制领域

日本新能源产业技术综合开发机构与早稻田大学、立邦涂料有限公司共同开发出了长期储存也不会沉淀的高稳定性磁流变液体（MR 液体）。该液体主要由几微米到 50 微米的磁性颗粒组成，并将具有抑制磁性颗粒沉淀作用侧链的聚氧乙烯脂肪酸酰胺衍生物用作载体液，同时将直径为 20～300 纳米的纳米颗粒添加到载体液中。即使静置半年磁性颗粒也不会沉淀，因此磁性颗粒可以成功地向外部磁场施加高应力，有望应用于汽车制动系统、减震器以及机器人致动器等机电控制领域。（刘少芳）

3. 美国国家航空航天局为下一代飞机开发出独特的碳化硅纤维增强技术

美国国家航空航天局工程师研发出一种质轻、可重复使用的纤维材料，即碳化硅（SiC）纤维增强碳化硅陶瓷基复合材料（SiC/SiC CMCs），是飞机发动机等高性能机械设备的理想材料，可在 1482℃的高温下长时间工作，两个维护周期可间隔数月甚至数年。该纤维可根据特定应用成型，设计灵活性更大，可应用于单纤维、多纤维甚至预成型模具。除了可应用于航空领域，还可用于陆地燃气涡轮发动机、熔炉和热交换器、热防护系统/消防系统、火箭喷嘴甚至核反应堆。（刘少芳）

4. 日本大阪大学与日本食品化工公司合作用淀粉和纤维素开发出高强度高耐水性的海洋生物降解塑料

此前实用化的海洋生物降解塑料大多仅限于脂肪族聚酯，因性能、价格和产量的问题，尚未实现广泛普及。团队利用自主开发的技术混合淀粉和纤维素后，淀粉的耐水性大幅提高，获得的膜状复合材料不仅克服了淀粉耐水性不足的缺点，显示出优异的耐水性和高强度，而且在海水中具有高度的生物降解性。该成果不仅大大有助于解决海洋垃圾问题，还能为地球的物质循环和二氧化碳减排做出贡献，从而改善地球环境。（罗剑钊）

2020 年 5 月

1. 美国陶氏公司推出快速固化的有机硅胶黏剂 DOWSIL EA-3838

这是一种先进的无底漆有机硅胶黏剂，室温下无须加热即可快速固化且快速黏合，缩短周期。该快速胶黏剂可牢固地结合玻璃与金属、玻璃与喷漆金属、玻璃与塑料等不同材料，为具有不同热膨胀率的组件提供高度可靠的黏合和密封。由于具有出色的耐候性和耐日光性，既可用作风力涡轮机密封剂，也可用于密封飞机的灯、边缘和货舱门。（黄怡淳）

2. 德国公司推出首款用于电池电动跑车的全塑料制动踏板

在电动汽车中，每一克的重量都至关重要。该踏板由德国 BOGE Elastmetall GmbH 公司与德国朗盛高性能复合材料（HPM）业务部门密切合作开发。其高机械强度和非常轻的重量归功于热塑性复合材料设计，复合结构使制动踏板比同类钢制设计轻 50%。由于踏板插件量身定制的纤维层结构和附加的局部胶带增强，结构组件可满足苛刻的负载要求。（黄怡淳）

3. 日本富士通研发出易操作、高导热率的柔性纳米管黏合片技术

富士通实验室开发出世界上第一块由碳纳米管组成的黏合片，通过垂直排列的碳纳米管层压技术，在保持其高导热性和柔韧性的同时，提供一种以足够的附着力将其黏合的技术，解决了碳纳米管易碎性的问题。该黏合片具有高达 100 瓦/（米·开尔文）的导热率，是传统铟散热材料（被称为高导热率材料）导热率的 3 倍，使其有望成为一种散热材料，并可能应用在电动汽车的功率模块中。（张乐）

4. 美国碳纤维公司 4M 与德国 Dralon 公司合作研发大直径碳纤维生产工艺

双方合作开发了全新低成本织物级聚丙烯腈（PAN）前驱体，能够生产 10K 丝束碳纤维，其长丝的直径约为 9.6 微米（传统纤维为 6~7 微米）。制造过程中氧化阶段的停留时间仅为 52 分钟，比目前商用的 PAN 前体制造直径较小的碳纤维的传统氧化速度要快得多。目前该 PAN 前体研究工作仍在继续，以进一步改善材料性能并优化工艺。（刘敏）

2020 年 6 月

1. 德国科思创公司开发出部分源自植物生物质的新型聚碳酸酯薄膜 Makrofol EC

其目前使用的部分石油基初级产品已被植物基原料所取代，50%以上的碳含量来自植物生物质，是该公司产品组合中首款部分源自植物生物质的薄膜。与由石油化工产品制成的标准薄膜相比，大幅降低了薄膜的二氧化碳足迹，改善了耐化学品性能、耐候性以及增强的耐磨性。该膜可用标准工艺进行进一步加工，如印刷、层压、涂覆，并通过热成型或高压成型（HPF）工艺成型，可用于电气、消费品和汽车行业等常规聚碳酸酯薄膜的典型应用领域。（刘少芳）

2. 日本东丽公司推出用于生产轻量零部件的高拉伸模量碳纤维和热塑性颗粒

该碳纤维拉伸弹性模量达到 390 吉帕，比东丽 Torayca 系列工业化应用产品的标准水平高出约 70%。与传统高拉伸模量产品相比，热塑性颗粒可保留更长的碳纤维。这些颗粒体的拉伸模量可达 41 吉帕，堪比镁合金的 45 吉帕，颗粒的比重仅为 1.4，而镁合金的比重为 1.8。运用碳纤维注射成型工艺，该颗粒可制造复杂的零部件，大幅提高生产率，并有助于减轻重量。东丽希望将先进颗粒材料应用于下一代轻型汽车和工业零部件等多个领域。（刘少芳）

3. 日本旭硝子公司与 NTT DoCoMo 通信公司合作开发出 5G 兼容的玻璃天线为窗户增加网络基站功能

该玻璃天线能发射、接收无线电波，并与 NTT DoCoMo 通信公司频段为 3600～3700 兆赫和 500～4600 兆赫的 5G 技术兼容。这标志着全球首个 5G 兼容的玻璃天线（WAVEATTOCH）研发成功，该玻璃天线将为窗户增加网络基站功能。同时，天线周边部件使用了透明材料，可兼顾外观及内部结构的设计。除了高指向性的传统高增益型天线之外，旭硝子还计划在 2020 年内完成能在更大角度发射无线电波的宽波束型天线的开发，这将为通信设计领域提供更大的灵活性。（刘少芳）

4. 日本科学家研发出涂覆光照成形纳米多孔陶瓷膜有望用于捕获与驱除病原微生物

日本大阪大学产业科学研究所菅原彻副教授研究团队与日本触媒株式会社合作，开发出一种将氧化钛多孔陶瓷涂在塑料基板上的技术。通过将混合了有机金属盐原料和稳定剂涂覆到基板上，仅通过加热即可在基板上直接形成多孔纳米结构薄膜，可捕获病原微生物，并可通过紫外线照射驱除病原微生物。且该膜厚度即使低于 1 微米，也能有效地漫射光，有望应用于白色薄膜涂层（增白）。（徐玉霞　刘少芳）

2020 年 7 月

1. 韩国三星先进技术研究院（SAIT）研发半导体新材料非晶质氮化硼

SAIT、国立蔚山科学技术研究院（UNIST）及英国剑桥大学联合研发出的非晶质氮化硼（a-BN）由硼和氮原子组成，具有非晶态结构并排列成六边形结构。具有超低介电常数 1.78，使其具备较强的电气和机械性能，可作为互连隔离材料以减少电干扰。该材料可在 400℃下的晶圆片上生长，有望广泛应用于 DRAM 和计算机闪存设备（NAND），特别是用于大规模服务器的下一代内存解决方案。（张乐）

2. 日本三菱化学公司（MCC）与德国新材料初创公司 AM Polymers 就聚对苯二甲酸丁二酯（PBT）3D 打印粉末达成合作协议

双方将共同开发由 PBT 原料制成的用于 3D 打印的新型粉末产品。通过选择性激光烧结（SLS）/粉末床融合（PBF）过程，用户可以在较短的生产交付时间内制成复杂的几何形状。加上良好的机械性能，PBT 粉末的吸湿特性比 SLS/PBF 的常用材料聚酰胺-12 低得多，有望用于汽车和航空航天等领域。（黄怡淳）

3. 德国巴斯夫子公司 TrinamiX 推出近红外光谱塑料分选手持设备助力塑料分类回收

该近红外光谱解决方案可实现在几秒钟内轻松识别所有常见的塑料。可应用于聚乙烯、聚丙烯（PP）和聚氯乙烯（PVC）等经典的聚烯烃、饮料瓶材料 PET，以及丙烯腈-丁二烯-苯乙烯（ABS）或聚酰胺（PA）等工业塑料。该方案包括便携式近红外光谱仪、云数据的化学计量学分析以及用于显示结果和建议操作的应用程序。由于灵活的系统设计，TrinamiX 可不断调整以满足客户的特定需求。（黄怡淳）

4. 美国海军与工业界合作研发快速阻燃生物材料

美国海军空战中心武器分部（NAWCWD）与 Cambium 生物材料公司合作开发生产的新型生物阻燃材料，可由从植物中提取的生物分子高性能复合材料合成，也可基于生物合成，如通过类似啤酒酿造发酵过程，从糖分中产生。可控制火灾过程中的火势蔓延，并有效降低火灾烟雾毒性。（刘敏）

2020 年 8 月

1. 美国 CRP USA 公司使用碳复合材料和 3D 打印技术制造微型人造卫星

该公司首次使用碳复合材料 Windform XT 2.0 和激光烧结工艺为 Mini-Cubes 公司生产出三个可随时运行的功能性微型人造卫星（PocketQube）原型。其内部体积仅为 50 毫米^3，但配有可视化观察摄影机，可制造出一系列用于监测水的微型人造卫星。（刘少芳）

2. 以色列 StoreDot 公司推出商用无人机 5 分钟快速充电技术（UFC）

目前商用无人机充电通常耗费 60~90 分钟，且充满电后飞行时间仅为 30 多分钟。当下的解决方案是购买额外电池，并在飞行期间人工更换，成本高昂，且还限制了无人机在恶劣、危险地形中的使用。UFC 技术已实现在 5 分钟为商用无人机充满电量的目标，消除了人工干预，无人机操作员可自由选择充电地点，最终实现连续、全自动的无人机操作。（刘少芳）

3. 日本碍子公司推出工作温度高达 105℃ 的高耐热锂离子电池

该公司已成功将其硬币型电池"EnerCera Coin"的最高工作温度提高到

105℃，并在充满电的状态下保持 1000 小时，容量衰减小于 20%。该电池具有独特结构，在其带有电极和分离器的全陶瓷堆叠整体中加入少量电解液，使其拥有极高的热稳定性。且属于半固态电池，其性能相当于或优于传统锂离子充电电池，优异的耐热特性可与所有固态电池媲美。其潜在应用领域主要包括汽车和工业物联网设备。（刘少芳）

2020 年 9 月

1. 美国 G6 材料公司与新加坡私企合作开发可用于船舶的石墨烯复合材料

项目开发出两种用于玻璃纤维和碳纤维船复合材料的石墨烯增强树脂配方。与常规材料相比，石墨烯增强的配方除可提高树脂强度外，还将环氧树脂断裂韧性提高 14 倍。新材料吸水率降低 20%，玻璃纤维复合材料的抗疲劳性提高 3 倍，比行业现行使用的其他配方具有更长使用寿命。公司和合作伙伴正在探索建造原型船的可能性，以评估现实生活环境中该材料的性能。（黄怡淳）

2. 德国科思创公司将二氧化碳作为汽车工业的替代原料

该技术可将多达 20% 的二氧化碳掺入多元醇中，含二氧化碳的环保多元醇 cardyon 可用于生产汽车内饰泡沫，该低碳排放的泡沫具有更长的使用寿命和材料韧性。由于优化的层压性能，它们可在较小的材料厚度下进行处理，实现更快的层压过程，这将节省材料和生产成本。由于二氧化碳被回收，因此新工艺有利于发展循环经济。（黄怡淳）

3. 日本三菱材料公司研发出新一代无铅易切削黄铜 GloBrass

日本三菱材料公司推出一种热加工性能改良的新一代无铅易切削黄铜 GloBrass。该技术可通过重新调整铜和锌的混合比例来降低金属成本，同时保持常规产品的易切性和高强度性能。新材料电导率达 16%，约为传统产品的 2 倍，通过提高热加工性能，该新材料可具有需要导电性的电气和电子元器件等的广泛市场及应用。（徐玉霞　黄怡淳）

2020 年 10 月

1. 德国赢创公司推出用于医疗市场的下一代聚醚醚酮（PEEK）生物材料

该材料可改善骨骼与植入物之间的融合。PEEK 生物材料的骨传导特性是通过使用特殊的功能添加剂双相磷酸钙实现的。双相磷酸钙经过特殊设计，可在表面使用，而且不会形成膜，可使骨细胞更快附着到植入物上，从而在骨骼和植入物之间的边界处积极影响融合，进而促进骨骼融合和康复。（刘少芳）

2. 日本东丽公司研发双轴取向聚丙烯电容器薄膜 Torayfan 可提高电动汽车的设计自由度和燃油经济性

Torayfan 是一种可为混合动力汽车、插电式混合动力汽车、燃料电池汽车及其他电动汽车的电容器提供高耐热和耐电压性能的双轴取向聚丙烯薄膜，可在提高热阻和效率的同时减小车辆电源控制单元（PCU）的尺寸。当温度达到 125℃时，其耐压性大约比同类传统产品高 15%，耐热性至少提高 5℃。该材料具有出色的机械性能和电气性能，并凭借其在薄膜厚度和耐电压性能方面的独特优势，在汽车电容器市场占据主导地位。（刘少芳）

3. 日本合成橡胶公司（JSR）与统计数理研究所（ISM）建立联合研究部门提升新材料开发效率

双方设立联合研究部门"JSR-ISM 智能化学实验室"，共同开发促进数据驱动材料研究的基本技术，旨在提高功能化学品领域新材料开发效率。算法由研究部门针对多维材料空间的新可视化和表达方法而开发，融合化学和数据科学，运用高速计算化学法积累数据来扩展性能预测模型的应用范围，并基于理论见解开发新的物理属性叙词。预计新算法将显著提升高性能聚合物、光敏材料等功能化学品的开发效率。（刘少芳）

2020 年 11 月

1. 欧洲多家公司合作实现汽车领域塑料的可追溯性

区块链供应链透明度供应商荷兰 Circularise 与德国保时捷公司（Porsche）、

奥地利北欧化工公司（Borealis）、德国科思创（Covestro）和德国 Domo Chemicals 共同启动项目，通过区块链技术以实现塑料的可追溯性，确保保时捷汽车中使用的可持续材料可被追溯到。通过数字化，获得每批材料"数字孪生"副本，能在整个供应链中创建一条数字化的线程，从而实现材料的可追溯性，跟踪二氧化碳的足迹以如节水等可持续性指标。（刘少芳）

2. 德国科思创在虚拟交易会 Formnext Connect 2020 上展示环保增材制造产品

该类由替代原材料制成的产品包括，再生塑料和基于二氧化碳的 cardyon 产品。科思创正在开发用于 3D 打印的部分生物基产品，其中近 50% 的碳含量来自生物质。当前已经使用一种这样的材料通过选择性激光烧结（SLS）来印刷鞋垫。该技术有助于 3D 打印行业的绿色循环发展。（黄怡淳）

3. 德国朗盛公司推出具有聚酰胺 6 基体的新型阻燃热塑性复合材料

其开发了三种具有聚酰胺 6 基体的 Tepex 连续纤维增强热塑性复合材料，其具优异的高阻燃性能，原因之一在于这些材料中的高纤维含量。用粗纱玻璃纤维增强材料，适用于电动汽车电池的隔板、盖板和控制单元外壳等高压组件。通过细纱玻璃纤维增强材料，可生产出易于喷涂的高质量表面。采用碳纤维增强材料，适用于承受极高机械应力的组件，如高强度电子外壳。（黄怡淳）

2020 年 12 月

1. 日本东丽公司为锂离子电池开发出无孔隔膜

东丽利用高耐热芳纶聚合物分子设计技术，控制分子链之间的间隙和锂离子的亲和力，开发出一款具有优异耐热性的高离子传导聚合物。将该聚合物用于无孔隔膜（含有无孔层的微孔隔膜），不仅能保持离子传导性，还能抑制锂金属阳极电池形成枝晶。且经过 100 次充放电循环后，容量仍能保持 80% 以上。这有助于加快锂金属阳极电池技术的研发速度，显著增大可穿戴电子产品、无人机和电动汽车等设备的电池容量。（刘少芳）

2. 日本JFE钢铁推出高速电机用硅梯度钢板

该公司使用其专有的化学气相沉积（CVD）连续渗硅工艺，通过优化渗硅量、扩散条件和控制晶体取向来控制硅浓度分布，开发出硅梯度钢板JNRF。这种新材料可减少高频铁损，提高磁通密度，从而有助于增大电机扭矩，还有助于提高电机效率，节省能耗，同时保持与传统无取向电工钢板（3%硅钢板）相当的磁通密度。（刘少芳）

3. 日本钟渊化学开发出用于5G毫米波段的超耐热聚酰亚胺薄膜

钟渊化学通过将热塑性聚酰亚胺层涂覆在聚酰亚胺膜芯材的上下表面，得到具有出色加工性能的超耐热聚酰亚胺薄膜。该聚酰亚胺薄膜PixeoTM IB将高频的介电损耗角正切降低至该材料的全球最佳水平0.0025，有助于实现5G毫米波段高速通信。该材料还可用于双层柔性印制电路板，比传统三层板更薄，且具优异的可靠性和尺寸稳定性。（刘少芳）

装备制造领域

2020 年 1 月

1. 英国 PPSS 集团推出厚度减少 19%的高性能防弹衣

其由厚 3.9 毫米的碳纤维复合材料 Auxilam 制成,并结合了碳纤维的高强度、Auxilam 技术的拉胀性能与特殊开发复合结构的专有特性。与该公司旗下的聚碳酸酯基防刺背心相比,厚度减少了 19%,面密度和重量降低了 6.6%。根据英国内政部的防弹衣标准规定,该产品已通过 KR2/SP2 标准、NIJ 二级和 VPAM K2/D2 标准的认证,意味着可提供更高级别的刀刺防护。(刘少芳)

2. 美国 Elroy 公司推出 Chaparral 全自动货运混合动力无人机

该无人机可在约 482.80 千米范围内运载重约 136.07 千克的货物,且具有垂直起降功能无须机场。可预先放置装满货物的集装箱在取物地点,无人机可悬停在集装箱上方,捡起货物后垂直起飞,每个平坦地面都能成为潜在的投送地点。(刘敏)

3. 加拿大巴拉德公司完成无人机燃料电池寒冷天气测试

该无人机使用有效载荷重达约 2 千克的 BFD Systems H2-6 六旋翼无人机,由 FCair-1200 燃料电池和锂聚合物电池提供动力,飞行 60~90 分钟耗尽氢燃料。该氢燃料电池易于充满或更换,操作简便,因使用了特有配方燃料电池防冻剂的液体冷却系统,可在冰点以下运行。该系统可使燃料电池在夏季保持凉爽,在冬季保持温暖,从而使全年的性能大致相同。(刘敏)

2020 年 2 月

1. 美国 Aerojet Rocketdyne 公司获美国国防高级研究计划局资助开发高超声速拦截器推进技术

该项目 1960 万美元，旨在提高美国对抗高超声速飞行器的能力，目标是开发和验证一种技术，用于在临近空间攻击高超声速目标。该公司一直为高超声速飞行提供固体燃料和吸气式推进系统，曾是美国空军、国防高级研究计划局、美国国家航空航天局联合发展 X-51A WaveRider 高超声速验证机的供应商。（陆周贵）

2. 美国国防高级研究计划局资助智能系统解决方案开发商 Charles River Analytics 公司研发蜂群无人机机器学习算法

该公司获高密集战术元强化学习创新项目资助，以其快速自动组群作战生态用户界面（EUROPA）和城市侦察与分割的组群算法与战术（SATURN）为基础，增强现有的模拟器功能，研发供蜂群无人机以及自动集群系统使用的机器学习算法，有效改善无人机在复杂城市环境中组群作战的性能。SATURN 算法可根据无人机群的大小、类别分配相应的作战任务，EUROPA 界面能为操控员提供与战术环境相适应的多模式界面，便于对无人机群实施控制。（陆周贵）

3. 美国军工生产商诺格公司为美国陆军研制的通用红外对抗系统 CIRCM 完成飞行测试

该系统采用模块化、开放式的系统架构，以便与其他系统和传感器集成，可保护旋翼机、倾转旋翼机和小型固定翼飞机免受导弹威胁。参与测试的直升机利用架空电缆垂吊 CIRCM 系统，并对其进行单次和连续发射激光对抗来袭导弹。据称 CIRCM 已完成数千小时的测试，证实其具有保护美国陆军飞机免遭红外导弹威胁的能力，为后续全速率生产和部署奠定了基础。（陆周贵）

2020 年 3 月

1. 意大利 CRP 技术公司研制出具有显著机械特性的阻燃复合材料 Windform FR2

该材料是一种聚酰胺基玻璃纤维增强材料，较之前研制的 Windform FR1 具有更佳的表面光洁度及优异的耐磨性和良好的耐温性。该材料已成功通过 FAR 25.853 对 12 秒垂直可燃性试验和 15 秒水平可燃性试验，以及 45°Bunsen 燃烧器试验和烟密度试验。由于其具有阻燃和绝缘性能，可用于无人机和航空航天装备，以及电气和电子部件外壳、壳体和封闭组件等其他无人车辆部件。（刘敏）

2. 美国通用原子公司推出可为加油机护航的"防御者"（Defender）无人机

Defender 是该公司"捕食者"C 型"复仇者"（Predator C Avenger）的改版，后者是一种喷气涡轮动力无人机，可用于武装情报、监视和侦察任务。Defender 可空中加油从而在飞机上的停留时间更长，减少所需飞机的数量，并最大限度地减少保护间隔，计划未来作为空空导弹平台，用于保护包括空中加油机在内的大型慢速飞机。该机可承载 2948 千克的有效载荷，其中包括内部承载 1588 千克的弹药或传感器，飞行高度可达 50 000 英尺[①]，飞行表速可达 350 节。（刘敏）

3. 乌克兰 CDET 公司推出 RAM 轻型弹射式侦察打击一体无人机

该机由低噪声发动机驱动，发射重量 8~10 千克，翼展 2.3 米，航程 30 千米，最高时速 50 千米。携带 4 千克弹头时滞空时间为 30 分钟，携带 2.5 千克战斗部时滞空时间为 60 分钟，执行侦察任务时滞空时间为 150 分钟。可配备三个模块化可变重量（2~4 千克）弹头：一种是装有 150 个高爆炸破片的弹头，专用于攻击开阔地带乘坐敞篷车辆的地面部队，杀伤半径达 45 米；另一种是温压弹头，专用于摧毁对方野战阵地，杀伤半径达 15 米；还有一种是能穿透 40 毫米装甲的高爆反坦克弹头。在要求附带损伤最小的城

---

① 1 英尺=0.3048 米。

市环境中也可使用，其命中精度的圆概率误差不超过 1 米，可攻击移动目标。（刘敏）

4. 美国洛克希德·马丁公司将为美国海军濒海战斗舰加装分层激光防御武器

该公司获得海军研究办公室的一份价值 2240 万美元合同，要求在濒海战斗舰上进行"分层激光防御武器系统"原型的集成、演示、测试和操作，将一架分层激光防御武器系统（LLD）原型集成到美国海军"自由"级濒海战斗舰（LCS）上。主要工作内容包括开发原型结构和围护结构，以保护 LLD 任务模块免受船舶运动和海上环境影响；系统集成并使用政府提供的设备进行测试；平台集成和系统运行验证与测试；系统工程、测试计划、数据收集和分析支持，以及操作示范。（刘敏）

2020 年 4 月

1. 德国开发出基于激光的飞机除冰技术

弗劳恩霍夫材料与辐射技术研究所、空客公司和德累斯顿技术大学的研究人员基于直接激光干涉图案（DLIP）技术联合开发出一种新的激光工艺，使用短脉冲和超短脉冲激光将 3D 微型结构蚀刻到飞机机翼上以减少冰的附着点，使冰在达到一定厚度后从表面脱落，处理能力约 1 米^2/分钟。该工艺可使飞机表面形成有效的防结冰结构，并有望取代目前环保性能较差、人力和经济成本高昂的除冰流程。（陆周贵）

2. 美国 Persistent 系统公司为美国空军开发 Wave Relay 战术突击技术

该公司获得美国空军为期四年的 2500 万美元合同，用于 Wave Relay 战术突击套件（WaRTAK）项目，旨在为在严苛环境中行驶的美国空军提供可靠的多域通信和态势感知能力。计划将 WaRTAK 的硬件升级到第五代，为其提供加载安卓的 MPU5 智能网络设备和双按讲（PPT）系统，允许用户同时在两个无线通话组中进行对讲，并在增加功能和可靠性的同时，减小设备的尺寸、重量和功率。（陆周贵）

3. 日本 IHI 公司开发了世界上首台内置电动机的发动机

IHI 联合日本国内多家公司成功开发出可安装在喷气式发动机尾椎部的发动机内置型电动机。通过开发具有 300℃耐热绝缘涂层的高密度成形线圈等电动机高输出密度化材料，并结合基于喷气发动机的流体结构设计和积累热量数据所研制的新型排热系统，开发出一种发动机内置型电动机，可安装在尾锥内部直接连接发动机轴。在地面示范测试中，该产品额定输出达到 250 千瓦。（陆周贵　徐玉霞）

2020 年 5 月

1. 美国 Ascent Vision 技术公司推出新型反无人机系统

该系统是"远征移动防空综合系统"（X-MADIS）的新版本，一种新的适用于便携式、行进中和车载无人机系统应用的反无人机解决方案。系统将空中监视雷达、光学有效载荷和射频探测传感器结合起来，可对无人机进行探测、分类和定位。用户可从多个电子战系统中进行选择，根据具体任务定制 X-MADIS，以对抗无人机和无人机群。两种光学器件通过人工智能和机器学习提高了态势感知能力。（刘敏）

2. 韩国三星公司宣布将推出 6 亿像素图像传感器

传统 6 亿像素传感器可捕获比人眼更多的细节，但因尺寸很大无法装入智能手机。三星将采用其 108MP ISOCELL Bright HM1 传感器使用的 Nonacell 专有技术。该技术具有 3 像素×3 像素结构，允许 9 个 0.8 微米像素合并成一个大的 2.4 微米像素，在不影响画质的情况下解决尺寸问题。三星正努力将新传感器推向市场，可用于智能手机、自动驾驶汽车、无人机和物联网等领域。（刘敏）

3. 美国初创公司 Sabrewing 为美国空军开发货运无人机 Rhaegal-A

无人机具有探测避障和人工智能系统，可识别给定着陆区中的人、动物、车辆或其他障碍物。还具有 4 个由电机驱动的涵道风扇，可像直升机一样进行垂直起降，有效载荷 1225 千克，借助跑道起降时有效载荷可达 2268 千克，可满足美国空军撤离要求。在执行医疗救援撤离任务时，相较于直升机，该无人机具有成本低、可执行高风险任务等优势。计划将在爱德华兹空军基地开展首次飞行测试。（刘敏）

2020年6月

1. 日本川崎重工开发出大型混合动力货运无人机"飞行皮卡"

该机有8台螺旋桨推进器，由3台高性能川崎忍者ZX-10R摩托车发动机产生的电能驱动，可够长时间保持高输出，能运载200千克货物，巡航距离超过100千米。试验机长约7米、宽5米、高2米，其庞大的尺寸使与中型皮卡处于同一级别，被称为"飞行皮卡"。由于直升机中短距离货运费用昂贵，该大型无人机可用于低成本航空货物运输方案，填补了直升机和小型无人机之间的空白。（陆周贵）

2. 英国BAE系统公司与美国海军、美国阿诺德防务公司合作完成陆基"先进精确杀伤武器系统二型"（APKWS II）验证测试

该AGR-20A陆基武器系统将70毫米激光制导空对地火箭弹改为陆基发射，可为地面部队提供防区外精确打击能力，为作战人员提供独特的解决方案，可在无空中支援情况下，实现比小型武器更远的射程。该武器系统采用Land-LGR4轻型四联装火箭发射器，能对1~8千米范围的静止和移动地面目标进行单发或连续打击，有效的精确打击射程为6千米。Land-LGR4可安装在战术轻型车辆、远程武器发射台、非标准战术车辆和固定平台上。（陆周贵）

3. 土耳其Meteksan公司推出无人机新型抗干扰全球导航卫星系统（GNSS）

该系统专为无人机（UAV）和无人地面车辆（UGV）等军事和国防平台设计，符合MIL-STD-810G和MIL-STD-461F美军标准，支持GPS、GLONASS、GALILEO、BEIDOU等多频段信号，能确定干扰信号方向并使用空间滤波对其进行抑制，重构原始信号后传送至标准GNSS接收器。系统

使用四元可控接收模式天线（CRPA）天线，能抵抗一个或多个干扰信号，可在高速和高动态条件下运行，适用于尺寸、重量和功率受限的无人机。该系统还包括一个内置接收器，能解码 GPS 卫星信号并计算位置、速度和时间信息，无须外部 GNSS 接收器。（陆周贵）

2020 年 7 月

1. 日本佳能开发出全球首款 100 万像素 SPAD 图像传感器

其为全球第一款能捕获 100 万像素图像信号放大的单光子雪崩二极管（SPAD）图像传感器。通过使用光子计数的方法实现 100 万像素的数字图像分辨率，并将曝光时间缩短至 3.8 纳秒，可在极短时间内捕捉并成像静态图像和动态视频。该传感器具有高达 100 皮秒的时间分辨率，使其能以超高精度探测光子到达像素的精确时间，并能获取与物体之间的距离信息，有可能用于三维相机。（刘敏）

2. 美国 Ampaire 公司开发新型电动飞机

该电动飞机原型机是一架经过改装的塞斯纳 337 Skymaster 飞机，采用并联的混合动力构型，包括一个安装在飞机后部由标准内燃机驱动的螺旋桨和一个飞机前部的电动螺旋桨，动力可在两个推进系统之间动态共享。与传统内燃机类型飞机相比，在起降过程中燃油成本能降低 90%、维护成本降低 50% 以及噪声降低 66%。原型机的供电系统由一个 500～738 伏的高压电池组电源组成。由总部位于夏威夷的 Mokulele 航空公司开展飞行测试，计划将其用于夏威夷群岛短途飞行业务。（刘敏）

2020 年 8 月

1. 韩国推出 KF-X 战斗机有源相控阵雷达原型机

韩华系统公司和韩国国防科学研究所（ADD）联合研发的 KF-X 战斗机有源相控阵（AESA）雷达原型机将于 2021 年完成制造，2022 年首飞。该原型机收发通道（TRM）数量预计1200～1300个，与F-35战斗机雷达水平相当，且具有空空、空地和空海等多种工作模式，最大探测距离约200千米，合成孔径雷达（SAR）模式分辨率小于1米，雷达可检测/跟踪数百个地面目标。KF-X战斗机还配备光电瞄准吊舱、红外搜索与跟踪系统（IRST），可提供敌机和敌方导弹方位、高度、红外成像等态势数据信息。（陆周贵）

2. 美国Logos技术公司为美国海军开发"广域动态图像"传感器吊舱

Logos与美国海军航空系统司令部（NAVAIR）签订670万美元合同，开发名为"卡片计数器"（Cardcounter）的"广域动态图像"（WAMI）传感器，要求Logos开发出两台"卡片计数器"原型机，NAVAIR随后准备将其集成到美国海军陆战队RQ-21A"黑杰克"小型战术无人机上进行试飞。此前Logos曾开发出"红风筝"（Redkite）超轻型广域动态图像传感器吊舱，而"卡片计数器"则是"红风筝"的改装产品。（陆周贵）

3. 意大利DRS公司为美国海军开发AN/AAQ-45分布孔径红外对抗系统

DRS公司与美国海军航空系统司令部签订1.2亿美元的成本加奖励定价合同，为其设计AN/AAQ-45分布孔径红外对抗（DAIRCM）系统硬件并加以测试，旨在提高先前开发的DAIRCM系统性能并加以集成。要求系统必具有开放式、可升级的体系架构，可根据不同种类、型号、系列的飞机进行优化。同时，还具有尺寸小、重量轻和功率低的特点，能满足各军种旋转翼飞机、倾斜翼飞机乃至未来垂直升降飞行器的需要。（陆周贵）

2020年9月

1. 美国Novo Navis公司开发可切削碳纤维3D编织工艺

该公司纤维动力学部门开发出一种织机，通过创建"双轴综片"，可在两个方向上开发梭口，制造出像铝一样可被加工或研磨的立体碳纤维编织实心块。该技术具有完整的可扩展性，可在同一台机器上生产大至立方米的砌块。制造出的可加工或研磨的固体编织碳纤维块重量为铝的45%，强度比钢

高，可用作航空航天领域的承重部件。该突破性的复合材料制造技术正在申请专利。（刘敏）

2. 日本 SkyDrive 公司开发的飞行汽车首飞

其研制的 SD-03 载人飞行汽车在丰田汽车公司试验场首次成功试驾，是世界上最小的电动垂直起降车辆，其起降空间大概相当于两个普通停车位。该飞行汽车配备了 8 台电机，以确保"紧急情况下的安全性"。SD-03 悬停高度为 1～2 米，悬停时间约 4 分钟，目前仅能飞行 5～10 分钟，如果可进一步延长至 30 分钟，则具备较好的商业应用和对外出口潜力。（刘敏）

3. 美国 LightWare 公司推出全球最小的扫描微型激光雷达传感器 SF45

SF45 是一种通用型高精度传感器，具有 320 度的视野，在强光下的扫描范围为 50 米，可用于无人机、无人地面车辆和其他自主系统。其设计旨在为自动驾驶汽车提供增强的 3D 深度感知能力，从而实现更安全、更精确的操作，促进无人机高度测量、障碍物检测、态势感知和规避以及同步定位和绘图（SLAM）等广泛应用。作为柔性传感器，该设备重量仅为 48.3 克，尺寸为 40 毫米×40 毫米×35 毫米。（刘敏）

2020 年 10 月

1. 韩国为 Jang Bogo-Ⅲ 级柴电潜艇开发锂离子电池

Jang Bogo-Ⅲ 级也称 KSS-Ⅱ，是由韩国大宇造船、海洋工程公司和现代重工公司联合研制的新一代柴电攻击潜艇，也是韩国首艘采用锂离子电池提供动力的潜艇。新电池组的使用有望大大延长潜水艇的水下时间，使用寿命将是铅酸电池的 2 倍，功率密度是现役 209 型潜艇铅酸电池的 4～5 倍、214 型潜艇燃料电池的 2 倍，可使水下续航能力提高 2～3 倍。（陆周贵）

2. 澳大利亚 Thales 公司和弗林德斯大学合作研发无人潜航器自动布放系统

双方联合研究自主式水下航行器（AUV）发射和回收系统的自动化。将由通用动力任务系统公司为澳大利亚皇家海军的 SEA 1778 计划"可部署排雷对策"项目提供四个小型 Bluefin 9 和三个大型 Bluefin 12 AUV。未来有望使用自动化流程消除执行任务过程中的人工操作,从而找到提高海军人员安全性的最佳方法,保护人员免受地雷伤害,且可消除无人水下航行器的部分局限性。(陆周贵)

2020 年 11 月

1. 美国 Arris 公司开发碳纤维增材成型技术

该增材成型技术采用 3D 打印工艺,将注塑成型技术的速度和碳纤维材料的强度完美地结合起来,可打印出连续缠绕在整个零部件上的碳纤维丝束,而不会存在截断的纤维。利用该技术,可制造结构更复杂、更精细的零部件。航空航天是碳纤维零部件的主要应用,用碳纤维零部件替换钛材料可使重量减轻 78%。(刘敏)

2. 德国天空动力(Sky Power)公司推出新型混合动力无人机发动机

该 SP-55 FI TS 混合动力单缸发动机,配备双火花塞和燃油喷射,旨在为电动推进无人航空系统发电。SP-55 FI TS 集成了用于发电的无刷直流电动机,并使用 Sky Power 的新型轻型 SGC 352 起动发电机控制系统以及该公司的 HKZ215 高性能点火系统,从而改善了废气排放水平。在 50 伏直流电压时可产生 2 千瓦的最大功率。(刘敏)

3. 美国 Elistair 公司推出新型"猎户座"系留式无人机

该公司推出一种专为军事、政府和行业用户设计的新型"猎户座"系留式无人机 Orion 2,这种六旋翼无人机一次能提供 24 小时不间断的全天候监视,可代替大型充氦战术浮空器。该无人机轻巧耐用、可快速部署,具有自动起飞和着陆功能。配有一根约 100 米长的微系绳,与其前身相比,飞行高度和监视范围都有较大提升,可配置 2 千克的有效载荷。(刘敏)

2020 年 12 月

1. 美国 Stealth 和 Planck 两家公司联合开发移动平台无人机自动起降技术

Planck 公司将提供精度达到厘米级的自主控制引擎（ACE）系统，使无人机能在 Stealth 公司的无人地面车辆上起降。该系统基于机器视觉、人工智能和机载传感器，无须 GPS 定位，可适应地面车辆/船只的如侧倾、俯仰、升沉、风力影响等运动特征。双方将为交通、能源、国防、政府、公共事业部门执行监视侦察等任务提供无人平台支持，完成持续巡逻/监视、基于人工智能的地图测绘、导航、对象识别与跟踪、场景推理任务等。（刘敏）

2. 美国 Hexagon 公司推出新型快速高精度全球定位技术

该公司开发出"空中实时动态定位"（RTK From the Sky）新型精确单点定位（PPP）技术，可实现几乎实时全球厘米级高精度定位，解决了全球定位收敛时间长、互联网/无线通信网络依赖性强等难题。该技术已应用到 Hexagon 公司校准服务产品和全球卫星导航系统接收机中，适用平台包括无人机、机器人系统等，可确保在海洋、工农业等多场景中实现不间断精准定位应用。（刘敏）

3. 美国 3D Systems 公司开发大型增材制造设备

该公司正在建造目前世界上规格最大、速度最快的增材制造设备，耗资 1500 万美元，规格为 1 米×1 米×0.6 米，具有 9 个激光器。设备采用选择性粉末沉积工艺，得以控制超大零件生产所需的材料量，降低材料成本，并能缩短最终加工时间。将安装在美国作战能力发展司令部陆军研究实验室中，用于制造直升机、远程弹药、作战车辆、防空和导弹防御系统的部件。（刘敏）

电子信息领域

2020 年 1 月

1. 韩国电子公司与中国百度公司共同推出首款自主研发云到边缘 AI 芯片"昆仑"

芯片设计基于百度针对云端、边缘计算和人工智能应用而自主研发的尖端神经处理器架构 XPU，以及三星 I-Cube 封装解决方案的 14 纳米制程，并于 2020 年初量产。可提供 512 吉比特/秒内存带宽，在 150 瓦的功率下实现每秒 260 兆次的处理能力，支持自然语言处理训练模型 Ernie 并使其推理速度较传统 GPU/FPGA 加速模型提高 3 倍。借助该芯片突破极限的运算能力与效能，可高效支持搜寻排序、语音识别、图像处理、自动驾驶和 PaddlePaddle 深度学习平台等多项功能。（张乐）

2. 芬兰国家技术研究中心有限公司开发出纤维素光纤

其纤芯由可生物降解的纤维素制成并通过离子溶剂改性，由折射率较低的醋酸纤维素材料制成纤芯包层，光从纤芯和包层的界面反射回纤芯，从而实现光传导。该光纤适合用于传感器，但在电信应用中不会与基于玻璃的光纤竞争。（张乐）

3. 日本富士通公司成功制备金刚石薄膜提高 GaN HEMT 散热效率

该技术通过在高电子迁移率晶体管（GaN HEMT）的双面均生长一层具有高效散热性能的金刚石膜，预计可减少约 77% 的热量生成。单面覆膜的晶体管在工作中产生的热量比没有覆膜的减少 40%，温度降低 100℃ 以上，这使得以前需要大型冷却设备的高性能雷达系统能使用小型冷却设备，从而节省空间。富士通计划在 2022 财年实现其商业化，以用于气象雷达系统和下

一代无线通信系统。（张乐）

2020 年 2 月

1. 韩国 SK 电讯公司与日本先锋智能传感创新公司（PSSI）联合开发出下一代单光子激光雷达原型 LiDAR

原型采用 SK 电讯公司的创新单光子 LiDAR 收发器技术和 PSSI 的基于镜像的 2D 微电子机械系统扫描方法构建而成，能提供更高的分辨率从而更清晰地识别物体，探测距离达 500 米，可准确检测如黑衣行人或轮胎等低反射率的物体。该技术不仅可用于自动驾驶等出行领域，还可应用于包括防灾和边境/设施监控在内的各种工业领域。（张乐）

2. 德国英飞凌公司与 3D 飞行时间公司（PMD Technologies）合作开发推出用于人脸识别的全球最小 3D 图像传感器

其 3D 图像传感器 REAL3 是英飞凌成功开发的第五代飞行时间深度传感器，单芯片尺寸仅为 4.4 毫米×5.1 毫米，可被整合到只有几个元素的最小设备中。该芯片还能以低功耗提供最高分辨率的数据，为相机拍摄提供增强自动对焦以及照片和视频的背景虚化灯功能，并在照明欠佳条件下提高分辨率，实现实时全 3D 投影和增强现实体验。（黄转青）

3. 日本东芝公司和日本东北大学东北医学生物样本库组织（ToMMo）首次实现使用量子密码技术传输基因组数据

该技术经试验证实可利用"量子密码通信"将信息依次加密通过一次性密钥方法实现全基因组序列数据的大规模实时传输，并防止信息被偷窥。东芝新一代测序仪与 ToMMo 通过约 7 千米的光纤连接，将容量达数百吉字节的 24 人份的数据分两次进行传送。通过顺次发送从定序器输出的数据，可减少大量全基因组分析数据的发送延迟。（张乐）

4. 英国沃达丰、瑞典爱立信、中国华为和美国高通 4 家公司共同实现 5G 动态频谱共享技术突破

在位于德国杜塞尔多夫实验室的非独立组网（NSA）设备上启用了 700

兆赫和 800 兆赫两个相对低频频段的 5G 动态频谱共享，允许网络运营商在同一频谱内交付 4G 和 5G，从而在两种技术之间实现平稳过渡，实现更具成本效益的部署。800 兆赫被用作锚定频段，700 兆赫在 4G 和 5G 之间动态共享，使运营商可根据网络需求无缝分配频谱资源。该突破是 5G 的重要里程碑。（张乐）

2020 年 3 月

1. 美国英特尔公司展示业界首个一体封装光学以太网交换机

随着数据中心交换机带宽不断增加，其串行器/解串器（SerDes）光学端口与可插拔光学器件连接变得越来越复杂，并消耗更多功率。英特尔成功将其 1.6 太比特/秒硅光引擎与 12.8 太比特/秒可编程以太网交换机进行集成，可将光学端口置于在同一封装内的交换机附近，从而降低功耗并继续保持交换机带宽的扩展能力。该一体封装解决方案整合了英特尔及其 Barefoot Networks 部门的基础技术构造模块，以用作以太网交换机上的集成光学器件。（张乐）

2. 美国高通公司面向 5G/4G 移动终端推出突破性 ultraSAW 射频滤波器技术

射频（RF）滤波器可将手机发射和接收的无线电信号从不同频段中分离出来。ultraSAW 滤波器可将插入损耗降低 1 分贝，在 2.7 吉赫以下频段范围内可提供比与之竞争的体声波（BAW）滤波器更高的性能。与具有相似性能指标的其他商用解决方案相比，该技术可支持原始设备制造商在 5G 和 4G 多模移动终端中以更低成本实现更高能效的射频路径。（张乐）

3. 日本电信电话公司（NTT）通过调整光缆结构将传输性能优化 60%

这是全球首例通过光缆结构控制传输性能的研究，通过优化光缆的光纤束强度、间距等设计参数控制光纤在光缆中弯曲和扭曲状态，将多种模式之间的光信号干扰导致的传输时间差减少 60%。该成果为光传输技术提供了通过同时优化光纤和光缆来控制传输特性的新思路。未来还将研究多模传输所

需的连接和外围技术，并实现可支持创新光学无线网络（IOWN）概念的大容量光传输基础架构。（张乐）

4. 日本松下公司开发具有高测距精度的远程 TOF 图像传感器

该飞行时间（TOF）图像传感器借助电子倍增单元和电子存储单元的垂直堆叠结构，使用雪崩光电二极管（APD）像素技术，通过减少 APD 像素的面积实现了世界上最高的 100 万像素的集成。达到普通 TOF 传感器和激光雷达（LiDAR）难以达到的高测距精度，能获取距离为 250 米的高精度三维信息，在 10～100 米的长距离下也能实现 10 厘米的间隔感应，是松下传统传感器测距精度的 15 倍。且在 205 米的距离下，也可分辨出重叠的人和小物体的位置和形状。（张乐）

2020 年 4 月

1. 日本电报电话公司（NTT）与东京大学共同开发出光学量子计算机芯片所需的高性能量子光源

该高性能的量子光源（挤压光源）基于 NTT 的非线性光学晶体器件和东京大学的高质量光学控制和测量技术，双方实现了量子噪声 75%的压缩率，刷新了该方法的世界最高值。该值超过了生成可执行任意量子计算的量子纠缠（二维集群状态）所需的 65%。该结果可以将飞行的光学量子位之间的距离减小到大约 300 微米，使得能够在光学芯片上进行光学量子计算。该光源还可提高量子计算机的时钟频率，实现高速量子计算。（黄转青）

2. 芬兰诺基亚公司通过软件升级实现 5G 容量增长

通过其商业 AirScale 解决方案的软件升级完成了增强型 5G 容量交付。实验室测试在整个过程中提供了约 3 吉比特/秒的下行链路总容量，并使用 Sprint 5G 进行了演进型接入网（E-UTRAN）新无线电-双连接（EN-DC）和多用户多输入多输出（MU-MIMO）的软件升级。该服务将允许运营商通过软件更新增加其网络容量，而无须投资于其他频谱。目前诺基亚和 Sprint 已在美国纽约、洛杉矶、华盛顿特区和凤凰城等四个地区推出 5G 服务。（黄转青）

3. 中国台湾"中华电信公司"选择爱立信 5G 平台快速部署大规模 5G 网络

"中华电信公司"将在中频及高频段部署 5G 非独立组网网络。基于双方自 4G 以来的合作伙伴基础，该新合作方案包括采用爱立信无线网络接取设备、5G 演进分组核心网络（EPC）的核心网络设备、云 VoLTE 解决方案的语音服务。爱立信还将提供完整的光传输接取网路解决方案（Fronthaul 被动式波分多工& IP Backhaul 基站回传路由），包括采用 Fronthaul 6000 与 Router 6000，以支撑构建集中式的无线网路架构，协助"中华电信公司"网络更为顺畅地过渡到 5G。（黄转青）

2020 年 5 月

1. 美国高通公司推出全球领先的高能效 NB2 IoT 芯片组

高通推出基于高能效单模 NB2（NB-IoT）芯片组的高通 212 LTE IoT 调制解调器，支持尺寸小于 100 毫米^2 的 LTE 模组，以及单模 3GPP Release 14 Cat. NB2 IoT 连接，在 700 兆赫至 2.1 吉赫射频频段有望为时延不敏感应用提供更大覆盖范围，并支持全球漫游。仅需不到 1 微安的休眠电流，可实现极低的平均功耗。且可根据电池充电状态调整电量使用情况，支持终端设备将供电水平保持在低至 2.2 伏。（张乐）

2. 美国神经科技公司 Neuralink 计划在一年内制造出人工智能大脑芯片

其人脑机器界面系统由一个类似缝纫机的机器人和一些粗细只有 4～6 微米的、比人类头发丝还细的线路组成。芯片的直径约为 3.3 厘米，通过移除一小块头骨以方便植入。定位是一款针对阿尔茨海默病等脑部疾病的医疗解决方案。安全将是这款穿透式技术产品未来能否成功的关键。如果在运动皮层的界面，该芯片可以在肌肉群附近植入类似于微控制器的植入物，使四肢瘫痪的人恢复到完整的功能，他们可以走动甚至重新恢复跑步功能。（张乐）

3. 韩国三星电子公司利用 5G 毫米波实现创纪录的跨装置传输速率

通过结合三星 5G 毫米波存取单元，以及 800 兆赫的毫米波频谱载波聚合与多用户多重输入多重输出（MU-MIMO）技术，刷新业界最快 5G 传输速度新纪录。三星通过两台行动测试装置完成此次展示，每台速度分别达到约 4.3 吉比特/秒，而两台装置之间的传输速度达到 8.5 吉比特/秒的业界峰值。（张乐）

2020 年 6 月

1. 韩国三星电子公司开发的健康监视器应用程序的心电图（ECG）功能获韩国食品药品管理局（MFDS）批准

心电图功能通过 Galaxy Watch Active2 上的心电图传感器分析心脏的活动来实现。在三星 Health Monitor 应用程序上启动该功能后，用户只需将手指长置于传感器按钮上，就能获取心电图数据，并以此来判断是否存在心房颤动（AFib），如果出现则会发出警告并鼓励用户就医，整个过程用时约 30 秒。（黄转青）

2. 美国美光科技公司推出固态硬盘新品

美光 2300 固态硬盘（SSD）以紧凑的外形规格搭载了计算密集型应用所需的存储性能和容量。美光 2210 QLC SSD 首次将 NVMe 协议的高速传输性能和低成本的四层单元（QLC）计算机闪存设备技术同时集成到 SSD 中，在提供与机械硬盘相仿价格的同时，具备闪存的性能，功耗也比机械硬盘降低 15 倍。未来这两款新品将分别针对主流和性价比两个细分市场进行优化，美光 2300 为用户带来卓越性能，美光 2210 则提供极具竞争力的性价比。（黄转青）

3. 芬兰诺基亚公司推出新型光网产品组合迎接 400G 时代

该公司推出 WaveFabric Elements 的光子芯片、设备和子系统产品组合，包括第五代相干数字信号处理器系列，即光子业务引擎 V（PSE-V）。该产品组合将数字信号处理和光学技术结合，专注于新兴的端到端 400G 应用程序，能优化整个光电引擎。该光学解决方案能满足数据中心、地铁、长途运

输和海底网络的技术要求。（黄转青）

4. 芬兰诺基亚公司研发的液冷 5G 技术降低了运营商的二氧化碳排放量

该液冷 5G AirScale 基站解决方案帮助运营商 Elis 减少 30%潜在能源支出及 80%碳排放，是液体冷却技术首次应用于 5G。该技术静音、无须维护，与标准主动式空调相比，体积可缩小 50%，重量减轻 30%。该技术可为基站运营商和所有者节省成本，延长基站组件的使用寿命，且未来可帮助移动运营商实现可持续发展承诺。（黄转青）

2020 年 7 月

1. 多国车企与电信企业联合成功试验全球首个公布的蜂窝车联网项目

德国奥迪、瑞典爱立信、美国高通、SWARCO Traffic Systems GmbH 和德国凯泽斯劳滕大学成立的 ConVeX 联盟宣布成功完成全球首个公布的蜂窝车联网（C-V2X）试验项目。测试平台和外场测试采用了面向网联汽车和智能交通系统（ITS）的直接通信技术与基于网络的通信技术。测试表明，在 1.2 千米内的视距条件下，以及 140 米内的车对车通信时接收安全消息 100%可靠。进一步验证了 C-V2X 短程直接通信和基于蜂窝的大范围通信的互补性。（张乐）

2. 日本精细陶瓷中心（JFCC）、松下公司、名古屋大学材料与可持续系统研究所合作开发全固态电池锂离子实时观察技术

该可视化"Operando 透射电子显微镜解析技术"可在纳米级空间分辨率水平实时观察块状和薄膜状全固态电池内部的锂离子运动，将原来每个图像的拍摄时间从 15 分钟大幅缩短至 30 秒左右。观察发现，受正极材料内部晶界的影响，锂离子通过复杂的扩散过程进行充放电，借此可明确形成锂离子传导阻力的原因，并将解析结果反馈到各种全固态锂离子电池的材料和器件开发设计中，从而制备低内阻且更高性能的全固态电池。（张乐）

3. 韩国电信 KT 旗下卫星业务子公司 KT SAT 计划在 2024 年发射通信卫星以迎接太空 5G 时代

计划在 2024 年发射的通信卫星 KOREASAT 6A 会取代未来于 2025 年退役的 KOREASAT 6。新卫星将向东绕地球旋转，与 KOREASAT 6 的经度相同，且将配备最新技术：高通量卫星（HTS）技术，使数据传输量比传统卫星固定服务（FSS）提升 10 倍以上；软件定义技术，使其能重新配置波束覆盖范围；搭载韩国增强卫星系统（KASS），以提高全球导航卫星系统信息的可靠性和准确性。KT SAT 下半个世纪的愿景还包括转变为基于卫星的平台运营商，将服务延伸到海洋和太空。（张乐）

2020 年 8 月

1. 中国京运通公司自主开发的 210 毫米尺寸大硅片试产成功

公司旗下事业部无锡基地硅片分选车间成功试产由京运通自主开发的 210 毫米尺寸大硅片，各项检测参数正常。JD-1600 规格大尺寸单晶炉及切片专机核心设备，以及从拉晶到硅片的核心生产工艺均为京运通自主研发。210 毫米硅片的试产成功是京运通在光伏生产技术前沿的探索，京运通成为国内为数不多的具备批量供应大硅片能力的硅片专业制造商。（罗剑钊）

2. 日本官产学研合作开发量子密码通信

日本东芝、日本电气（NEC）、三菱电机、古河电机、东京大学、横滨国立大学、国立情报通信研究机构（NICT）、国立产业技术综合研究所（AIST）、国立材料科学研究所（NIMS）等 12 家单位合作，得到日本内务和通信部（MIC）的资助，着手研发全球量子密码通信网络项目，为期 5 年。将开发和验证实现可容纳过百个量子密码设备和过万个用户终端的广域网和大规模网络所必需的技术，包括量子通信和加密链路技术、可信节点技术、量子中继技术以及广域网构筑和运用技术。（张乐）

3. 日本东京大学与大日本印刷（DNP）公司成功实现全彩化皮肤显示屏

双方改进了自主开发的弹性混合电子安装技术，成功制造出了可自由伸缩的薄型全彩皮肤显示屏与驱动电路、通信电路和电源一体化的显示屏。以 2.5 毫米的相等间隔在薄橡胶膜上嵌入了 1.5 毫米×1.5 毫米的全彩 LED（像素 144），整体厚度约 2 毫米，反复进行 130% 的伸缩测试，证实其具有超高的大气稳定性和机械耐久性。将显示屏贴合到皮肤上，可随着人的动作变形，数百个 LED 在此状态下无任何故障地显示了全彩视频。（张乐）

4. 大日本印刷公司开发兼容 5nm 的光掩模工艺用于 EUV 光刻

光刻技术由于使用准分子激光器例如波长为 193 纳米的氟化氩（ArF）而受到分辨率的限制。大日本印刷公司通过利用多光束掩模写入工具（MBMW），开发出一种适用于 5 纳米制程的高精度极紫外（EUV）光刻的光掩模工艺，可使用波长为 13.5 纳米的 EUV 作为光源来形成几纳米的电路图案。通过与合作伙伴的联合开发，大日本印刷公司将继续为 3nm 及以下工艺开发更精细的技术。（张乐）

2020 年 9 月

1. 美国 IBM 公司推出下一代 IBM POWER10 处理器

IBM POWER10 为 IBM POWER 中央处理器（CPU）系列的新一代产品。旨在为企业提供一个满足独特的混合云计算需求的平台。该处理器专注于能效和性能，采用 7 纳米规格的设计。与 IBM POWER9 处理器相比，IBM POWER10 的能效、工作负载容量和容器密度预计可提高 3 倍。（黄转青）

2. 韩国三星公司宣布全球最大半导体生产线开始量产 16Gb LPDDR5 DRAM

韩国三星宣布其位于韩国平泽的第二条生产线已开始量产业界首款采用极紫外光技术制造的 16Gb LPDDR5 DRAM。新型 16Gb LPDDR5 基于三星第三代 10 纳米级工艺打造，具备当下最卓越的移动产品内置内存性能和最大的容量。平泽新生产线是迄今全球规模最大的半导体生产线，将成为业内最先进半导体技术的关键制造基地，生产最先进 DRAM 以及下一代 V-NAND 和代工解决方案。（黄转青）

3. 美国高通、Casa Systems 和瑞典爱立信公司实现全球首次增程毫米波 5G NR 数据呼叫

三方成功完成了全球首次增程毫米波 5G NR 数据呼叫。此次增程数据呼叫于 2020 年 6 月 20 日在澳大利亚维多利亚大区完成，实现了迄今距离最远（3.8 千米）的连接，展现毫米波技术的强大远程传输能力，以及其对固定无线接入（FWA）的完美支持。这一突破性的里程碑将支持增强型固定宽带服务，并为利用 5G 网络基础设施实现城市、城郊与农村环境的广泛覆盖带来更多机遇。（黄转青）

2020 年 10 月

1. 美国 IBM 计划 2023 年开发出超 1000 位的量子位处理器

IBM 发布量子计算的设计路线图，并计划在 2021 年推出一款 127 位处理器，该处理器将进行诸如硅通孔和多层布线等关键升级，可有效地扇出大量经典控制信号，同时保护分离层中的量子位，以保持较高的相干时间。后在 2022 年，推出 433 量子位的 IBM Quantum Osprey 系统。在 2023 年，推出 1121 量子位的 IBM Quantum Condor 处理器。（张乐）

2. 美国英特尔公司携手桑迪亚国家实验室共同探索神经形态计算潜力

英特尔宣布与美国国家核安全局扩大对未来半导体技术的研究力度，并与桑迪亚国家实验室签署了一项为期三年的协议，探索"神经形态计算"对于纵向扩展计算问题的价值。采用拥有 5000 万神经元基于 Loihi 的新系统以研究神经形态计算。该系统已交付给位于新墨西哥州阿尔伯克基的工厂。（张乐）

3. 瑞典爱立信展示业界首个 5.4 吉比特/秒吞吐量的实时 C 频段网络

爱立信在其北美德州布兰诺市总部演示了一个具有 16 层下行链路多用户多输入多输出（MIMO）技术的实时 C 波段网络。部署了业界首款 16 层

多用户 MIMO 256 QAM，8 个用户设备超过 100 兆赫，达到了峰值蜂窝容量为 5.4 吉比特/秒的新性能基准，从而在构建高容量、低延迟的 5G 网络方面迈出一大步，提高了频谱效率。（张乐）

2020 年 11 月

1. 美国英特尔公司为第一颗搭载人工智能的卫星提供技术支持

第一颗搭载人工智能的卫星 PhiSat-1 卫星搭载了一种新型的高光谱热像仪，还包括一个英特尔出品的 Movidius Myriad 2 视觉处理单元（VPU）。PhiSat-1 号实际上是一对卫星，用于监测极地冰和土壤湿度，同时也测试卫星间通信系统，以创建一个未来的联合卫星网络。使用机载人工智能技术来识别和删除无用的云图像，只发送有用像素，可节省约 30% 的带宽。（黄转青）

2. 美国 IBM 公司携手企业软件公司 R3 扩展混合云中区块链的功能和服务

该合作旨在扩大客户的区块链技术选择范围，同时提供最高水平的性能、合规性和数据隐私保护。计划将 R3 企业区块链平台 Corda Enterprise 部署到混合云环境中的 IBM LinuxONE 测试上。该技术可利用高度安全的机密计算功能来帮助各行业、各种规模的企业在混合云中保护其最敏感的数据。（黄转青）

3. 韩国三星电子和 KT 公司完成韩国首个 5G 独立和非独立通用核心网络部署

已在 KT 的商业网络中部署了韩国首个 5G 独立组网（SA）和非独立组网通用核心。该技术融合了三星的控制和用户平面分离（CUPS）解决方案，边缘流量控制和网络切片功能。三星的通用核心将运行在韩国八个主要城市的 KT 移动边缘计算（MEC）电信中心中，可帮助实现韩国 5G SA 网络的全面商业化合作。（黄转青）

2020 年 12 月

1. 芬兰诺基亚与瑞典爱立信将领导欧盟旗舰 6G 研究项目 Hexa-X

项目获得欧盟"地平线 2020 研究与创新计划"资助。旨在聚集关键信息与通信技术、产业和学术界的利益相关者组成的强大联盟，解决连接智能、可持续性、全球服务覆盖、极致体验、可信赖性六个研究领域的挑战。Orange、Telefonica、英特尔、西门子等公司，芬兰奥卢大学和意大利比萨大学也加入该项目。（张乐）

2. 中国台湾积体电路制造股份有限公司 3D 封装芯片计划 2022 年量产

中国台湾积体电路制造股份有限公司与美国客户合作开发先进的 3D 堆栈晶圆级封装产品，将有助半导体产业突破摩尔定律放慢的局限。该"SoIC 封装"3D 堆栈技术可垂直与水平地进行芯片链接及堆栈封装，将处理器、内存与传感器等不同类型的芯片集中至同一个封装中，使芯片组功能更强大、尺寸更小、更具有能源效率。Google 和超威公司将成为首批客户，并协助进行测试及验证。（张乐）

生物医药领域

2020 年 1 月

1. 英国阿斯利康三联疗法 PT010 在中国获批用于慢性阻塞性肺病患者

这是中国国家药品监督管理局（NMPA）首次批准采用压力定量吸入气雾剂（pMDI）的三联疗法，其采用了创新的共悬浮药物递送技术（Aerosphere）。基于Ⅲ期 KRONOS 临床试验的研究结果，与双联疗法 Bevespi Aerosphere（格隆溴铵/富马酸福莫特罗）和 PT009（布地奈德/富马酸福莫特罗）相比，PT010 显著提高了患者的一秒用力呼气容积（FEV1），且其安全性和耐受性与已知特征一致。（黄尤江）

2. 美国美敦力公司的颅骨外科手术机器人平台 Stealth Autoguide 获美国食品药品监督管理局批准

平台集成了该公司 Stealth Station 图像引导系统和 Midas Rex 高速外科手术钻孔平台，是一种机器人制导系统，旨在对神经外科手术中使用的器械架或工具导向器进行空间定位和定向。通过提供连续的实时导航及机器人对准的可视化反馈优化手术流程，可用于活检程序、立体脑电图深度电极放置以及骨锚定位的导管放置。（黄尤江）

3. 美国食品药品监督管理局批准首款预防埃博拉病毒病的疫苗 Ervebo

该疫苗可在 18 岁以上人群中预防因扎伊尔型埃博拉病毒（Zaire Ebola virus）引起的埃博拉病毒病（EVD）。基于 2014～2016 年暴发期间在几内亚针对 18 岁以上人群进行的一项随机分组疫苗接种研究，对 3537 名接触者和经过实验室确诊的埃博拉病毒病接触者共接受即时接种 2108 人或 21 天延迟接种 1429 人，结果显示，埃博拉病毒病患者在出现症状未超过 10 天接种疫苗的患者预防效果上百分之百有效。在即时接种组中，未观察到埃博拉病毒病病例发作。在 21 天延迟接种组中，仅有 10 例发病。（黄尤江）

2020 年 2 月

1. 美国 Applied BioCode 公司的呼吸道病原体检测板获美国食品药品监督管理局批准

搭配该公司 BioCode MDx 3000 盒式分子测试系统使用，可测试鼻咽拭子中最常见的病毒和细菌，包括甲型流感病毒（H1、H1N1 和 H3 亚型）、乙型流感病毒、呼吸道合胞病毒 A/B、副流感病毒（1、2、3 和 4 型）、人类偏肺病毒 A/B、腺病毒、鼻病毒/肠道病毒、冠状病毒（229E、OC43、HKU1 和 NL63 型）、肺炎支原体、肺炎衣原体，以及百日咳杆菌。该系统可在 8 小时内轮流处理多达 188 个样品，用户还可通过自定义模式开发多元测定法。（徐玉霞）

2. 美国雅培公司生物假体 Tendyne 系统获同类首创经导管二尖瓣置换 CE 标志

该系统包括一个自扩张装置，Tendyne 瓣膜通过胸壁上的一个小切口递送并放置一个导管，该导管穿过搏动的心肌底部取代人体的二尖瓣。该瓣膜具有多种尺寸以适应不同患者解剖结构，并且可以在植入过程中重新定位和取回，旨在当开放手术或微创修复手术不可行时，阻止心脏内的渗漏和回流。雅培称，一项全球临床试验证实，接受 Tendyne 瓣膜的患者中，98.9%的患者出院时及手术后一年未出现反流迹象。（徐玉霞）

3. 美国食品药品监督管理局批准美国 Eko 数字听诊器 AI 算法用于发现房颤及心脏杂音

辉瑞公司已与 Insilico 公司开展研究合作，使用 Insilico 的技术作为识别多个治疗领域药物靶标的现实证据。数字听诊器公司 Eko 的人工智能算法已获得美国食品药品监督管理局的批准，该算法有助于常规体检中检测诸如杂音和心房颤动等心脏状况，其可使用 Duo 听诊器以 99%的灵敏度和 97%的特异性检测出房颤心律失常。还可测量心率和 QRS（心电图的一个波形）持续时间，并识别出心动过速和心动过缓的情况。（徐玉霞）

4. 美国辉瑞公司与 Insilico Medicine 公司合作挖掘药物目标数据

Insilico Medicine 公司利用机器学习技术应用到研发出能够支持目标识别的生物学方法和合成数据生成管道，并从基因表达谱中识别衰老的生物标志物。辉瑞公司与其合作利用该技术作为识别多个治疗领域药物靶标的现实证据。（徐玉霞）

2020 年 3 月

1. 日本柯尼卡美能达公司与美国耶鲁大学合作开发生物标志物检测技术 Quanticell

日本柯尼卡美能达（Konica Minolta）公司位于美国波士顿的子公司 Invicro 与耶鲁大学医学院合作，完善了一种用于临床病理应用、基于成像的组织生物标志物检测技术。该技术利用光稳定性和亮荧光粉，无须扩增就可定量检测细胞和亚细胞水平的蛋白质。研究组将在比免疫组织化学更宽的动态范围内评估 Quanticell 定量 HER-2 重组蛋白表达的性能。（徐玉霞）

2. 美国百时美施贵宝公司与法国数字疗法公司 Voluntis 合作开发肿瘤学数字疗法

该合作基于 Voluntis 公司嵌入设计和仿真算法模块的 Theraxium 平台进行研究和开发数字疗法，并最终为患者提供支持治疗和跟踪症状的移动应用程序。该程序将嵌入基于证据的算法，为患者提供与治疗相关的症状自我管理的实时建议。除了开发应用程序外，双方还将研究如何帮助患者更有效地与其医疗保健提供者进行沟通，捕获和跟踪症状并获得个性化的支持护理计划。（徐玉霞）

3. 美国食品药品监督管理局批准赛诺菲（Sanofi）公司的关键抗癌药物 Sarclisa 治疗骨髓瘤

该药物通过靶向骨髓瘤细胞表面的 CD38 蛋白，诱导程序性肿瘤细胞死亡。这是继强生公司 Darzalex（daratumumab）药物之后针对 CD38 蛋白的第二种治疗方法，该药物可用于多种多发性骨髓瘤适应症。Sarclisa 可用于已接受过至少 2 种疗法（包括 Celgene 的 Revlimid 和蛋白酶体抑制剂）的复发性难治性多发性骨髓瘤。其已被批准与 pomalidomide 和地塞米松（pom-dex）结合使用，后者是治疗骨髓瘤的标准疗法。（徐玉霞）

2020 年 4 月

1. 美国强生旗下杨森制药公司与人工智能公司 Nference 联合揭示新冠肺炎的新见解

双方利用 NferX 平台确定了新冠肺炎及其新型冠状病毒 SARS-CoV-2 的几种新的表达机制，发现肠道是病毒 ACE2 受体的"显性表达者"，因为小肠和结肠细胞的成熟增加了人类冠状病毒所有三种已知受体的表达。还发现 ACE2 在舌中的角质形成细胞和一些嗅觉上皮细胞中有明显的表达，并且终末细支气管上皮分布的 club 细胞及纤毛细胞和 II 型肺细胞是呼吸道感染的可能靶点。（徐玉霞）

2. 智利 Fate Therapeutics 公司与美国强生旗下杨森制药公司达成高达 31 亿美元癌症免疫疗法合作

双方将结合 Fate 公司的诱导性多能干细胞（iPSC）平台，以及杨森公司的肿瘤标靶抗原结合剂（antigen binders），针对 4 种血液肿瘤与实体肿瘤相关抗原，开发创新的嵌合抗原受体自然杀手细胞（CAR-NK）和 CAR-T 细胞候选产品，直至递交新药临床试验（IND）申请。iPSC 平台的设计是为了能够批量生产工程化、同质化的细胞产品，这些产品可通过多种剂量给药来提供更有效的药理活性。（徐玉霞）

3. 日本厚生劳动省批准德国默克公司 MET 抑制剂 tepotinib 上市

该 MET 抑制剂可用于治疗 MET（能量代谢当量）14 号外显子（METex14）跳跃突变的非小细胞肺癌患者，此前该药物在不同人群的客观反应中均显示出显著疗效。每日口服一次，旨在抑制由包括 METex14 跳跃突变、MET 扩增、MET 蛋白过表达等 MET 基因改变所引起的致癌 MET 受体信号传导。其 2 期临床试验中患者客观缓解率为 42.4%，中位缓解持续时间为 12.4 个月。（徐玉霞）

2020 年 5 月

1. 美国食品药品监督管理局批准个人基因组诊断公司癌症基因组分析试剂盒

其下一代测序诊断分析方法 PGDx Elio 组织完整测试可检测 507 个基因的单核苷酸变异以及细小的插入和缺失，选择扩增、易位，以及包括微卫星不稳定性和导致肿瘤突变在内的基因组特征。分析方法包括生物标志物，以协助通知临床医生，以便可以选择合适的靶向癌症治疗方法和免疫疗法，以及帮助确定参加临床试验的患者。（徐玉霞）

2. 美国 Vivace Health Solutions 公司推出人工智能解决方案以提供 COVID-19 有效预警系统

超过 90% 的新冠肺炎患者都存在急性呼吸窘迫综合征（ARDS），从而导致败血症成为主要的死亡原因。该公司的人工智能 VFusion 平台将一线临床医生的专业知识与机器学习和自然语言处理相结合，可与任何医院电子病历系统集成，还可直接从床边监护仪收集数据，以快速识别 ARDS 及败血症的早期阶段，比一般临床实践快 6 小时以上，其还发现许多败血症诊断遗漏实例。该公司正准备广泛部署此解决方案，以帮助卫生系统及时进行适当干预。（徐玉霞）

3. 美国数字外科手术公司（Activ Surgical）推出新型手术智能传感平台 ActivEdge

该平台是一个人工智能和机器学习软件系统，旨在提供实时智能反馈和可视化效果，以改善患者的预后，避免可预防的手术错误及并发症，并为医疗保健系统节省大量资金。该公司将重点关注 220 万种最常见的腹腔镜手术，包括胆囊切除术、结肠切除术、子宫切除术和胃切除术，其中血流和关键结构识别对于获得最佳结果至关重要。（黄尤江）

2020 年 6 月

1. 美国 OpGen 公司扩大与纽约州卫生部的抗生素耐药性感染检测合作

合同价值高达 45 万美元，旨在开发一种解决方案，以检测、跟踪和管理全州医疗机构的抗生素耐药性（AMR）感染，可能包括探索 SARS-CoV-2 跟踪方法，并将其应用于常规护理，提供多达 3500 个测试。OpGen 公司将提供用于快速检测耐多药细菌病原体的 Acuitas AMR 基因面板，以及用于病原体追踪的 Acuitas Lighthouse 软件。（徐玉霞）

2. 美国 Prescient Metabiomics 公司与哈佛大学合作研究结肠癌生物标志物

研究首先使用生物信息学方法来分析不同人群的结肠直肠癌病例，重点分析该疾病的普遍肠道微生物的生物标记，并进一步加强对结肠癌的诊断筛查，提供一种结肠镜检查的非侵入性替代方法来筛查结肠、直肠腺瘤和癌症，可能代表由微生物驱动的结肠直肠癌筛查的模式转变。（徐玉霞）

3. 瑞士罗氏集团推出临床基因组肺癌研究

这是一项前瞻性临床基因组研究，旨在简化晚期肺癌的临床试验，确定其基因组特征以预测治疗反应或抵抗。将收集来自大约 1000 名患者的数据，涉及 14 个学术机构和社区肿瘤中心，并计划增加研究地点。研究人员将把这些真实数据与从连续液体活检中收集到的基因组信息联系起来，使用基础医学的检测方法来评估患者在治疗过程中的基因组变化。该项目为将临床试验扩展到现实世界环境中提供了前所未有的机会，并使更多研究人员和患者参与其中。（徐玉霞）

2020 年 7 月

1. 美国食品药品监督管理局批准美国 Epizyme 公司的 Tazverik 药物及瑞士罗氏公司的 Cobas EZH2 突变试验作为伴随诊断用于 EZH2 突变的滤泡性淋巴瘤患者

该批准是基于两项涉及滤泡性淋巴瘤患者的单臂研究的数据。研究发现 Cobas EZH2 突变测试在患者的肿瘤样本中前瞻性地鉴定了 EZH2 突变。在 42 例 EZH2 突变的滤泡性淋巴瘤患者中，对 Tazverik 的总缓解率为 69%，其中 12% 的患者完全缓解，57% 的患者部分缓解，中位缓解时间为 10.9 个月。在没有 EZH2 突变的 53 例滤泡性淋巴瘤患者中，总缓解率为 34%，其中 4% 的患者具有完全缓解，30% 的患者具有部分缓解，中位反应持续时间为 13 个月。（徐玉霞）

2. 美国食品药品监督管理局批准默克公司的 Keytruda 药物和 Foundation Medicine 公司的 FoundationOne CDx 伴随诊断用于肿瘤突变负担高的实体瘤患者

此次的批准是基于其对生物标志物定义人群中应答率和应答持久性的影响而进行的。在可评估肿瘤突变负荷（TMB）患者中，102 名 TMB 高水平患者对 Keytruda 的客观缓解率为 29%，其中 4% 患者的肿瘤完全消失，25% 患者的肿瘤缩小。中位随访 11 个月后，尚未达到中位缓解时间。在仍然有反应的 30 例患者中，57% 的患者对 Keytruda 持续治疗一年或更长时间，有一半治疗两年或更长时间后有反应。相比之下，TMB 低于 10mut/Mb 的患者的客观缓解率仅为 6%。（徐玉霞）

2020 年 8 月

1. 美国食品药品监督管理局批准 Guardant Health 公司研发的 Guardant 360 CDx 为首例液体活检下一代测序肿瘤分析测定法

下一代测序（NGS）液体活检测定法 Guardant360 CDx 适用于实体恶性肿瘤的晚期癌症患者的肿瘤突变图谱分析。FDA 还批准了该测试的伴随诊断，以鉴别出可能会受益于 osimertinib（阿斯利康的 Tagrisso）治疗的表皮生长因子受体改变的非小细胞肺癌患者。（徐玉霞）

2. 瑞典基因检测开发公司 Devyser 的 NGS 遗传性乳腺癌和卵巢癌测试获得欧洲 CE 认证标志

该测试是一种靶向测序测试法，使用了独特的扩增文库制备方法，可分析 12 个基因，为遗传性乳腺癌和卵巢癌的诊断提供了解决方案，使实验室能在 24 小时内提供测试结果，测试速度比市场上任何其他产品都要快。该测试可帮助诊所解决 COVID-19 疫情所造成的诊断测试积压的问题。（徐玉霞）

3. 美国食品药品监督管理局批准瑞士罗氏公司的脊柱肌肉萎缩治疗药物 Evrysdi

脊柱肌肉萎缩（SMA）是一种肌肉萎缩性疾病，每 6000～10 000 个活产婴儿中就会出现一例患儿，是婴儿遗传性死亡的主要原因。Evrysdi（原名为 risdiplam）用于治疗年龄为 2 个月以上的 SMA 儿童及成人患者，除了能改善运动功能评外，90%的婴儿在接受罗氏药物治疗 12 个月后无须永久通气仍能存活，存活期为 15 个月以上。Evrysdi 成为批准用于治疗该病的第三种药物，且是第一种可以口服的药物。（徐玉霞）

2020 年 9 月

1. 荷兰 Agendia 公司的乳腺癌风险检测方法在多国分析中具有成本效益

该公司的乳腺癌复发检测方法 MammaPrint 在美国、比利时、法国、德国、荷兰和英国六个国家具备成本效益。该多国分析均基于 MINDACT 试验，分析表明，节省了除英国以外其他所有国家医疗系统的费用，使用 MammaPrint 的国家每年节省的成本如下：比利时 420 万欧元、法国 2470 万欧元、德国 4510 万欧元、荷兰 1270 万欧元、美国为 2.44 亿美元。（徐玉霞）

2. 美国 Natera 公司个性化液体活检癌症测试获得欧洲 CE 认证标志

该公司 Signatera 个性化循环肿瘤 DNA 测试获得 CE 标志。该测试针对微小残留病（MRD）评估以及监测癌症患者的治疗进行了优化。Signatera 测试获得美国食品药品监督管理局突破性设备称号，其针对每位患者进行个性化设置，通过对患者肿瘤的外显子组进行测序，并选择最重要的 16 个克隆突变进行个性化设置，其可通过靶向测序在循环肿瘤 DNA 中进行评估。（徐玉霞）

3. 英国 Evonetix 公司与美国亚德诺半导体技术有限公司（Analog Devices）扩大 DNA 合成的合作

双方将在 Evonetix 独有的微机电系统（MEMS）硅芯片的开发和商业规模化方面进行合作，该芯片旨在在数千个独立控制的反应位点内合成 DNA。Evonetix 曾与 Analogic 创新实验室 Analog Garage 合作开发一种集成产品，其中包括 MEMS 技术、专用集成电路和流通池。双方还将共同开发台式 DNA 合成仪，并由马萨诸塞州诺伍德市的 Analog 公司生产。（徐玉霞）

2020 年 10 月

1. 美国 BostonGene 公司、法国 Transgene 公司和日本 NEC 公司联手推进个性化癌症疫苗试验

BostonGene 将在两项正在进行的试验中，使用其基因组和转录组学分析平台来识别对其 TG4050 免疫疗法的反应预测因子。NEC 将使用其基于人工智能的新抗原预测系统来识别每个患者肿瘤中反应最迅速的新抗原序列，而 Transgene 将使用其专有 myvac 平台开发针对所选新抗原的基于病毒的疫苗。BostonGene 将鉴定出明显的体细胞改变、基因表达和肿瘤异质性，以评估可能介导疫苗反应的因素。（徐玉霞）

2. 美国 Oncocyte 公司与意大利 Fondazione Michelangelo 公司联手评估免疫疗法反应预测的 DetermaIO 测试

DetermaIO 测试可根据患者对免疫疗法反应的可能性而对患者进行分层，是一种基于组织的基因表达测定法，旨在评估与肿瘤免疫微环境有关的信号。Fondazione Michelangelo 研究人员正在对新辅助化疗 NeoTRIPaPDL1 试

验的存档材料进行前瞻性设计与回顾性研究。该试验正在评估早期高风险和局部晚期三阴性乳腺癌（TNBC）患者化疗中添加 atezolizumab（Tecentriq）的疗效，该方法可识别 TNBC 和其他对免疫治疗有反应的癌症类型患者。（徐玉霞）

2020 年 11 月

1. 美国食品药品监督管理局批准瑞士罗氏集团的美国子公司 Foundation Medicine 的液体活检作为 Lynparza 的伴随诊断

其 FoundationOne Liquid CDx 测试获批可与阿斯利康和默沙东的奥拉帕尼（Olaparib）一起用作诊断剂。FoundationOne Liquid CDx 可分析 324 种与癌症相关的基因，其已被美国食品药品监督管理局批准可报告任何实体瘤患者的基因组改变结果，也被批准作为四种肿瘤类型的七种靶向疗法的伴随诊断。此伴随诊断的批准将使更多的患者可进行基因组测试，并为肿瘤学家提供另一种指导个性化治疗决策的工具。（徐玉霞）

2. 英国葛兰素史克公司与美国 Adaptive Biotechnologies 公司联手开展微小残留病测试

英国葛兰素史克（GSK）与美国 Adaptive Biotechnologies 合作使用 Adaptive Biotechnologies 的 ClonoSEQ 分析法评估 GSK 血液学产品组合中的微小残留病。Adaptive Biotechnologies 的基于下一代测序的 ClonoSEQ 测试已被批准用于慢性淋巴细胞白血病、多发性骨髓瘤和 B 细胞急性淋巴细胞白血病。在血液系统恶性肿瘤中，可用于查看患者是否对治疗有反应或癌症是否复发。（徐玉霞）

2020 年 12 月

1. 美国食品药品监督管理局批准法国 Volta Medical 公司的房颤测绘用 VX1 人工智能软件

这是美国食品药品监督管理局对基于人工智能的介入性心脏电生理工

具的首次批准。VX1 系统由电生理学和数字技术领域的顶级专家共同开发，是一种以机器与深度学习为基础的算法，旨在帮助操作者实时手动注释心房颤动或心房心动过速时人体心房的三维解剖和心电图，提供了一种更简易快捷、更准确可靠的方法帮助医生定位含有特定电图异常的心脏区域。（徐玉霞）

2. 美国谷歌旗下 DeepMind 公司人工智能解决蛋白质折叠问题

每个活细胞内部都有数千种不同蛋白质，使细胞保持活力并正常运转，蛋白质折叠的形状决定其功能，而包括癌症和痴呆等几乎所有的疾病都与蛋白质的功能有关。该公司开发的人工智能软件 AlphaFold 可准确预测蛋白质在几天内会折叠成什么结构，这解决了近 50 年来困扰人类的"蛋白质折叠问题"。该突破可能在疾病和药物领域产生重大影响。（张乐）

3. 中国华大基因公司血流感染核酸检测试剂盒获得欧洲 CE 认证标志

试剂盒由该公司控股子公司深圳华大因源医药科技有限公司研发，其使用联合探针锚定聚合测序技术为元基因组测序准备文库，专用软件对测序数据进行分析，并将其与精选的微生物基因组参考数据库进行比较，以鉴定导致血流感染的细菌、真菌、病毒、寄生虫等病原体。（徐玉霞）